实践与思考
数字化转型的
区域整体教育

独辟蹊径

熊秋菊　著

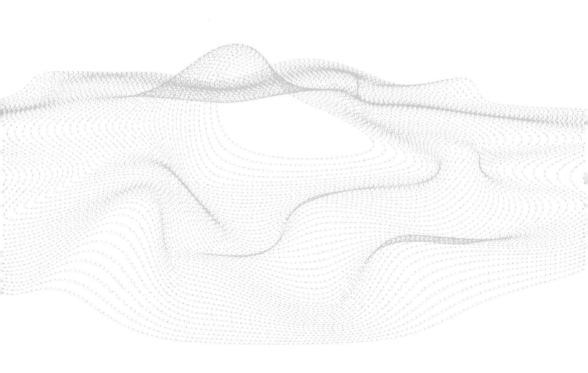

教育科学出版社
·北京·

教育数字化转型的突破

随着数字技术的迅猛发展和广泛应用，全球政治、经济、文化领域都在发生着革命性变化。相比之下，教育数字化转型可谓"雷声大雨点小""期待多实效少"。一方面，各国各地区数字教育投入占教育总投入的比例越来越高；另一方面，毕业生能力适应数字时代发展需求不尽如人意，教育陷入"内卷"和焦虑，效率和效果堪忧。在缺乏战略谋划和系统推进的历史惯性中，大部分数字教育的实践探索走进了碎片化发展的窄径。本书让我们惊喜地发现，上海市长宁区独辟蹊径，开拓区域整体教育数字化转型新模式，探索政府购买服务的数字化建设新方式，为教育数字化转型的实践带来了引领性突破。

纵观历史，教育转型始终与文明进步、社会发展紧密相连。原始社会，基于基本生产生活需要，通过人与人之间的互动实现部族经验代际传递。农业社会，立足统治阶层的抽象知识建构，凭借文字及造纸术、印刷术进行代际传承。工业社会，以培养大规模工业化生产需要的合格劳动者为目的，系统构建了庞杂的学科知识体系，通过学校进行教育普及。当前，数字技术日新月异，一场比以往任何一次科技革命迭代速度更快的社会变革已经开启。中国教育数字化的历程与教育强国的征程同生共长。教育数字化转型已是大势所趋，势在必行。

面向未来，教育数字化转型需要先立后破，重塑一个全新的数字时代教育体系。这必然是一项具有创新性的、复杂的社会系统工程，难度大、风险高。多年来，全国各地省（自治区、直辖市）、市、区、校、班不同层面的教育主体满怀期待、迎难而上、勇于探索，经历短暂的繁花竞放后，纷纷陷入"系统烟囱林立"和"数据孤岛丛生"的困境，始终没有跨上系统化和常态化应用的台阶。同时，技术驱动的异化、设备驱动的异化、概念驱动的异化和利益驱动的异化，严重影响了热衷于数字教育转型的决策者和参与者的信心与决心。作为上海市首个教育数字化转型试验区，长宁区勇于创新，不畏险阻，独辟蹊径，披荆斩棘，系统设计、推进区域整体教育数字化转型，突出"基座""数据""生态"三个关键词，以"标准化 + 个性化"为基本逻辑，将基座联结、数据驱动、生态赋能作为技术基石，"低代码搭建"等师生数字素养培育作为能力基石，共享共创等相关工作机制作为保障基石，闯出了区域整体推进教育数字化转型的可行之路，成功踏上以数字化转型开辟教育发展新赛道、塑造新优势的教育强国新征程。长宁实践初步证明，区域整体推进的教育数字化转型之路是可行的，甚至是必然的。

坚守育人初心。教育数字化转型的根本目的是更加适应时代的人才培养需求，紧紧围绕立德树人的根本目的，实现人的个性化成长与社会性发展的高度统一。书中长宁在教育数字化转型推进中，传承并发扬长宁"活力教育"的传统，形成线上线下融合互动、教师经验与数据分析兼容互补的常态化教学，逐渐实现"大规模的个性化学习"，推进以学习者为中心的教育教学。建立国家智慧教育公共服务平台、市、区、校四级贯通，政府、家、校、社四方联合的资源共享格局，推动形成兴趣驱动的跨时空、跨年龄、跨学科的学习共同体，拓宽学习环境，满足学习需要，丰富以学习为中心的社会交往样态。从技术支持的学习品质、学习习惯培育入手，使学习成为每个人的生活习惯和生活方式，持续支持每位学习者成人成才。以师生数字素养提升为中心，形成全民数字化适应力、胜任力、创造力的涟漪效应，助力学习型社会建设。

创新教育范式。通过本书，不仅可以了解长宁教育数字化转型创新的路径，而且可以借鉴其运用数字技术创新教育教学范式的探索。长宁的教育数字化转型完全是面向师生成长，基于教育规律与人才成长规律的创新。长宁在数据贯通的基础上，着手以大数据分析为基础，聚焦课堂教学，细化对教育教学规律和认知成长规律的研究，促进教与学的行为有据可依、有规可循，提升教育教学的科学性。如以建构数学知识图谱为切入点，研究学科内知识结构化、能力关联、素养融合，夯实教育教学内容组织创新的底层逻辑。通过增强现实等呈现方式增进直观感受，充分利用学生生成性资源促进互助合作学习，以及时、个性化的学情分析助力精准教学，让学习成为更加美好的体验，使学习更具促进成长的价值。通过数字化转型将人民群众的教育诉求、政策要求、师生成长需求融于公平而有质量的教育。

深化科学管理。以优化资源供给为核心，实现教育特质与合理高效协调一致。长宁以"政府定标准、搭平台，企业做产品、保运维，学校买服务、建资源"的方式，多主体协同创新，推进教育数字化转型。以数字治理为核心，在区域教育统筹、学校教育管理、班级学生集体三个层面进行数字赋能的有益探索，统筹过程数据的处理、流转、存储，以数据治理简化管理流程，在资产管理等业务上建立了数字空间内的业务逻辑闭环，完成业务流程再造。这一系列措施激发了多方参与的活力，提升了管理精细化、服务精准化、决策科学化水平，使高效管理更好地为育人服务。

当前，数字化转型已成为全球教育变革发展的共识。实践中，各国都面临一系列问题：教育数字化转型如何实现系统化、常态化？如何适应数字技术特别是 AI 技术发展需求？政府如何克服政治成本和社会成本的压力？师生如何突破传统应试体制和数字素养局限？道阻且长，行则将至；行而不辍，未来可期。本书呈现的长宁区独辟蹊径的实践探索，是长宁教育数字化转型中理性思考和现实经验的总结，也是继续开拓创新的起点。

中国教科院党委书记、院长 李永智

2024 年 2 月 10 日

从外生变量走向内生变量的教育数字化转型

党的二十大报告提出"推进教育数字化",明确了教育数字化转型的战略定位及其在中国式现代化建设中的基础性、战略性支撑作用。上海作为教育部批准的教育数字化转型试点区,率先统筹规划、标准推动、典型引路,开展了一系列理论与实践探索,形成了利用技术和相关思维方式驱动教育模式创新和生态系统重构的经验;提供了采用大数据、人工智能、区块链等新兴信息技术,以数据要素为核心,推动业务全局性、整体性、综合性变革的范例。

上海市长宁区是全市推进教育数字化转型的区域探索先头部队,他们的做法先后在国内外多个会议上做过介绍,今天又以专著的形式与大家分享,展现了充分发挥区域整体优势,大胆改革创新,让新兴信息技术从教育的外生变量转变成为内生变量,形成了长宁样板。

长宁区始终把教育数字化转型指向教育模式变革。以区域教育高质量发展为目标,用技术支持线上资源共享,融于线下教学,优化知识呈现方式,提升课堂教学质量;实施伴随式数据收集和分析,实现基于个体学情的大规模因材施教,促进了个性化学习;发挥数字技术开放和连接的优势,优化教育管理流程,推进了应用间、学校间数据贯通,为学生提供了跨学段持续成长分析的数据支撑,为各级教育决策提供了多维度、细分领域及其相关性分析的新方式。

长宁区始终聚焦技术与教育需求匹配。从关注基础设施建设走向紧密围绕育人为本推进教育数字化转型。一方面,积极推进教师深度参与数字应用开发优化、数字资源建设共享、技术融入教育教学的交流合作，促进他们主动基于教育需求选择与运用技术；另一方面，积极推行"低代码"技术，创设以教师为主导开发个性化数字应用的机制，使应用技术与教师解决教育教学问题深度融合。这些策略有效地促进了教师在充分利用技术、发挥技术最大效用的实践中，提升数字素养。

长宁区始终关注数字化转型的生态建设。坚持"标准化 + 个性化"的原则，建成数字基座，连接全区学校、教师和学生，为市、区、校资源共享、数据贯通、合作交流提供了便捷的渠道，突破了信息技术应用只见"盒景"不见"森林"的困局；构建了数字应用开发、接入基座、复用优化、淘汰下架等机制，以开放性保证应用来源的多样性，以标准化保证优质应用的可获得性与普及性共用，减少了重复建设；调动教育界内外相关方的积极性，多方合作，增强了高效的协同治理和数据驱动的精准教育决策。

经过几年的努力，长宁区教育数字化转型从局部走向整体，从零散走向系统，师生教与学的活力得到有效激发，已经形成了行政主导、多方参与、合力推进的发展新格局，步入了持续发展的良性循环。我相信，本书的出版发行不仅会系统展现长宁样板的理论与实践成果，更会进一步促进全国其他区域和学校教育数字化转型的探索。我希望有更多的教育行政部门一把手，能像熊秋菊局长一样，潜心探索，开拓创新，不断凸显教育数字化的新优势，汇聚我国教育现代化发展的新动能，在不确定的世界中打造中国发展的新赛道。

中央电化教育馆原馆长　王珠珠

2023 年 12 月

区域整体推进是必然的

　　教育数字化转型已成为国家战略和时代趋势。检视各国推进教育数字化转型的探索路径，无不与信息技术的不断突破和国家教育政策的导向密切相关。移动互联网越来越深地嵌入人们的日常生活中，随着人工智能技术的不断突破和教育强国战略的深入实施，中国教育发展越来越深地卷入了数字化发展的时代洪流之中。

　　上海市长宁区在长期的探索和研究中形成整区推进模式，制定了"标准化＋个性化"的整区推进原则，取得了长足的理论进展和显著的实践成效。"整区推进"打破了原来区域信息化建设以单个学校为主体的"散点式"建设方式，将区域教育作为一个整体在教育数字化建设中进行一体化推进，从而破除了"散点式"建设带来的一些应用的孤岛、系统的孤岛、数据的孤岛，实现了区域教育的数据联通，激发了参与主体的活力，实现了区域信息技术推动教育发展从量变到质变的发展。

第一节　数字化转型是大势所趋

当今世界正经历百年未有之大变局，产业转型、社会多元、科技进步、文明冲突等昭示着新时代的到来，人才的培养被提到前所未有的高度。面临时代变局，教育必须变革；面对发展挑战，教育必须转型。在建设"数字中国"的大背景下，面向未来，上海长宁以教育数字化转型撬动区域教育的高质量发展。

一、数字时代是人类文明进步的大方向

（一）人类正逐渐步入数字时代

数字时代，数字技术融入社会各领域，深刻影响着政治、经济、文化、生活等各方面，逐渐形成全新的社会形态。有学者认为这是继蒸汽机时代、电气化时代、信息化时代之后的第四次工业革命，更有学者认为它孕育着继农耕文明、工业文明之后的"第三次浪潮"①，是全新文明的起点。无论我们是否有所准备，数字时代已扑面而来。

数字经济已成为全球经济发展的主要动力。2022 年 7 月中国信息通信研究院发布的《全球数字经济白皮书（2022 年）》统计数据显示：2021 年全球 47 个国家数字经济增加值规模为 38.1 万亿美元，同比名义增长 15.6%，占 GDP 比重为 45.0%。从占比看，发达国家数字经济占 GDP 比重为 55.7%，远

---

① 托夫勒 . 第三次浪潮 [M]. 黄明坚，译 . 北京：中信出版社，2006：3.

超发展中国家 29.8% 的水平；从增速看，发展中国家数字经济同比名义增长 22.3%，高于同期发达国家数字经济增速 9.1 个百分点；美国数字经济蝉联世界第一，规模达 15.3 万亿美元，中国位居第二，规模为 7.1 万亿美元。①

数字治理在全球、国家、社会等各类维度上都成为热词。"基于数字化的治理"即数字化作为工具或手段应用于现有治理体系②，促成了从理论驱动到数据与算法驱动的新公共管理范式革命③，重塑管理流程，提高管理效力。"对数字化的治理"即针对数字世界各类复杂问题的创新治理。④ 就全球范围看，一方面，各国加强"技术主权""数字自治"，推行更加严格的技术审查和数据管控机制，形成"逆全球化"⑤趋势；另一方面，数字技术进入政治、经济、社会生活领域，促成资源在全球更高效的配置，人类命运共同体构建得更加紧密，甚至有学者提出"世界是平的"⑥，更加紧密的世界彰显全球治理的需要。就国家而言，数字化推动政府组织从"有界"走向"跨界"⑦，解决社会治理碎片化的问题，推行整体性治理，为公众提供"一站式"便捷服务。比如上海市的"一网通办"，实现了让百姓"进一张网，办全部事"。

数字科技与生活深度互嵌，人们的社会生活形态已经发生了变化。因为"互联网+"等数字技术及其延伸出的各产业形态变化，人们的饮食方式、购物方式、休闲方式、交友方式、学习方式、工作方式无一不受到影响。网络电商重塑了日常采购方式，继而影响着社区内的人际关系。手机等功能越来

---

① 中国信息通信研究院. 全球数字经济白皮书（2022 年）[EB/OL].（2022-12-12）[2023-10-08]. http：//www.caict.ac.cn/english/research/whitepapers/202303/P020230316619916462600.pdf?eqid=a12c38b10015ecc1000000026488df4e.

② 蔡翠红. 数字治理的概念辨析与善治逻辑 [EB/OL].（2022-10-06）[2023-10-08]. https：//m.gmw.cn/baijia/2022-10/16/36090532.html.

③ 郁建兴，高翔，王诗宗，等. 数字时代的公共管理研究范式革命 [J]. 管理世界，2023，39（1）：104.

④ 同②.

⑤ 张艳. 逆全球化背景下国际农业知识产权风险测度与反制策略研究：基于产业安全视角 [M]. 武汉：湖北科学技术出版社，2022：82.

⑥ 弗里德曼. 世界是平的：21 世纪简史 [M]. 何帆，肖莹莹，郝正非，译. 长沙：湖南科学技术出版社，2006：5.

⑦ 朱美宁，石慧荣. 数字时代政府组织从有界走向跨界的行动实践与现实启示 [J]. 机构与行政，2022（11）：27.

越多、越来越智能化的移动终端甚至改变了人们的惯常行为。各种虚拟社交软件影响着熟人之间、陌生人之间交流沟通的方式和状态。"中国综合社会调查2017"（CGSS2017）的数据分析结果显示：成年受访者中从未以网络进行人际联系的比例仅为4.9%；通过网络每天平均联系0—10人的比例约为60%，联系10人以上的比例约为35%。[①] 在一项面向未成年人展开的相关调研中，未成年人互联网普及率达96.8%，约两成未成年人认为自己非常依赖或比较依赖互联网。[②]

文化传播是受数字化影响较大的领域。数字时代，信息传播媒介更加多样，每一个人都更容易成为信息传播的发起者和亲历者，传播的速度更快、范围更广。数字技术让文明间的对话更加丰富、便捷。以扬州市城市宣传为例，市政府通过"扬州发布"政务媒体、"扬州文旅"官方宣传账号、"扬州发布"官方抖音、"扬州发布"微博账号、哔哩哔哩主页等新媒体渗透性宣传扬州美食文化，充分利用新媒体便于互动的优势，丰富传播内容、拓宽传播渠道、扩大受众范围，成功塑造了城市美食文化品牌，2019年，扬州被联合国教科文组织评定为"世界美食之都"。[③]

（二）数字化转型成为必须正视的发展契机

数字化正在以不可逆转的趋势席卷全球。美国是全球最早布局数字化转型的国家，2020年美国数字经济规模达到13.6万亿美元，约占美国GDP的65%，位居世界第一。[④] 欧盟将"构建适应数字时代的欧洲"作为六大优先事项之一，先后发布《2030数字罗盘：欧洲数字十年之路》《欧盟数字十年的网络安全战略》《塑造欧洲数字化转型》等报告。

必须正视并充分利用数字时代的转型契机。党的二十大报告提出加快建

---

① 魏钦恭. 数字时代的社会治理：从多元异质到协同共生 [J]. 中央民族大学学报（哲学社会科学版），2022，49（2）：79.

② 2021年全国未成年人互联网使用情况研究报告 [EB/OL].（2022-11-30）[2023-10-08]. http：//news. youth.cn/gn/202211/t20221130_14165457.htm.

③ 江苏省作家协会. 2020年江苏文学蓝皮书 [M]. 南京：江苏凤凰文艺出版社，2021：322.

④ 高攀. 美国数字化转型快　数字鸿沟加剧不公 [N]. 经济参考报，2021-10-27（2）.

设制造强国、质量强国、航天强国、交通强国、网络强国、数字中国，并提出"加快发展数字经济""发展数字贸易""推进教育数字化""实施国家文化数字化战略"等重要决策。上海发布《关于全面推进上海城市数字化转型的意见》《上海市促进城市数字化转型的若干政策措施》，将全面推进数字化转型作为面向未来塑造城市核心竞争力的关键之举，提出"整体性转变、全方位赋能、革命性重塑"的转型要求。

上海市长宁区是一个有着数字基因的城区。早在 2000 年，长宁就确立了"数字长宁"战略，开始大力发展信息服务业。经过二十多年的积淀，数字建设在长宁已卓有成效——电子商务平台交易总额全市第一，发布全市首份数字养老报告，获评全市首个"教育数字化转型试点区"，"一网统管"城市生命体征建设等工作走在全市前列……。2016 年上海市政府正式批复在长宁设立"互联网＋生活性服务业"创新试验区，数字信息产业能级持续提升，制度建设卓有成效，品牌影响力逐步增强。[①]

《长宁区全面推进城市数字化转型行动方案（2021—2023 年）》提出"3区、3 带、20 个数字专项"的"3320"数字战略。其中，"3 区"立足于目标层面，将长宁打造成为数字经济转型标杆区、数字生活示范引领区和数字治理最佳体验区；"3 带"立足于形态层面，着重建设长宁区东部数字技术创新集聚带、中部数字应用场景集聚带和西部数字企业总部集聚带；"20 个数字专项"立足于项目层面，围绕推进经济数字化、生活数字化和治理数字化转型，开展 20 个数字专项行动。[②] 目前，长宁以人工智能、区块链、5G、工业互联网等新技术为引领，有力推动创新产业集聚，形成了颇具规模的数字产业集群，经济数字化转型标杆效应已初步呈现。在线新经济、人工智能等新兴产业发展势头强劲，全区亿元以上交易量的电商平台达 21 个，电子商务平台交易总额已位居全市第一。[③]

---

① 甘力心. 非凡十年｜数字化：长宁全面发展的"隐形翅膀"[EB/OL]. （2022-10-11）[2023-05-12]. https://www.shcn.gov.cn/col3991/20221011/1223565.html.

② 陈佩玥. 聚焦"3320"数字战略，坚持 20 年的"数字长宁"加速蝶变！[EB/OL]. （2021-09-14）[2023-05-12]. https://www.shcn.gov.cn/col8092/20210916/885245.html.

③ 同①.

二、教育转型发展势在必行

（一）教育正面临严峻挑战

科技急速进步、社会快速变迁的时代，人是第一生产力，人才是第一资源。人才的竞争已成为各国竞争的焦点，拔尖创新人才的培养成为迫切需求。党的二十大提出加快建设教育强国，教育、科技、人才是全面建设社会主义现代化国家的基础性、战略性支撑。教育、科技、人才的三位一体，强调了教育作为中华民族伟大复兴基础工程的基础性作用，强化了基础教育在人才培养国之大计方面的战略责任。中共中央、国务院几乎每年都会出台有关教育的专项文件。2023 年中共中央办公厅、国务院办公厅印发《关于构建优质均衡的基本公共教育服务体系的意见》提出，到 2027 年基本公共教育服务体系总体水平步入世界前列。

教育是国家兴盛、社会发展、文明进步的根基，也是重大的民生工程，涉及千万百姓的家庭幸福和未来希望。随着义务教育的普及，百姓对教育的期望从"有学上"转变为"上好学"，对孩子教育的关注和投入越来越多，形成基于"剧场效应"的强烈内卷，甚至已经影响到学生身心健康。2020 年我国小学生近视率为 35.6%，初中生近视率为 71.1%，高中生近视率为 80.5%，近视防控形势严峻。[①] 教育内卷也为家长带来巨大压力，甚至影响到社会的有序发展。《2017 中国家庭教育消费白皮书》显示，在 7 岁至 18 岁孩子的家庭里，教育支出占整个家庭全年支出的 20.8%，81.2% 的孩子上过补习班。到 2020 年，教育支出占比达到 32.44%，在家庭支出中超过了住房和保健养生的比例，居于首位。[②]

---

① 2022 年中国儿童青少年视觉健康白皮书 [EB/OL].（2022−06−06）[2023−10−08]. http：//k.sina.com. cn/article_1796217437_6b101a5d019013jhk.html.

② 2020 年中国人最愿意为教育买单！这些钱都花在哪了？[EB/OL].（2020−08−21）[2023−10−08]. https：//www.sohu.com/a/414245171_100075780.

除了政府的高关注、百姓的高期望使教育倍感压力，教育本身也遭遇科技发展的巨大挑战。人工智能技术的重大突破凸显了其在知识集成等方面的巨大优势，日益挤压着教育在培养传统人才上的空间。以 ChatGPT 为例，已出现以"人工智能"侵占"人类智能"、以"离场学习"代替"现场学习"、以"机器答卷"充当"学习成效"、以"外来技术"冲击"本土教育"的隐忧，对传统基础教育产生了根本性和体系性颠覆。[①]

教育亟须转型发展，只有直面数字化转型的时代浪潮，才能培养更多本土化的创新人才，担负民族复兴的重任；真正实现减负增效，满足百姓对高质量教育的需求；打破原有发展思路的束缚，让先进的科学技术服务于立德树人的根本任务。

（二）长宁"活力教育"发展主题

面对时代之变、国家之需、百姓之盼，长宁提出"建成与具有世界影响力的国际精品城区相适应的活力教育"的总体目标。这是长宁教育历史积淀的重要特质，也是长宁区教育改革和发展的价值追求。

"活力教育"是充满生命力的教育。顺天性而教，循规律而育，激发师生的生命潜能，实现师生自由而全面的发展。"活力教育"在内表现为生命、激情、智慧的教育特质品格，在外表现为聚合、共生、变革的教育特质生态，以"五个有活力"呈现区域教育发展的勃勃生机。

学生发展有活力：以培养有理想、有本领、有担当的社会主义建设者和接班人为指向，引导学生形成良好的学习态度、解决问题的能力、科学探究的精神以及健康审美的情趣。

教学改革有活力：立足学校育人主阵地，传承区域教育改革传统，尊重不同年龄学生的学习特点，系统化推进幼、小、初、高四学段改革，促进教师因材施教和学生个性化发展。

协同育人有活力：建立"政府主导，学校主体，家庭参与，社会协同"

---

① 李政涛.ChatGPT/生成式人工智能对基础教育之"基础"的颠覆与重置[J].华东师范大学学报（教育科学版），2023，41（7）：49.

的四方联动育人机制，形成政府宏观管理、社会广泛参与、家庭深度融入、学校自主办学的格局和多方共育的新生态。

办学机制有活力：充分发挥各级各类学校的积极性和创造性，打造学校特色和核心竞争力，形成更加开放、充满活力的学校发展样态和多元价值追求的学校品牌。

区域联动有活力：主动应对时代变革、国家发展、社会进步对教育的挑战，激发整区教育活力，增强长宁教育在全市、长三角乃至全国的影响力。

在"活力教育"主题下，长宁将教育与国家、时代、经济社会发展紧密联系，以高度的责任感，科学应对人口峰值和人口增速大幅度减缓的现状，合理布局幼小初高各学段教育资源，办好学校，发展好教师，教好学生，筑牢教育的基础。以学前教育公益普惠、义务教育优质均衡、高中教育多样化发展为基本方向，坚持用改革创新实现提质增效，落实新课程、新课标、新教材，用教育的高质量发展促进人口的高质量发展，以教育公共服务水平的全面提升回应"办好人民满意的教育"的郑重承诺。跳出教育看教育，着眼未来看教育，坚持科学的人才观、成才观、教育观，在关键环节和重点领域上深入研究、改革创新，在教育现代化征程上久久为功，走出富有长宁教育特点的奠基人才培养之路。

三、数字化融入教育全方位的战略性决策成为国际共识

随着全球范围内的数字化转型步伐不断加快，世界各国政府纷纷出台了一系列发展战略和鼓励政策，意在将数字技术融入教育全方位乃至经济社会发展的各领域、全过程，使教育数字化作为国家数字化战略的重要组成部分（如表 1-1 所示）。

表 1-1　世界典型国家 / 组织的教育数字化战略及文件 ①

国家 / 组织	教育数字化战略及文件
联合国教科文组织（UNESCO）	《一起重新构想我们的未来：为教育打造新的社会契约》（2021）
经济合作与发展组织（OECD）	《回到教育的未来：经合组织关于学校教育的四种图景》（2020） 《2021 年数字教育展望》（2021）
欧盟	《欧洲教育工作者数字能力框架》（2017） 《数字教育行动计划（2021—2027）》（2020） 《欧洲公民数字能力框架的自我反思工具》（2020）
美国	《帮助美国学生为 21 世纪做好准备：迎接技术素养的挑战》（1996） 《数字化学习：为所有学生提供触手可及的世界课堂》（2000） 《迎来美国教育的黄金时代：因特网、法律和学生如何变革教育期望》（2004） 《面向教师的国家教育技术标准（第二版）》（2008） 《ISTE 教师标准》（2008） 《变革美国教育：技术推动学习》（2010） 《迎接未来学习：重思教育技术》（2016） 《重塑技术在教育中的角色》（2017） 《ISTE 教育工作者标准》（2017）
韩国	教育信息化发展规划 Master Plan 1（1996—2000） 教育信息化发展规划 Master Plan 2（2001—2005） 教育信息化发展规划 Master Plan 3（2006—2010） 教育信息化发展规划 Master Plan 4（2010—2014） 教育信息化发展规划 Master Plan 5（2014—2018） 教育信息化发展规划 Master Plan 6（2019—2023）

---

① 吴砥，李环，尉小荣.教育数字化转型：国际背景、发展需求与推进路径 [J]. 中国远程教育，2022（7）：22.

续表

国家／组织	教育数字化战略及文件
新加坡	教育信息化发展规划 Master Plan 1（1997—2002）
	教育信息化发展规划 Master Plan 2（2003—2008）
	教育信息化发展规划 Master Plan 3（2009—2014）
	教育信息化发展规划 Master Plan 4（2015—2019）
	教育技术十年规划（2020—2030）

由于各国的国情不同，每个国家提出教育数字化转型的背景不完全相同，因此制定的政策也有较大不同。例如，美国侧重于利用数字技术变革教育，欧盟侧重于推进数字教育行动与改革，法国将实现"教育数字领地"作为目标，德国聚力建设现代化的数字教育系统等。从整体上看，这些政策都体现了前瞻性、科学性、系统性和有序性等特点，尤其体现在基础与资源建设、标准与伦理规范、教育教学创新三个方面。

（一）注重数字化基础设施与资源建设

数字化教学环境建设是推进教育数字化转型的必要基础，也是实现教师智能化的"教"和学生个性化的"学"的基础保障。世界各国都很关注新一代数字技术在教育领域广泛、深入的应用，以及在此基础上的资源整合和优化。

1. 数字化基础设施的升级与改造

由于新技术的不断涌现和发展，世界主要组织和发达国家都非常注重信息基础设施与数字设备的现代化建设，特别是通过升级改造校园数字化环境提升学校的数字化支持能力。例如，美国早在 2013 年就提出"连接教育计划"，让高速网络联通学校。[1]欧盟为解决学校高速互联网接入部署不均的问题，计划支持学校千兆位网络及 5G 的全覆盖。[2]2018 年，德国通过《学校数

---

[1] 程文.美国"连接教育计划"解读 [J]. 世界教育信息，2015，28（9）：43-48.

[2] EUROPEAN COMMISSION.European Digital Competence Framework for Citizens（DigComp）[EB/OL].（2020-12-22）[2022-04-21].https://publications.jrc.ec.europa.eu/repository/handle/JRC123226.

字协定》共投资65亿欧元为各州和地区的中小学提供更好的数字设施和技术，促进数字媒体和工具的使用。①

2.教育数字资源的整合和更新

除了基础设施的更新换代，国际组织和世界主要发达国家也关注教育的物理信息向数字信息的转换，高度重视数字教育资源平台的搭建，构建基于教育资源的设计、建设、应用、评价的完整体系。例如，联合国教科文组织与英联邦学习共同体共同组建开放教育资源大学，为全球学生提供免费的教育资源与在线课程，开展跨国跨地区的学分认证，促进不同地区间教育资源的开放交流。②欧盟支持成员国之间相互学习和交流数字化教学资源，包括混合式模式和在线课程的开发。③法国教育部设立国家数字平台，为中小学教师、学生和社会人士提供多学科在线教育资源。④

（二）制定数字化标准文件与伦理规范

指向联通、公平、包容和安全的教育，一直是教育数字化转型的愿景之一。世界各国重视教育数字化相关标准的研制，也关注数据背后的教育公平、数据安全等伦理问题。例如，2021年，美国高等教育信息化协会首次发布信息安全版本的《地平线报告》，为高等教育机构应对信息安全与伦理问题提供对策。⑤可见，数字化标准和伦理规范，是实现教育数字化转型战略部署的必要支撑。

---

① 转引自：孙进，付惠.德国建设教育强国的六大政策面向 [J].外国教育研究，2024，51（2）：3-20.

② 邓莉.教科文组织与英联邦学习共同体共建开放教育资源大学 [J].世界教育信息，2013，26（23）：78.

③ EUROPEAN COMMISSION. European Digital Competence Framework for Citizens（DigComp）[EB/OL].（2020-12-22）[2022-04-21]. https：//publications.jrc.ec.europa.eu/repository/handle/JRC123226.

④ FRENCH MINISTRY OF EDUCATION. CNED-National Center for Distance Learning [EB/OL].（2022-05-01）[2023-04-21]. https://www.studyrama.com/international/etudiants-etrangers/english-version/to-study-in-france/distance-learning/cned-national-centre-for-distance-learning-40456.

⑤ 王佑镁，刘泓茜，沈雅淇，等.数字时代高等教育如何应对信息安全与伦理挑战：美国《2021地平线报告（信息安全版）》的解读与思考 [J].中国教育信息化，2022，28（4）：14.

1. 教育数字化标准规范的研制

为切实推进教育数字化的实施，近年来世界主要的标准化组织和机构发布了一系列标准规范，涉及领域包括数字化基础编码体系、数字化准备度与竞争力指标，以及相关的数字化学习、教育大数据分析等标准体系，以便于数字内容的统一编码与集成、各项标准的统一建立与评估，以及评价模型的统一设计与应用。例如，欧盟设计了数字转型成熟度模型、数字化终身学习准备状况指数等，为精准评估与有效促进国家教育数字化发展起到积极作用。①国际标准化组织（ISO）联合国际电工技术委员会（IEC）共同组成了专门负责教育数字化标准研制的技术委员会（ISO/IECJTC1/SC36），以信息技术支持的学习、教育和培训作为主要对象，从术语、元数据、学习者信息、学习分析互操作等方面研制并发布了系列国际标准。②

2. 数字技术应用伦理规范的完善

近年来，随着新兴教学技术的进一步部署和应用，远程办公、在线学习、视频会议等服务的大规模应用，由数字技术引发的一系列伦理道德问题逐渐进入公众的视野，网络安全和隐私问题引起社会各界广泛关注。美国发布的《2021 地平线报告（信息安全版）》由强调"新兴技术和实践"变为"关键技术与实践"，这种转变表明报告所选取的技术与实践可能不再是最前沿，而是对于信息安全来说最为关键的。③欧盟委员会于 2021 年提出的《人工智能法案》（Artificial Intelligence Act），强调规范人工智能系统，对应用于教育领域的人工智能系统，在上市前对其准确性和公平性开展评估，并在使用过程中进行监管。④

---

① EUROPEAN COMMISSION. European Digital Competence Framework for Citizens（DigComp）[EB/OL].（2020-12-22）[2022-04-21]. https://publications.jrc.ec.europa.eu/repository/handle/JRC123226.

② 吴砥，李环，尉小荣. 教育数字化转型：国际背景、发展需求与推进路径 [J]. 中国远程教育，2022（7）：23.

③ 王佑镁，刘泓茜，沈雅淇，等. 数字时代高等教育如何应对信息安全与伦理挑战：美国《2021 地平线报告（信息安全版）》的解读与思考 [J]. 中国教育信息化，2022，28（4）：15.

④ 邢露元，沈心怡，王嘉怡. 生成式人工智能训练数据风险的规制路径研究 [J]. 网络安全与数据治理，2024，43(1):10-18.

（三）推行数字化教育创新与素养培养

教育数字化转型最终服务于教育领域。世界各国都关注各种基于教育大数据的应用，期望利用数字技术改变传统的教学方式，构建数字化学习新范式，促进教师和学生的数字素养发展。

1. 数字技术支持的学习新范式构建

数字化转型给传统教学带来巨大变化。世界各国都主张探索基于数字技术的学习方式变革，建立学习者为中心的个性化、定制化学习模式。与此同时，一些国家将嵌入式评价融入学习过程，以便促进个性化学习的实现。例如，美国可汗学院的学习仪表盘能够将海量的学习行为数据转变为有价值的行为信息，并基于高效的数据分析帮助学生开展个性化学习。目前，可汗学院平台课程内容已被翻译成超过 36 种语言。在线智能适应学习平台纽顿（Knewton）的核心技术是适配学习技术，通过数据收集、推断及建议三部曲来提供个性化的教学。

2. 教育数字化中数字人才的培养

培养具有数字化能力的学习者及教育工作者是国际战略的关键目标。特别是教师数字技术应用能力的提高，对于教师专业发展以及教育质量提升至关重要。世界各国和国际组织纷纷制定策略提升教师的数字素养。例如，联合国教科文组织于 2011 年发布的《教师信息与通信技术能力框架》中详细描述了教师运用数字技术进行有效教学应具备的能力。[1] 欧盟委员会联合研究中心于 2017 年发布了《欧洲教育工作者数字能力框架》，指导各级各类教育工作者全面评价和发展其数字能力，又于 2020 年公布了《欧洲公民数字能力框架的自我反思工具》，通过知识、技能和态度三方面来衡量公民数字能力水平。[2]

---

[1] 武加霞，薛栋.教师数字能力：提出背景、变化沿革与培育路径——基于三版联合国教科文组织《教师信息与通信技术能力框架》的比较研究 [J]. 高等职业教育探索，2023，22（1）：62-69.

[2] EUROPEAN COMMISSION. European Digital Competence Framework for Citizens（DigComp）[EB/OL].（2020-12-22）[2022-04-21]. https://publications.jrc.ec.europa.eu/repository/handle/JRC123226.

四、基于数字技术的教育重塑在国内全面推进

自《国家中长期教育改革和发展规划纲要（2010—2020 年）》提出加快教育信息化进程以来，我国的教育信息化在不断的探索与实践中稳步前进。2022 年，全国教育工作会议明确提出了实施教育数字化战略行动的要求①，将加快推进教育数字转型作为工作要点。党的二十大首次将"推进教育数字化"写入报告，这标志着推进教育数字化已经从教育工作任务上升为党和国家的集体意志。②

（一）我国教育数字化转型的发展阶段

21 世纪是我国教育数字化发展的重要时期。在经历了早期的计算机普及和应用后，我国的教育信息化逐渐关注数字化环境建设，并探索由此引发的教育变革。为促进教育数字化有序发展，我国制定了一系列教育数字化发展规划，整体推进教育数字化发展。总体来说，我国的教育数字化发展可以分为三个阶段。

1. 教育数字化基础建设阶段（2000—2011 年）

2002 年，教育部印发《教育信息化"十五"发展规划（纲要）》，标志着我国教育数字化发展进入新阶段。该规划指出，到 2010 年基本建成覆盖全国的教育信息化基础设施。③

该阶段教育数字化发展的主要内容包括重大工程建设、数字化平台和资源体系建设、人才队伍建设、教育政务数字化建设、产业和标准体系建设

---

① 加快教育高质量发展：2022 年全国教育工作会议召开 [EB/OL].（2022-01-17）[2023-05-13]. http://www.moe.gov.cn/jyb_xwfb/gzdt_gzdt/moe_1485/202201/t20220117_594937.html.

② 朱永新，杨帆. 我国教育数字化转型的现实逻辑、应用场景与治理路径 [J]. 中国电化教育，2023（1）：1-7，24.

③ 教育信息化"十五"发展规划（纲要）[EB/OL].（2008-04-25）[2023-04-03]. http://www.moe. gov. cn / srcsite /A16 / s7062 /200209 / t20020904_82366.html.

等。① 在这个阶段，中国教育和科研计算机网（CERNET）与中国教育卫星宽带传输网（CEBsat）等延伸和扩展工程建设完成，中小学"校校通"工程和各级各类现代远程教育工程等初具规模，为我国教育数字化水平的提升奠定了坚实的基础。

2. 教育数字化应用普及阶段（2012—2017 年）

2012 年，教育部印发了《教育信息化十年发展规划（2011—2020 年）》，确立了应用驱动的工作方针，开启了我国教育数字化应用阶段。

该阶段教育数字化发展主要内容包括数字化资源应用、学校数字化应用能力构建、师生数字化能力提升等。② 在该阶段，"三通两平台"工程（三通：校校通、班班通、人人通；两平台：教育公共服务平台、教育管理公共服务平台）全面开展，优质资源共享并持续发展，学校尝试利用数字技术构建智能化学习环境，鼓励学生运用数字技术开展自主学习、合作学习等多样化学习。这个阶段也是我国信息技术与教育逐渐走向融合的阶段，教育者开始思考通过技术变革学习方式的问题。

3. 教育数字化创新育人阶段（2018 年以后）

2018 年，教育部印发《教育信息化 2.0 行动计划》，确立了育人为本、融合创新的基本原则，标志着我国教育数字化迈向了智能时代。

本阶段将教育信息化作为教育系统性变革的内生变量，通过机制创新与技术创新，促进新技术与教育教学的深度融合，激发教育理念和教学模式的变革与创新，引发教育系统变革，重构教育生态系统。③

《教育信息化 2.0 行动计划》确立了到 2022 年实现"三全两高一大"和"三个转变"的基本目标。深入推进"三通两平台"，实现普及应用；推动信息技术与教育深度融合；构建一体化"互联网＋教育"大平台。促进智能技术与教育的双向赋能，构建新时代智慧教育新生态。明确了行动方向，运用

---

① 陈云龙，孔娜. 我国教育数字化转型的基础、挑战与建议 [J]. 中国教育学刊，2023（4）：25.
② 同②：26.
③ 教育部关于印发《教育信息化 2.0 行动计划》的通知 [EB/OL].（2018-04-25）[2023-05-14]. http://www.moe.gov.cn/srcsite/A16/s3342/201804/t20180425_334188.html.

智能技术促进教育公平、提升教育质量。

2022 年，教育部将教育数字化战略行动列入年度重点工作，标志着我国教育已进入数字化转型阶段。①

（二）政策助力下的教育数字化进阶

从我国近年来一系列政策可以看到，教育数字化转型已逐渐成为我国教育事业改革发展的关注重点。自 2013 年国家在数字化转型上提出了相关重要战略以支持各行各业的数字化发展后，与之相关的政策如雨后春笋般不断出台。仅 2019 年至 2022 年间，就有十多个与教育数字化转型相关的政策文件陆续出台（如表 1-2 所示）。

表 1-2　教育数字化转型相关政策文件

序号	发布时间	政策文件名称
1	2019 年 3 月	教育部关于实施全国中小学教师信息技术应用能力提升工程 2.0 的意见
2	2019 年 9 月	教育部等八部门关于引导规范教育移动互联网应用有序健康发展的意见
3	2020 年 3 月	教育部关于加强"三个课堂"应用的指导意见
4	2020 年 8 月	教育部办公厅关于公布"基于教学改革、融合信息技术的新型教与学模式"实验区名单的通知
5	2020 年 10 月	深化新时代教育评价改革总体方案
6	2021 年 1 月	教育部等五部门关于大力加强中小学线上教育教学资源建设与应用的意见
7	2021 年 7 月	教育部等六部门关于推进教育新型基础设施建设构建高质量教育支撑体系的指导意见

---

① 教育部. 加快教育高质量发展：2022 年全国教育工作会议召开 [EB/OL].（2022-01-17）[2023-05-13]. http://www.moe.gov.cn/jyb_xwfb/gzdt_gzdt/moe_1485/202201/t20220117_594937.html.

续表

序号	发布时间	政策文件名称
8	2021 年 8 月	教育部办公厅关于公布 2020 年度网络学习空间应用普及活动优秀区域和优秀学校名单的通知
9		教育部办公厅关于开展"基础教育精品课"遴选工作的通知
10		教育部关于同意将上海作为教育数字化转型试点区的函
11	2021 年 9 月	教育部关于实施第二批人工智能助推教师队伍建设行动试点工作的通知
12		教育部办公厅关于推广学校落实"双减"典型案例的通知
13	2021 年 11 月	教育部办公厅关于开展 2021 年度网络学习空间应用普及活动的通知
14		教育部办公厅关于开展县域义务教育优质均衡创建工作的通知
15	2021 年 12 月	教育部办公厅 中国科协办公厅关于利用科普资源助推"双减"工作的通知
16	2022 年 2 月	教育部 2022 年工作要点
17		教育部办公厅关于公布首批虚拟教研室建设试点名单的通知
18	2022 年 4 月	教育部等八部门关于印发《新时代基础教育强师计划》的通知

2021 年发布的《中华人民共和国国民经济和社会发展第十四个五年规划和 2035 年远景目标纲要》第五篇"加快数字化发展 建设数字中国"中明确提出：迎接数字时代，激活数据要素潜能，推进网络强国建设，加快建设数字经济、数字社会、数字政府，以数字化转型整体驱动生产方式、生活方式和治理方式变革。党的二十大报告进一步提出了"推进教育数字化，建设全民终身学习的学习型社会、学习型大国"的要求。[①] 从这些政策中可以看到国家对数字化转型的重视，期望我国的教育事业能在数字技术与教育教学融合创新的关键时期，取得跨越式发展。

随着这些政策的落地实施，我国的教育数字化转型工作已经在基础设施、

[①] 习近平.高举中国特色社会主义伟大旗帜 为全面建设社会主义现代化国家而团结奋斗：在中国共产党第二十次全国代表大会上的报告 [EB/OL].（2022—10—16）[2023—05—12]. http：//www.gov.cn/gongbao/content/2022/content_5722378.htm.

数字资源、信息平台等的建设与应用方面取得了阶段性进展。2021 年初，上海市提出全面推进城市数字化转型；同年 8 月，上海成为全国首个教育数字化转型试点区。上海教育数字化转型与城市数字化转型相互依存、相互促进，两者有着共同的理念指引，城市数字化转型为教育改革发展提供新动力，支撑着教育数字化转型的稳步推进。2022 年 3 月 28 日，国家智慧教育公共服务平台正式上线。国家智慧教育公共服务平台作为教育数字化战略行动的阶段性成果，为广大师生提供了海量优质数字教育资源，并通过将学生学习、教师教学、学校治理、教育创新等功能汇聚于一体，有效助力精准教学、智能研修和智慧治理，为疫情防控下的"停课不停学"提供了有力支撑。2023 年教育部公布的数据显示，国家智慧教育公共服务平台自试运行以来，日均浏览量已达 2888 万次以上，最高日浏览量达 6433 万次，资源总量为 2.8 万余条，资源质量得到社会广泛认可。[①]

第二节 数字化赋能教育教学的意义重大

人类社会正在从工业时代进入数字时代。社会数字化转型是技术进步和生产力发展的必然，也是新生产关系和人类命运共同体建构的基础。社会发展中教育的基础性、先导性、全局性作用，更加赋予教育数字化转型战略意义。[②]通过赋能高效精准管理、大规模因材施教、随时随地随需个性化学习，数字化转型将兼容优质和均衡、规范和活力、个性化和社会化，打造公平而有质量的教育，为学生的终身发展奠基，为社会的文明进步助力。

---

① 智慧教育"国家队"赋能数字化变革：写在国家智慧教育公共服务平台上线一周年之际 [EB/OL].（2023-03-28）[2023-05-12]. http：//www.moe.gov.cn/jyb_xwfb/s5147/202303/t20230328_1053044.html?eqid=c8be957500070cb2000000036427a234.

② 李永智 . 教育数字化转型的构想与实践探索 [J]. 人民教育，2022（7）：13-21.

一、数字化转型支撑教育高质量发展

（一）数字化转型是推动教育优质均衡发展的内生变量

教育优质均衡发展是在我国共同富裕愿景和义务教育普及背景下，满足百姓从"有学上"到"上好学"教育需求的必然，也是提高全民素质，培养合格的社会主义建设者和接班人的需要，更是提高百姓生活品质、丰富民众精神生活的要求。

在教育、人才、科技三位一体的发展要求下，对优质教育的理解和追求已不限于较高的考试分数，还有学生创造力培养、解决问题能力养成、终身学习习惯培育等。为了达成这些育人目标，课堂讲授的教学方式本身正在经历系列变革，问题解决、项目化等多种教与学的方式更是引起关注，得到探索和推广。这些改革创新有一些得益于数字化技术的进步，比如 AR、VR 等虚拟增强现实技术使得学生能置身于模拟真实的环境之中；有一些需要数字化的过程性支持，比如学情数据分析可以为教师调整教学重点和节奏提供依据；有一些需要进行数字化的过程记录，以此为基础开展学习效果的评估和诊断，并将评估和诊断作为教学的重要一环，作为改革创新调整的基础，比如表现性评价的数据收集。

优质教育背景下，教育公平早已不局限于入学公平，而是更加关注学习过程中的公平，其中包括无差别的公平和有差异的公平，也就是同样的人接受同样的教育和不同的人接受适合的教育。后者也可以称为因材施教，是兼具优质和均衡特点的重要举措。集体教学效率较高，但是在学习需求的个性化满足上天然地处于劣势。数字化转型在个性化学情数据收集和分析，以及自适性资源推送上具有优势，可以有效弥补集体教学在因材施教上的不足。

（二）数字化转型是推动人的全生命周期成长的有效途径

随着时间的推移，我国人口结构发生转变，劳动年龄人口的比重开始下降。我国 15—64 岁劳动年龄人口数量从 1982 年的 62517 万人上升至 2013 年的 101041 万人后，开始逐年减少，到 2020 年下降至 96707 万人，与 2008 年相当（2008 年为 96547 万人）。与此同时，根据不变价格计算，2020 年我国人均 GDP 和劳动生产率已经达到 2008 年的 2.2 倍和 2.34 倍。[①] 教育在提高人均劳动生产率上起到了极大的促进作用，建设教育强国成为党和国家的重大战略。

教育对提高劳动生产率的作用，涵盖人的一生。它体现在基础教育为学生的成长奠基、高等教育对人才的专业培养、职业教育对专门人才的培训，还体现在继续教育为百姓提供充电、提升的机会和资源，老年教育对公民素养的陶冶，特殊教育对特殊人群的全纳式培育。数字化转型能够更好地实现优质教育资源的共享易达、个性化学习的支持辅助，对各级各类教育具有极大的促进作用。以继续教育为例，数字化转型可以帮助继续教育实现随时随地随需学习，解决学习者工作与学习时空冲突、没有整块学习时间、学习需求极具个性化等难题，实现更多成人的持续成长，推进学习型社会发展。

（三）数字化转型是推动教育与社会良性互动的有力工具

教育从来都是社会的一个单位，不可能脱离社会存在，但同时又肩负着促进文明传承、社会发展的任务，必然保持一定的独立性。正是因为教育与社会这种特殊的关系，社会参与教育治理的趋势不仅具有优质教育资源整合的重要价值，更有定位教育功能和育人方向的意义。教育与社会需要良性互动以实现相互促进、良性循环。教育数字化依靠其沟通便捷的特点，促进教育与社会的紧密联系，以及教育资源的有效整合。运用技术手段，可以让家长更加及时、全面地了解孩子的学习情况，可以在更大范围内汇聚政府、学校、家庭、社会的教育资源，丰富学习内容，最终形成政府、学校、社会、

---

① 王洪川，胡鞍钢. 建设教育强国的战略趋势与路径选择：基于第七次全国人口普查数据的分析 [J]. 教育研究，2021（11）：17-26.

家庭四方联动的育人一致性环境，推动教育与社会实现良性互动。

二、教育数字化转型重塑教育愿景

（一）教育数字化转型的内涵和特征

教育数字化转型即基于数据，构建一个全感知、全联接、全场景、全智能的数字世界，实现教育治理的全方位赋能、教学模式的深层次变革和学习方式的根本性重塑。

数字技术是教育数字化转型的基础。数字技术对教育改革和发展具有重要的推动作用，这已经成为业内共识。正是因为数字技术的发展，信息化发生了向数字维度的飞跃，使得新形式的交互、生产和感知的产生成为可能，[①] 才出现教育数字化转型的推进。对新兴技术的不断研究和应用，极有可能带来创造性的新教学策略，使教育能够触及更多样、更广阔的领域，辐射更多元、更大量的学习者。数据是数字技术的核心要素，也是数字化转型的关键。尽管数据由比特（bit）组成，是非物质的，但是数据已成为人类生产资料的重要组成部分，被喻为 21 世纪的石油，是当今第四种科学研究范式的核心研究对象。[②] 优质的教育资源用数据的方式呈现，就具有了可传递、易分享的优势。教育管理、教育教学、学生学习的过程和结果用数据的方式记录，易存储、好调用，不仅具有高效管理的价值，更是人工智能自动化分析和反馈的基础。通过建立完备的数据采集、数据共享、开发应用等机制，能够实现跨平台的数据联通，进而创新性地发挥教育数据的价值。

基于数据这一核心要素，符合数字化特点的运作机制是教育数字化转型

---

① 胡姣，彭红超，祝智庭.教育数字化转型的现实困境与突破路径 [J].现代远程教育研究，2022，34（5）：72-81.

② 刘三女牙，杨宗凯，李卿.教育数据伦理：大数据时代教育的新挑战 [J].教育研究，2017，38（4）：16.

的保证。一是多主体参与、价值共赋的机制，其中既包括数字技术的提供者，也包括教育管理和教学实施人员，更包括学习者本身。他们在教育数字化的建设、应用、宣传、推广、探索、研究等各环节发挥作用，形成"人人参与、人人贡献、人人享受"的良好局面。① 二是相互连接、优质共享的机制，这样才能改变"数字孤岛""应用孤岛""资源孤岛"的桎梏，实现 1+1>2 的效果，不仅为多主体参与提供动力保障，而且是赋能教育教学的基础。以数据的连接为例，通过系统间的互联互通，实现数据的统一标准和系统整合，进而对数据进行多维度分析、数字建模，演绎出了数据革命的新形态，逐渐形成用数据说话和决策的新格局，才能实现对教育解释力、诊断力、预测力、决策力② 的支持。三是优化迭代、持续发展的机制，实现优质教育资源与时俱进、师生数字素养不断提升、教育发展与数字技术相互促进的良性循环。

除了数字技术基础和运作机制的保证外，更为重要的是教育数字化转型的教育本质。教育数字化转型归根到底是教育的转型，需要通过数字技术与教育的深度融合来实现创新发展。它可以围绕教育需求，由一线教育教学工作者引进现有的数字技术，自主参与、自发推进渐进性创新，小步快走，创设覆盖"教—学—管—考—评—研—训"的教育业务数字化场景③，为学校管理、教师教学、学生学习提供全方位的支撑，实现教育要素、教育过程、教育领域的全面数字化④，实现教育转型。也不排除将来由于重大技术进步，推动教育者快速进行突破性创新，一次性实现系统性重构。无论是渐进性还是突破性的教育数字化转型，都需要以教育者为主导来实现，保证教育的育人本质，遵循教育教学规律和学生成长规律。要避免过于重视技术先进性而忽视健全人格发展，要依据利害关系、适合与不适合的标准，研判各类新技术在教育领域的适用性。例如，在教学上，要提供多样化的学习资源，满足不同类型学生的学习需求，提升学生自主学习的能力；在评价上，要平衡大数

---

① 杨现民，吴贵芬，李新.教育数字化转型中数据要素的价值发挥与管理 [J]. 现代教育技术，2022，32（8）：5-13.

② 同①.

③ 同①.

④ 陈云龙，翟晓磊.教育数字化转型的构想与策略 [J]. 中国电化教育，2022（12）：101-106.

据诊断与经典教育诊断的关系，减少数字技术应用的"失真性"，使教育评价工具更能促进学习者的健康和可持续成长。

（二）赋能高效精准的教育管理

由经验治理走向科学治理是数字化时代教育治理转型的必然选择。[①]数字化转型以管理数据的积累沉淀、精准分析为基础，为教育决策提供坚实的依据，使教育管理从根据经验的判断向依据数据的分析转变，从而使教育资源的分配更加合理、教育关注的重点更加切合实际需求。以学校维修和设施设备配置为例，将学校教育教学需求作为基础，结合往年学校维修和设备购买数据，确定区域教育资源的配置和布局，把教育经费用在最需要的地方。

数据的积累和分析可以帮助教育管理合理规避风险。根据常模制定预警阈限，一旦超过阈限则立刻预警，再经由人工查验和分析，进行风险点的排除。排除后重新纳入数字化过程数据积累范围，形成管理闭环。以学生心理问题预防为例，建立常态化监测机制，沉淀过程数据，当发现数据的非正常变化时，立刻锁定特殊情况学生，给予针对性辅导或转诊治疗。

基于数字化转型，可以构建清晰、畅通的管理协作网络与组织架构，降低管理成本，提高管理效率和精准性。从某种意义上说，只有在单位时间内获得最佳的教育治理绩效，才说明教育治理现代化达到了较高水平。[②]学校可以依托数字化重塑多方协同、过程透明的管理流程，从而实现多方参与各管理阶段的无缝衔接、及时反馈，避免因为信息沟通不畅而引起的无效操作和时间拖延。留存的管理过程的数据成为下一次教育决策的基础，也是管理安全的保证。

（三）形成丰富多样、因材施教的教学模式

教育数字化转型在很多理论上证明有效，使得现实中难以实施的教学模

---

① 周洪宇，李宇阳.生成式人工智能技术 ChatGPT 与教育治理现代化：兼论数字化时代的教育治理转型 [J].华东师范大学学报（教育科学版），2023，41（7）：36-46.

② 刘冬冬，张新平.教育治理现代化：科学内涵、价值维度、实践路径 [J].现代教育管理，2017（7）：1-6.

式得以实现。在不改变集体教学的前提下，通过人工智能和虚拟现实技术，可以设置模拟真实的任务情境，通过模拟仿真、虚拟人物、教育游戏等方式，有效支持情境化、项目化、问题解决式等丰富多样的教学方式。比如，利用 AR、VR 技术，让学生置身于知识情境之中，有身临其境之感，这种以具身认知理论为基础的学习方式，更易于学生深入理解、运用和迁移知识。整合多媒体设备、无线设备和物联网设备的优势以建立全方位、跨时空、高速率的数字化教育环境，有助于形成线上与线下、课内与课外、虚拟与现实相融合的教学方式。这种混合式教学模式将传统学校学习扩展到家庭、社会各个层面，扩充了教师的教学场域与学生的学习场域，为教师、学生及其他教学参与者之间的场域互动提供技术支撑。①

因材施教是实现教育过程公平②的重要内容，也是实现有差异的教育公平③的重要途径，其核心要义是提供适合学生的教学，前提是了解学生的学习。教育数字化转型推进中，新兴数字技术和大数据挖掘技术不断成熟，各类教育数据的交叉分析为学习分析提供了更丰富的数据证据，不仅能够为不同类型的学习方式提供精准的评价，而且能够对认知学习、学习习惯与品质等进行诊断评估。比如，基于学习者特征数据，分析学习者已经掌握了何种策略，通过何种支架能够激发其有效回顾与应用，以完成问题的解决，④教育者能根据大数据去细化分析学习者的学习特征，从而更科学、准确地提供各类学习支架和学习资源。再如，多模态数据采集能够极大地丰富学生数据的多样性，通过音频、视频、生理信号等多个方面，可以获得有关心理、情感、认知、思维等的非结构化数据，为进一步的学习分析和学习反馈打下基础。同时，数字化转型也使综合素质评价的模型更新成为可能。告别传统的形式

---

① 李敏辉，李琼.场域视角下"融合交互"混合式教学模式的探索 [J].现代教育技术，2021，31（9）：120-126.

② HUSEN T.Social Influences on Educational Attainment[M].Research Perspectives on Educational Equality. Washington D. C.：OECD Publications Center，1975：182-186.

③ 阮婷，高瑾，窦丽丽.教育公平视域下学前教育的文化属性：以幼儿园课程为议题 [J].社会科学家，2013（8）：123.

④ 多召军，张嘉男，任永功.智能教育下在线问题解决学习研究：内涵、模型与解释 [J].现代远距离教育，2022（3）：70-77.

单一的测评体系，依靠大数据分析技术、人工神经网络、关联规则学习算法等技术，从大量数据分析中提取有效的评价规则，能够全面展现学生在思想道德、身心发展、学业水平、审美情操、劳动技能等方面的状态，有利于促进学生健康而全面的发展。

（四）重塑个性随需的学习方式

教育数字化转型深远的意义在于转变了学生的学习方式和学习过程，促进了教育流程的重组和再造，使移动学习、虚拟学习、泛在学习等新型学习模式得以实现。

教育数字化转型将有助于学校打造新样态的学习空间，改变原先相对封闭、单一的教学环境和学习空间，形成多元化的学习群体交流方式。传统学校的学习空间通常以教室作为学习环境单位，授课对象是单一年龄的学习者，受限于教室条件，合作方式多为言语讨论与交流。随着物联网、人工智能等新兴技术更多地融入教育教学，学习场所从单一教室扩充到学校所有教室、图书馆、创新实验室、操场、博物馆、社区、家庭，以及由智慧教育平台和各类教育应用场景应用共同组成的学习中心；授课对象可以是混龄的，甚至是不同地区、不同学校的，凡是有学习需求的个体都能进入；学习资源丰富多样，还能根据个人特征进行定制。如此情境下，基于技术打造连接、共享和智能的数字学习生态，更多适用于教育数字化的教育模式将得到研究和推广，有利于教育质量得到更高层次的发展。此外，新技术支持下的开放式、沉浸式虚拟空间将突破学校的"围墙"，为师生之间、校校之间的合作提供更大的便利，基于情境的沉浸式合作学习将得到长足的发展。

教育数字化转型的数字技术和教育应用场景为实现"面向每个人，适合每个人"的个性化教育提供了可能。依托智慧教育平台和各类混合学习空间的建设，使更多的人获得了打破时空限制，进行随时随地学习的机会。在新兴数据技术不断研发和应用的背景下，有助于了解学习者以及预测学习者未来发展的能力①的知识图谱、自适应学习等个性化学习方式将得到长足发展。

① 袁磊，张淑鑫，雷敏，等.技术赋能教育高质量发展：人工智能、区块链和机器人应用前沿[J].开放教育研究，2021，27（4）：4-16.

例如，可通过人工智能和数据挖掘技术研究学生个人知识体系的内在关系图谱，跟踪学习者学习过程，收集分析学习者的学习数据，精准分析学生的认知投入水平和学习目标达成情况，及时推送定制化的学习计划和内容[①]；通过教育数据挖掘技术对存在学业拖延风险的学生实施个性化教学干预，减缓或控制学业拖延倾向。[②] 教育数字化转型所创建的以学习者为中心的生态系统，将在更广范围、以更低成本为更多学习者提供服务，这会加快发展伴随每个人一生的教育、平等面向每个人的教育、适合每个人的教育。[③]

第三节　区域整体推进教育数字化转型的顶层设计

长宁教育作为直辖市的区域教育，可以发挥集中力量办大事的资源优势，以及共创共享的规模优势，更好地发挥教育数字化转型标准复制的便捷性、数据贯通的精准性、形式多样的泛在性和共创共享的开放性等优势，促进教育高质量发展，走出区域推动教育强国建设的可行之路。

一、整区推进教育数字化转型是必由之路

（一）以"整区推进"解决信息化建设难题

习近平总书记在中共中央政治局第五次集体学习时指出："从教育大国到教育强国是一个系统性跃升和质变，必须以改革创新为动力。……教育数字

---

① 杨宗凯. 利用信息技术促进教育教学评价改革创新 [J]. 人民教育，2020（21）：30-32.
② 胡琼，姜强，赵蔚. 基于数据挖掘的在线学业拖延精准识别及干预实证研究 [J]. 现代远距离教育，2022（3）：46-54.
③ 袁振国. 人工智能助力实现教育个性化 [N]. 中国信息化周报，2021-12-13（12）.

化是我国开辟教育发展新赛道和塑造教育发展新优势的重要突破口。"上海长宁在推进教育数字化的过程中，通过调研发现区域信息化建设中存在三大问题。一是资源分配不均，重复建设严重。信息化建设严重依赖校长的想法和资源，各校差异明显并且重复建设严重，导致"数字孤岛"和人力财力的严重浪费。二是教育与技术隔阂，难以有效赋能。学校完全依赖信息科技公司，数字应用开发优化和数据归集分析的意识与适切性不够，造成需求和供给不完全匹配，无法有效支持教育教学，师生受益不明显。三是各方活力激发不足，无法支持可持续发展。信息化建设缺乏整体性、系统性设计，尚未形成激励多方投入且密切合作的组织和工作机制，造成难以常态运维、迭代优化的难题，无法保障健康、可持续发展。面对三大问题，上海长宁试图探索区域整体推进教育数字化转型，促进教育高质量发展的路径。

整区推进是指打破原来区域信息化建设以单个学校为主体的"散点式"建设方式，将区域教育作为一个整体在教育数字化转型建设中进行一体化推进，从而破除"散点式"建设带来的一些应用的孤岛、系统的孤岛、数据的孤岛，实现区域教育的数据联通，激发参与主体的活力，实现信息技术推动区域教育从量变到质变的发展。

整区推进的方式可以最大限度地发挥教育数字化转型的优势：以标准复制的便捷性，实现优质资源的共创、共享、复制、增值，保障教育公平，提升教育质量；以数据贯通的精准性，探索新的教学范式，推进大规模因材施教和个性化学习；以形式多样的泛在性，推进教育体系结构变革，促进个人成长和社会发展的和谐统一；以共创共享的开放性，转变教育治理模式，激发教育活力。

（二）整区推进教育数字化转型的使命

要培育数字时代公民数字素养。教育数字化转型的价值不仅在于进一步让学生成为数字时代的原住民，让教师成为教育数字化的亲历者，还在于影响学生的父母甚至祖辈，以及与教育相关的各方群体成为数字化的参与者、接触者，最终在全社会形成运用科学技术促进国家进步和美好生活的氛围。

这既是教育作为社会进步及社会改变的基本方法[①]所发挥的价值，同时也为教育数字化转型提供了支持性环境。

要促进区域教育更加公平、更有质量的发展。优质均衡是我国教育发展的大方向。高质量的教育为实现现代化提供人才支撑，公平均衡的教育为全体人民共同富裕提供基础保障。[②]办公平而有质量的教育，是对优质均衡发展政策的落实，更是对区域内百姓教育需求的满足。既要将百姓看作一个整体，满足他们对高质量教育的需要；又要看到每一个百姓，为他们公平地提供公共教育服务。教育的优质均衡发展，就是要办好家门口的每一所学校，教好每一个学生，实现从入学公平走向过程公平，从平均的高质量走向每个人的高质量。

以均衡为前提的优质，意味着不能再通过学校间过度竞争的方式提升教育质量，需要尝试优质资源共建共享的合作方式，促进学校教育教学质量的共同提升。以优质为追求的均衡，意味着不能只用资源均分的方式追求教育公平，要探索满足学校个体、教师个体、学生个体需求的方式，精准投入教育资源和服务，从统一化、无差别的公平转向个性化、有差异的公平。教育数字化转型要避免校际数字鸿沟的出现，实现数字化时代更加公平、更有质量的教育。

要激发区域每所学校的办学活力。规范和活力往往作为对举的概念出现，分别代表着自上而下理性设计的视角和自下而上自然生长的视角。教育中规范和活力缺一不可。规范包括了管理的基本秩序和教育教学的基本规则。借鉴城市治理的思想，秩序是平衡各教育主体多元化诉求，创造公平环境的重要力量，也是为教育改革赢得运作空间，实现多方主体一致行动，取得整体利益最大化的重要途径。[③]基本规则是在教育教学实践中形成的受到广泛认可的教育教学规律、策略、方法等。活力是各教育主体积极投入，发挥能动性

① 杜威.杜威教育论著选 [M].赵祥麟，王承绪，编译.上海：华东师范大学出版社，1981：11–12.

② 李春玲，张晴.中国式现代化进程中的县域教育：从城乡分割格局到城乡一体化均衡发展 [J].北京大学教育评论，2022，20（4）：2–18，184.

③ 文军，王云龙.寓活力于秩序：包容性城市治理的制度建构及其反思 [J].学术研究，2020（5）：43–51，177.

和创造力的状态，也是教育不断创新发展的状态，是实现人尽其才、物尽其用、改革创新的重要前提。

寓活力于规范的教育，要在确保基本教育规律和管理秩序的基础上，充分激发教师的积极性和学校的办学活力，营造学校坚守育人本位前提下勇于争先的氛围，实现教育持续的创新发展。教育数字化转型要打破学校的办学壁垒，形成学段间、跨学段间学校的研究、交流、学习共同体，激发每所学校校长、教师改革创新、专业发展的活力，形成教育数字化转型持续发展的氛围。同时，不断探索利用先进技术和大数据分析所带来的教育管理、教学模式、学习方式的系列变革，形成更彰显教育本质的新规范，实现教育在改革和规范之间不断上升的良性循环。

要形成教育与社会生活互动发展的一致性力量。在一定意义上，教育是连接自然人与社会的中介。教育是社会的重要组成部分，受到不同经济、政治、文化甚至技术发展的制约，呈现不同的发展样态。但是"如果教育要素的功能只是显现出其自身之外的经济关系的话，那么在教育领域内也就没有什么意义了"[①]。教育通过培养学生、影响教育文化环境等方式，直接或间接地影响家长的教育观念、亲子关系以及社会经济形态和发展。要实现改进社会的意义，教育必然要保持一定独立性，将人的发展本身作为目的，遵循从学生成长规律出发的教育教学规律。致力于人的成长与社会发展和谐统一的区域教育，必然拥有教育定力，以立德树人为根本任务，以学生的认知发展、社会性养成、创新素养培育等为主要工作指向。同时具有与时俱进的敏感性和整合多方资源的能力，不断拓宽教育视野，满足教育发展需求。

以保持定力为先决条件"开门办教育"，不能奉行"拿来主义"，而是要以满足学生成长需求为核心，关注社会发展趋势，调整所需社会资源的布局、结构，提高资源使用效益，营造良好的育人环境。以开放的心态坚守教育阵地，不能将学生作为个体的人培养，需要将其作为社会中的一分子，在国家发展、社会进步的大局中思考教育问题，在与政府、社会、家庭的合作中完

---

① 刘远杰.迈向教育更加公平：县域教育改革的空间尺度、问题及其破解 [J].清华大学教育研究，2021，42（5）：114-125，139.

成育人任务，通过育人和改革创新反哺社会发展。

二、"标准化+个性化"是整区推进教育数字化转型的基本原则

上海长宁以"标准化＋个性化"为基本原则整区推进教育数字化转型（见图1-1）。"标准化"指"政府定标准、搭平台，企业做产品、保运维，学校买服务、建资源"的数字化建设运维方式，以及可循环、可生长、可持续的标准化数据。"个性化"指校本特色的数字基座，为学校应用拓展留足空间，以及师生深度参与应用开发，用插件的方式加入基座共享服务。以"标准化＋个性化"为原则的整区推进，保障了优质资源共享、各参与主体活力激发、教育内外资源整合，为实现帕累托最优提供基础。

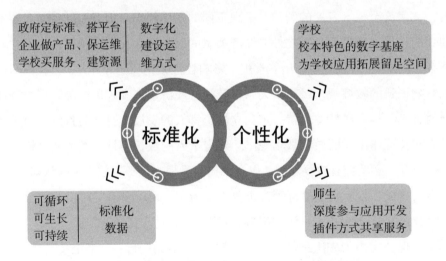

图1-1　教育数字化转型"标准化＋个性化"的整区推进思路

（一）"标准化"运维和数据

政府、企业、学校等多方主体共建，能够保障教育数字化转型高效建设和持续运维。政府定标准、搭平台，制定相关政策，明确教育数字化转型的目标、路线和时间表，确保转型工作有序进行；建立教育数字化标准，提供

统一的技术规范和评估指标，确保数字化产品的操作性和可用性；搭建学校企业沟通、区域校际交流的平台，统筹相关资源，促进多方协作。企业做产品、保运维，根据学校教育需求开发数字应用，同时提供技术和运维服务，确保数字化产品的稳定运行和及时维护。学校买服务、建资源，运用数字化产品，积累可以共享、持续迭代的数字资源，用数字化转型推进教与学方式的变革，并在此过程中提升师生数字素养。跨界合作机制大大减轻了学校建设和运维的负担，让学校不再既是设计者、建设者，又是监督者，而是回归使用者定位，专注数字化赋能教育教学，同时最大限度地集聚教育智慧，将教研员、教师、技术人员、学生，甚至家长的力量凝聚在一起，形成共享共创的良好氛围。

标准化数据保证数据分析运用的可循环、可生长、可持续。数据的标准化实现了数据的相互连通，使不同数据源能够相互对接，从而实现数据的使用和分析不再拘泥于一个应用、一所学校，而是可以汇集不同应用的数据联合分析，汇集不同学校的数据横向分析，汇集不同学段的数据纵向分析。数据可以以不同的方式，在不同层面被深度挖掘、循环利用，发挥最大价值。

（二）"个性化"学校基座和师生参与

个性化的学校数字基座通过页面布局、数字应用等彰显学校办学特色，为学校树立独特的品牌形象。同时，由于学校数字基座上的应用一部分由学校自主选择开发、接入，因此能够更好地满足学校的教育教学需求，更有针对性地赋能教育教学。

个性化还深入到教师和学生层面。低代码开发工具是数字基座所赋予的强大功能，它是一种通过使用可视化开发工具和预生成组件来加速应用开发的方法。教师可以通过拖拽组件和配置参数等方式，用1—2个小时，快速开发出自己的应用。这种开发方式不仅降低了技术门槛，还提高了开发效率，使得更多的教师能够参与到应用的开发过程中。学生也可以通过数字应用中学习资源的开发，深度参与数字化转型的过程。

很多个性化的数字应用也会经历普遍化的过程。通过区域展示、交流机制，教师低代码开发的数字应用将在区域层面共享，按需求进行校际复用，实现优质数字化资源的推广辐射。

三、以基座、数据、生态为关键词构建整区推进规划

基于"标准化＋个性化"的基本原则，上海长宁制定了"1234N"的整区推进行动方案："1"是构建一个智慧教育生态圈，"2"是建设"区—校"两级数字基座，"3"是扩充三类数字资源，"4"是实现四大功能转型，"N"则是打造 N 个应用场景。其中，N 个应用场景要实现教育评价、教学管理、行政办公、教辅后勤、信息服务等 28 个模块化应用场景在区内所有中小学校的全覆盖，并依据需求拓展无限多个应用场景，涉及校内外教、学、管、评、考、教研、服务、资源、活动和家校互动等不同领域（见图 1-2）。

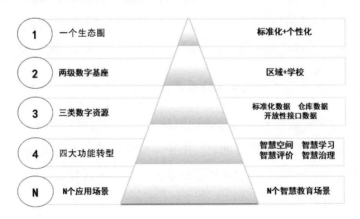

图 1-2　长宁区整区推进教育数字化转型的"1234N"行动方案

（一）建设数字基座，实现有限资源的最大利用

整区推进的教育数字化转型以区域为单位进行整体规划和系统思考。以整区教育质量提升为目标，不放弃任何一所学校，从资源配置上避免校际数字鸿沟。整区推进的体量更大，能够利用规模优势实现与企业合作的最优条件，在数字化开发和运维上更容易实现"花小钱，办大事"。数字化转型过程

中，无论是数字应用，还是作业设计等教育资源，都可以借助整区推进进行区域共享，实现有限优质资源的无限复用。

区校两级数字基座是整区推进教育数字化转型的引擎。长宁为每所学校建立数字基座，成为标准化的数字学校中枢。校级数字基座为教师和学生提供入口，通过用户空间、组织中心、数据中心、物联中心、应用中心、消息中心以及低代码开发平台与工具，支撑各类面向用户的教育应用建设，凸显学校特色和教师风格。区域建立区级数字基座，向上对接上海市数字基座，向下为校级数字基座提供统一入口、认证、权限、安全、运维，以及大数据运算、应用广场服务和灵活的开发环境，为实现全区数据联通、应用联结、人员联合、资源共享提供载体，为全区师生提供数字应用、优质资源、数据分析等有力支撑。

（二）应用和数据一体化，实现对教育发展的最大赋能

"数字化的核心优势在于经过供方'算法'加工，在自动捕获数据、清洗分析数据、做出多维预判和精准投送后，使教育教学的过程和内容更加适合教学者和学习者的个体差异。"[①]由于"封闭的教育系统技术访问权限和标准各不相同，形成一个个'孤岛'，甚至无法保证准确性"[②]，基于标准的应用和数据贯通成为发挥数字化核心优势的前提。

教育数字化的整区推进就是要解决已有数据及应用的续用、校内数据及应用一体化、校间数据及应用共享三个难题。[③]通过制定应用准入标准，以及数据规范采集、有序加工、分类授权，实现全区数字应用和数据的对接。在符合标准的条件下，区域有能力汇集多种形式开发的教育应用，建立应用市场，供全区学校自由选用。区域教育类型多样，横跨基础教育、职业教育、社区教育，纵跨幼儿园、小学、初中、高中，汇集学习数据后的学校之间、

---

① 张民选，薛淑敏. 共同趋势与建设重点：教育数字化转型的全球观察 [J]. 中国远程教育，2023，43（7）：24.

② 杨晓哲，王若昕. 困局与破局：教育数字化转型的下一步 [J]. 华东师范大学学报（教育科学版），2023，41（3）：82-90.

③ 熊秋菊. 基于数字基座的区域教育数字化转型探索 [J]. 人民教育，2022（7）：22-24.

学科之间，甚至是跨类型、跨学段分析，有助于基于数据的教育教学改革，赋能学生成长。

（三）社会化协同参与，实现共创共享的最大效用

教育数字化要解决教育与信息技术深度融合的问题，必然需要跨界思考和行动。同时，作为重大改革和新生事物，必须充分发挥教师的力量，才能确保教育数字化转型在实践中落地。教育内和教育外多方参与，政府、学校、企业、教师各司其职，减轻学校管理和运维负担，促进教师深度参与，形成价值共创、智慧共享、有效赋能的格局，是数字化转型得以持续的基本保障。

区域的教育行政权力，以及依托教育学院等机构的专业引导力，能够为教师提供更大的公平竞争平台和更强的赋权增能效力，在学校之间和教师之间产生联动效应，逐渐形成教师自愿参与、价值共赋的数字化转型生态，再通过学校和教师的投入实现数字赋能教育教学成果的生发、推广、优化。区域可以调动、整合的社会资源、教育资源更加丰富和多样，可以不断扩大数字化的"朋友圈"，促进社会各界、家长群体主动拥抱和推进数字化，为数字化转型提供可持续发展的环境和支持。其中，应用开发过程中工程师与教师的密切合作，能够保证数字应用符合教育需求，有效赋能教育教学。

四、培育师生数字素养作为整区推进教育数字化转型的持续保障

师生数字素养是支持教育数字化转型的关键要素。培养具有数字意识、数字化逻辑思维、终身学习能力和社会共同体责任感的数字公民，激发全民建设网络强国和数字中国的积极性、主动性、创造性，提升全民数字化适应力、胜任力、创造力，是开启全面建设社会主义现代化国家新征程和向第二个百年奋斗目标进军的动力源泉。①

---

① 李永智.教育数字化转型的构想与实践探索 [J]. 人民教育，2022（7）：15.

（一）在师生深度参与中提升数字素养

教师参与教育数字化转型，对个人而言正如"在游泳中学习游泳"①一样，是数字素养提升的过程，对区域而言是"通过教育改革塑造教育改革者"②，从根本上保证数字化转型的持续推进。

为促进教师对教育数字化转型的深度参与，首先，确立基本的工作框架，即区域搭平台、教师可参与、成果易共享、交流促发展。这一框架给予教师平等参与的机会和选择的权力，实现激活教师和区域教育数字化转型发展同向而行、相互促进，符合政策落实和利益相关者激励相容原则③，中和了政策落实的行政驱动和民间驱动之间的矛盾④，具有较强的可持续性和自驱动良性循环的潜力。

其次，设计多种类型激励教师深度参与的策略，形成区域层面前期培训—任务发布—过程指导—评比评选—交流推广的激励和培养方式。以评比促进培养，以培训全程跟进评比，以评比形成优秀案例和经验，以区域交流平台促进经验推广，实现教师素养提升、优秀经验涌现、先进做法推广三位一体的教育数字化转型良好格局。

（二）基于低代码开发的教师数字素养培育

教师数字素养，是指将教育教学现实需求用数字化的方式表达并满足的素养。意识层面，包括教师对数字化价值的认可，用数字化工具解决教育教学问题的敏感度。能力层面，包括教师开发数字应用所需的数字技术知识和技能。价值层面，包括教师在技术开发和运用中坚持立德树人目的的责任感。

---

① 杜威.学校与社会·明日之学校[M].赵祥麟，任钟印，吴志宏，译.北京：人民教育出版社，2005：141.
② 刘远杰.新时代中国教育改革的县域空间逻辑建构[J].教育发展研究，2021，41（10）：72.
③ 杜育红，郭艳斌.新时代教育体制机制设计：公益性的坚守与微观活力的激发[J].教育与经济，2022，38（2）：3-9.
④ 叶姗姗，何杰.教育政策县域执行的传统路径分析与路径创新[J].当代教育科学，2017（11）：26-29.

　　为了提升教师的参与度，长宁采取了低代码开发的策略。为提升基于低代码开发的教师数字素养，数字基座专门开辟低代码应用搭建工具专区，提供工具支持，让教师能用"拖、拉、拽"的方式搭建低代码应用，解决个性化教育教学问题。同时开展常态化培训，或区域集中，或送培入校，开发教学视频以供教师在应用搭建遇到困难时随时学习。在此基础上，开展低代码数字应用搭建的相关评比，让优秀案例脱颖而出，发现有志于也有能力用数字赋能教育教学的"种子教师"，搭建区级平台大力表彰和宣传，推广有效经验，带动更多教师投入其中。

第 二 章

数字基座是区域整体推进的基点

数字基座是标准化的数字学校中枢。通过数字基座联通区域资源数据，破除学校之间、学段之间资源无法共享形成的数据孤岛，解决区域内资源分配不均的难题，解决数字化转型中数字鸿沟、资源浪费、数据分散、效能低下等问题。长宁区在数字基座建设过程中，努力让区校之间、校校之间找到相互联通、相互融合、更加适切的发展路径。

长宁整区推进教育数字化转型的重大工程围绕数字基座展开。区级数字基座上接市级基座，下联校级基座，促进数字化建设资源、优质教育资源、数字赋能教育经验的共创共享，实现区域数据的集中整合与系统化应用。通过校级基座建设，发挥学校的个性特色，形成一校一品的教育教学实践探索。基座既是学校实现教育数字化转型的指挥系统，也是教师、学生、课堂与区级基座连接的转换中枢。通过数字基座建设，长宁初步实现了区级大数据资源整合的系统化与学校大数据运用的特色化。

第一节　数字基座的基础作用

"车同轨、书同文"是中华民族大一统历史上的里程碑，秦国统一六国为中华文明奠定了坚实的基础。其重要意义在于提供了统一的载体，让各地相互并不熟悉的人们能够无障碍交流、顺畅沟通。数字基座通过标准数据和规范入口联通全区师生，为学校、教师、学生共同参与数字化转型过程、共享数字化转型成果提供同一个数字中枢，是数字时代教育跨越性发展的关键引擎。

一、数字基座的定位思考

（一）数字基座建设是解决现实难题的重要载体

习近平总书记在全国网络安全和信息化工作会议上强调，信息化为中华民族带来了千载难逢的机遇，必须敏锐地抓住信息化发展的历史机遇。建设数字中国，就是要全面贯彻新发展理念，落实高质量发展要求，以信息化培育新动能，用新动能推动新发展，以新发展创造新辉煌，不断满足人们对美好生活的向往。

上海市政府在《关于全面推进上海城市数字化转型的意见》中指出，"要坚持整体性转变，推动'经济、生活、治理'全面数字化转型；坚持全方位赋能，构建数据驱动的数字城市基本框架；坚持革命性重塑，引导全社会共建共治共享数字城市；同时，创新工作推进机制，科学有序全面推进城市数字化转型"。"以数字底座为支撑，全面赋能城市复杂巨系统。按照'统筹规划、共建共享'的原则，打造'物联、数联、智联'的城市数字底座"。

　　上海市教委对落实教育数字化转型工作提出了明确的指导意见，即以数据为核心，以生态为基础，以数字基座为关键点，以购买服务为基本方式，推进上海教育数字化转型。教育数字化转型要推动教育理念更新、模式变革、内容重塑，重点通过教育数字基座建设，探索标准化（基础应用）＋个性化（应用插件）"双化"模式排列组合的应用，以购买服务的基本方式推进教育数字化转型。利用数据要素赋能，化解教育改革过程中的复杂问题、发展瓶颈和不确定性，优化教育资源的配置效率和效果，促进教育综合改革，持续支撑教育高质量发展。

　　教育数字化转型建设要深入落实上海城市数字化转型"整体性转变、全方位赋能、革命性重塑"的总体要求，按照"跨部门顶层设计，融合技术和业务"的思路，建设可复制、可推广的具有代表性的教育应用场景，推动教育转型发展。长宁以整区推进的方式进行教育数字化转型，针对学校个体建设造成的"区域资源分配不均，重复建设严重""教育与技术隔阂，与教育需求存在差距，难以有效赋能""教师参与不够，活力激发不足，无法支持可持续发展"这三大难题，着力破除区校、学校间的数据孤岛，解决发展不均、资源浪费、数据分散、效能低下的问题，让区校之间、学段之间、不同发展基础的学校之间，找到相互联通、相互融合、更加适切的发展路径。整区推进以整区教育质量提升为目标，要促进每一所学校办学质量的提升，在数字资源的配置和数字赋能教育教学上努力实现共同进步。

　　区域教育数字化转型落地，首先面临已有数据及应用的续用、校内数据及应用一体化、校间数据及应用共享三个难题，其次需要解决促进均衡发展、提升质量、数据安全、师生活力、减负增效、各方协作等问题。数字基座正是为此设计建立的。[①]《上海市教育数字化转型实施方案（2021—2023）》提出"打造教育数字基座，赋能各类教育应用发展"。长宁作为上海市首个教育数字化转型实验区，在上海市教委的领导下，于 2021 年 12 月率先在全市启动区校两级数字基座建设，用原来几个甚至是一个学校信息化建设的费用实现了全区教育数字化建设，目前已建成并投入使用。

---

① 熊秋菊.基于数字基座的区域教育数字化转型探索 [J].人民教育，2022（7）：22.

（二）数字基座建设是整区推进教育数字化转型的基础性工程

教育数字基座是以新发展理念为引领，以数字化为主导，面向教育高质量发展需要而建立的新型基础设施体系。上海市教委原副主任李永智提出，如果将数字学校比作一个复杂的计算机系统，数字基座相当于该系统的操作系统。

长宁建成区校两级数字基座，并通过数据标准联通，形成了市—区—校三级基座。各学校基座多个节点相互交织的数字化网格，实现了人员联合、应用联结、数据联通，构建了多元共赋的教育数字化转型生态。

长宁区106家教育单位师生均已接入数字基座，每一位教职工和学生都可通过账号密码一键登录。基座上集成相关应用，师生无须下载多个APP、注册多个账号，可以实现一次登录，享受教与学的各项服务。数字基座上，不同学校教师可根据共同的兴趣组建临时研究小组，共同探索难题，共建共享成果，共同提高教育教学质量。

无论是基座原生应用，还是学校教师通过低代码工具搭建的应用，或者是第三方接入的应用，全区学校常用的数字应用均连入数字基座，满足教、学、管、评、研的各项需求。应用的共享共用，为信息技术应用薄弱的学校和数字素养薄弱的教师提供了接触不同数字应用的机会，能够快速提高数字化薄弱校的数字化水平，促进区域教育优质均衡发展。在全区共同使用的过程中，通过后台数据，能够科学地找出贴近教育教学需求的数字应用，供更多的学校和教师运用，并在实践中迭代优化，减少各校单独挑选和完善应用的重复劳动。更重要的是，数字应用的一体化为数据联通奠定了坚实的基础。

数字基座建成数据仓库，包括学校、学生、教师三大基础库，评价、教学、考试、资源、管理五大主题库。基座上所有应用的数据脱敏后陆续接入、流向数据库，实现不同学校、不同学段、不同应用之间的数据贯通，再通过算法进行数据分析，为不同角色赋予不同权限，方便按需调用多源数据。数字基座统一存储、分析数据，也为数据使用安全提供了保障。

基于人员联合、应用联结、数据联通，数字基座上的数字应用不断完善，与教育教学融合程度越来越深，数据资产积淀越来越多，赋能教育教学的程度越来越大，教师不必要的工作负担、学生过重的学习负担得以减轻，实现了区域教育的高质量发展。

二、数字基座的现实价值

（一）数字基座建设共享

原来各学校信息化建设系统常常分批多次建设完成，通常都是小型、独立、异构的系统，在业务上很多为烟囱式垂直系统，缺乏跨部门整体设计以及统一的技术标准、业务标准和应用标准，数据无法共享，改造难度大。整区推进教育数字化转型，需要从区校各级各类教育业务整体考虑，跨部门顶层设计，融合技术和教育教学业务需求，建立统一的技术和业务应用数据标准体系，打通部门、业务、社会之间的教育数字化通道，为教育全方位赋能提供支撑。

在以建设数字基座为教育数字化转型关键引擎的过程中，由于数字基座的建设和存在，全区没有任何一个教育单位掉队。按照上海市"政府定标准、搭平台，企业做产品、保运维，学校买服务、建资源"的模式，长宁集合政府、企业、学校、教师等多方力量，共同建设数字基座，从而减少了学校到处找合作伙伴，既要提出需求，又要制定规划，还要监督开发等多种事务，让学校回归使用者定位，专心探索如何用数字赋能教育教学。

数字基座提供区域数字应用和数据的一体化管理，包括托底保障21个原生应用的统一开发，第三方应用的接入，低代码应用的开发支持和校际复用，以及数据集成、数据治理、数据资产管理、数据安全管理、数据调度、目录管理、共享交换、可视化分析、数据存储与计算的数据治理系统。应用和数据管理系统的共享，解决了学校数字化转型推进和运维的诸多难题，为其提供了数字赋能教育教学的基本条件和坚实基础。

（二）优质教育资源共享

基于数字基座相互联通的特点，可实现优质教育资源有效整合、集约开发、人人可达。长宁建立了国家—市—区—校四级贯通的资源整合制度，将数字基座与国家智慧教育公共服务平台、上海市教育数字基座对接，集成国家、上海市、长宁区、各学校四级优质教育资源，实现了多级优质教育资源的便捷共享。优质资源的共享共用，能够带来更多的实践反馈，促进优质资源进一步迭代优化。

以国家智慧教育公共服务平台和市级资源共享为例。学校将资源常态化应用融入学校教育实践常态，教师积极学习、借鉴国家智慧教育公共服务平台提供的优质资源改进教育教学，形成"资源联通 + 特色场景"的常态化应用态势，使平台资源成为促进学校教育实践持续优化发展的重要手段。

一是赋能教师培训。学校充分利用国家智慧教育公共服务平台资源，构建校本师资培训的师资库、课程库，借助校级基座构建线上线下一体化研训环境，提升师培效率。例如，上海市新泾中学（简称新泾中学）利用国家智慧教育公共服务平台资源建设党建资源库，通过低代码应用进行线上学习和考核，创新校本培训模式。

二是赋能教研备课。教师按需在各级资源平台上选取教学课例、视频课程、学习任务单、课后习题等资源和工具，创新教研方式，提升教研与备课质量。例如，上海市娄山中学（简称娄山中学）教师向国家智慧教育公共服务平台贡献了优秀课例《生活需要法律》，同时利用该课例资源开展教研活动，全组教师分享平台课件资源切片融入实际教学的经验。

三是赋能自主学习。学校根据不同年级学生的认知特点和个性需求，设计科普、艺术、运动等学习活动，定制学习资源和学习路径；学生通过国家智慧教育公共服务平台获取多样化资源，开展自主学习并分享交流，从而促进创新能力的发展和个性成长。

四是赋能课后服务。对标国家智慧教育公共服务平台"课后服务"的六大板块，开辟"课后科技馆""课后体育场""课后艺术宫"等六大学习空间，利用国家资源充实校本资源，从课后服务走向课后育人。例如，上海市长宁区天山第一小学（简称天一小学）的学生在"课后科技馆"中，浏览院士报告《科学家讲科学——人类怎样飞向蓝天》，了解到中国古人为实现飞天梦的实践和探索，激发了小学生学习科学、为国奋斗的热情。

五是赋能家校共育。国家智慧教育公共服务平台实现了学校教育与家庭教育的有效衔接，学校利用国家资源充实校本资源，向家长推荐不同主题的相关微课，提供家庭教育指导与资源，形成良好的家校沟通与互动机制，提升家校协同育人效能。

六是赋能特色课程打造。学校打造非遗文化特色课程，将国家智慧教育公共服务平台上的传统戏曲、农民画等中华优秀文化资源引入课堂，满足了学校个性化课程建设的需求，弥补了本地化资源不足的缺陷。

以区级资源为例，自 2022 年开始，长宁持续召集各学段、各学科教研员和骨干教师录制优质课视频、主题性讲座，在基座上开设汇集名师智慧的"名师讲堂"，截至 2023 年 6 月已有 164 期，16989 人次受益。这种优质资源共创共享的方式不仅有效支持了线上教育教学，而且延伸到线下的常态教学，覆盖幼小初高四个学段，成为教学研究、教师交流、学生学习的重要支撑。

（三）数字赋能教育经验共享

数字基座不仅在数字化转型初期的优质教育资源共享上起到了很大的促进作用，在数字赋能教育教学这一最终目的上也具有重要价值。长宁每年评选出的数字化转型优秀案例，都会放在数字基座上供全区各学校交流学习。数字基座上还专门设有研讨空间，陆续成立以数字赋能教育教学为主题的学习共同体，实现跨校甚至跨学段的教师交流。基于此，数字基座不断卷入，带动学校和教师与时俱进，投入教育数字化转型的过程之中，不仅在技术接触的起点意义上避免了"数字鸿沟"，更是在技术赋能教育发展过程中促进了公平发展。

上海市第三女子初级中学（简称市三女初）针对整本书阅读探索并开发了旨在提升学生阅读素养的应用场景，推广至全区初中。整本书阅读是语文教育教学中不可分割且意义重大的一项内容，是当今语文教改的重要趋势。2017 年，义务教育语文统编教材开始在全国小学和初中的起始年级投入使用，整本书阅读被编入教材的专门板块。2022 年发布的《义务教育语文课程标准

（2022年版）》更是首次以具体内容描述的形式，明确了各学段整本书阅读的目标、要求、内容，并给出教学提示及评价建议。

现阶段整本书阅读仍存在阅读资源有限、缺少过程指导、评价手段单一等问题，而信息技术恰能补足这些短板。应用数字技术的整本书阅读，可充分发挥资源容量大、内容覆盖范围广、受众使用方便、不受时间与空间限制等优势。与此同时，应用数字技术还可以将线下文本阅读与线上的声音、图像、视频进行有机结合，激发阅读过程中的互动，凸显阅读的个性化特征。

基于以上原因，第三女子初级中学语文组教师积极参与"智慧阅读"数字化转型项目，借助科技公司的力量共同建设智慧阅读服务平台，为初中学生整本书阅读提供数字化、全过程支持，并基于智慧阅读服务平台的大数据对整本书阅读实践进行研究，探索新课标背景下更加科学、高效、适切的整本书阅读的教育教学方法。具体来说，市三女初语文组教师以《义务教育语文课程标准（2022年版）》和部编版五·四学制《语文》教材为依据，为必读书目和自主阅读书目提供数字化整本书阅读方案，形成包括阅读规划、阅读过程指导、开放性阅读任务、在线检测试题、阅读评价等在内的全过程支持体系。目前，智慧阅读项目已接入长宁教育数字基座。

第二节　基于标准建设区校两级数字基座

数字基座的标准化建设实现了市、区、校的纵向贯通和区域各学校间的横向联通，从而消除了应用的重复建设、数据的孤岛、人员信息的反复填报等现象。如此，节约了大量的人力、物力，实现了"少花钱、多办事""不花钱、办成事"，为减负、提质、扩优奠定了基础。

一、数字基座的标准化建设

（一）市、区、校互通的教育数字基座架构

依据上海市教委出台的教育数字基座建设框架，长宁建设区校两级教育数字基座，支持市—区—校三级架构，形成市级协同管理、区域统筹管理、校级应用管理的融通管理模式（见图 2-1）。在系统设计上体现技术设计的开放性、即时性、高度协作共享，架构上的分布式和去中心化，用户使用的透明化和便捷化，在关键技术能力上，融合人工智能、大数据、物联网等核心技术，实现"智联""数联""物联"。通过系统设计优化和人工智能能力升级，满足大量用户的访问与数据量的井喷式增长需求，提高教育数字化技术支撑能力，赋能市—区—校统筹协同管理。

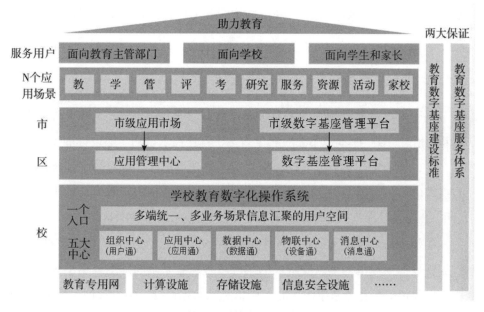

图 2-1　教育数字基座市—区—校架构

市级基座主要面向区校两级数字基座，提供用户统一认证、应用市场管理与数据管理等功能。区校两级数字基座的身份认证系统与市级数字基

座对接，市级数字基座根据用户身份授权市级资源访问与应用访问，区校可申请市级应用分发，市级应用先分发到区，再通过区级数字基座分发到校，进入用户个人空间。市、区、校形成数据连接通道，实现不同层级间数据的上传下发。

区级数字基座是市、区、校联通的重要载体。承上，区级数字基座与市级应用中心完成应用互通，与市级数据中心完成数据互通，通过接入一网通办完成用户联通。启下，区级数字基座为校级数字基座提供统一入口、认证、权限、安全、运维等服务，提供开放服务，支持数据互通，提供学校基础数据和业务数据汇聚与分析服务，支持应用广场服务和灵活的开发环境。

校级数字基座由区级数字基座统建，以授权的方式实现虚拟隔离，享受区级数字基座服务与能力复用，数据互联互通。校级数字基座为教师和学生提供入口，通过用户空间、组织中心、数据中心、物联中心、应用中心、消息中心以及低代码开发平台与工具，支撑各类面向用户的教育应用服务。数字基座整体能力沉淀在校级，区级侧重管理与监管，并与市级平台实现数据纵向贯通。

（二）数字基座的五大标准

基于上海市教委颁发的《上海教育数据管理办法（试行）》《上海教育管理基础信息分类与代码（试行）》《学校数字基座需求说明与建设标准（试行）》等文件，长宁先行制定了区校两级数字基座建设标准，针对数字基座最主要的组织中心、数据中心、应用中心、物联中心、消息中心五大功能平台，出台了 18 份建设规范，为全市普及数字基座建设提供示范引领。

组织中心标准定义了数字基座组织中心的建设、数据接入、元数据标准、数据管理四项规范，重点要解决的是区域各信息系统间师生数据不统一的问题。内容包括教育体系组织中心基础信息元数据标准、学生管理、教师管理、课程管理、教学资源管理、组织关系管理、统一认证和授权服务、角色权限管理、数据共享和开放、数据安全保护等方面。

数据中心标准定义了数字基座数据中心的建设、数据接入、数据管理、数据规范四项规范，重点解决的是教育体系数据孤岛和数据价值挖掘的问题。内容包括数据系统架构、教育基础数据体系结构、数据接入、数据治理、数据集成、数据安全、目录系统、共享系统和安全保障等方面，旨在规范教育数据中心的建设。

应用中心标准定义了数字基座应用中心的建设、管理、接入规范及指南四项规范，重点要解决的是过去学校区域信息化系统建设良莠不齐的问题。内容包括应用中心生态开放能力建设、统一认证、应用开发、第三方应用引入、应用市场管理运营、场景库管理以及应用监管等方面。

物联中心标准定义了数字基座物联中心的建设、接入、管理三项规范，重点要解决的是学校物联设备数据采集成本高、费时费力等问题。内容包括物联系统的技术架构、功能体系、安全管理等方面。

消息中心标准定义了数字基座消息中心的建设、接入、管理三项规范，重点要解决的是学校通知发送渠道多而散且无法统一监管等问题。内容包括消息系统的整体业务架构、消息接入、消息内容管理、类型适配、模板管理、消息监控、安全管理等方面。

人员、信息、应用、设备、资源等教育要素通过统一标准接入数字基座，可以消除数据孤岛，促进信息共享与协作，更好地实现数据的互联互通和应用的快速复用，也能提升数据存储和流动的安全性。

二、校级数字基座的"五通一屏"建设

长宁教育校级数字基座直接面向教育用户，主要包括组织中心、数据中心、应用中心、物联中心、消息中心五大功能模块，以及 Web+ 移动端的用户空间，实现"五通一屏"（见图 2-2）。

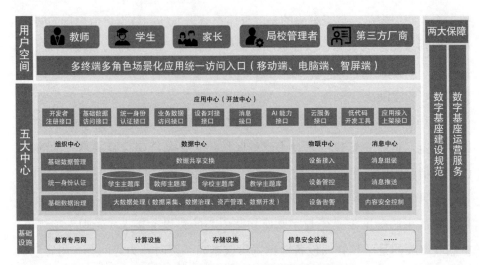

图 2-2　长宁教育校级数字基座架构

（一）用户通：组织中心

组织中心实现统一用户管理、统一身份认证、统一角色权限管理、统一组织架构，解决教育领域基础数据重复建设且不统一、系统间多账号等问题，实现"一号通"。通过组织管理功能，为区域内各学校和机构单位提供组织架构、授课关系管理和维护功能等。支持学生分层走班等的管理，一键同步分层班和行政班的师生关系与课程数据。承担统一管理要求，为数字基座所有用户提供后台管理服务，包括基座各项参数配置、基座运行状态、基座数据权限、基座原型日志、基座能力配置、基座接口管理等功能服务，并支持账号、条形码、二维码等多种方式的用户识别。创新研发了跨班、跨校、跨应用的虚拟群组建设，实现了角色自定义的动态群组标签化管理，支持学习共同体、教研共同体的便捷创建。

打开长宁教育数字基座上的组织中心，机构 17 个、机构人数 642 人、学校 92 个、教职工 7662 人、学生 54007 人、班级 2245 个、群组 113 个等数据一目了然。同时，组织中心还图示化显示分学段的学校分布，分年级的班级分布，分年龄、性别、学段、学科的教职工分布，以及分学段的学生分布。组织中心又进一步分为"机构管理""学校管理""群组管理"，每一项打开都有相应的详细数据。

（二）数据通：数据中心

数据中心构建数据交换与共享体系，从数字基座不同应用系统、各类物联设备、各种低代码应用中采集多源异构数据，实现教育数据的汇聚与整理，使用数据挖掘技术来发现隐藏在大量数据背后的模式和趋势，并将分析和挖掘出的信息转化为易于理解的图表和报告，从而为学校管理层、教师和学生提供有价值的信息与支持。数据中心实现了对基础信息库、业务信息库、设备信息库、主题信息库等的管理，为数字基座上的各种应用提供数据调用接口，通过异步通信技术和数据代理的方式实现各应用系统间无人值守的数据交换，支持关联数据汇聚与整合分析。

（三）应用通：应用中心

应用中心提供从开发者引入、应用开发接入、应用上架、应用授权、应用市场运营以及应用监管等功能，支撑区域建设"标准化 + 个性化"的应用生态。应用中心主要解决两个核心问题：一是生态应用安全、合规、快速地接入进来，二是接入进来之后形成应用市场面向学校开放，通过基座提升应用的活跃度。应用中心提供开放平台，通过开放平台能力实现市区级应用、校级自建应用及第三方优质应用的快速接入；同时提供低代码工具，根据区级用户、校级用户的实际使用场景及需求，快速搭建应用，实现应用生态的构建。

（四）设备通：物联中心

物联中心提供智能化物联设备的无缝对接服务，支持智慧大屏、电子班牌、智能灯、点阵笔、空调、门禁等数十种智能设备接入数字基座，并沉淀为物联通用模板库，提升设备接入效率，降低接入难度。物联中心可以帮助学校实现智能化设备统一接入、统一管控，解决设备管理效率低、问题排查难等问题。依托设备空间位置、运行状态等多种信息的有效融合，支撑搭建设备异常监控、节能减排、投资有效性分析等场景，为校园智能化环境的日常运营管理提供辅助决策。

打开长宁教育数字基座上的物联中心，学校 / 教育机构、接入厂商、设备类型等数据在首页显示。目前，长宁已接入设备 10939 个，包括点阵笔、教室灯、教学大屏、电子班牌等。除了设备数量，物联中心还显示区域统接设备的使用情况，比如使用率等。

（五）消息通：消息中心

消息中心面向数字基座提供统一消息服务和即时通信组建服务，是消息交换、传输的枢纽。消息中心构建统一消息能力，一次建设多方使用，基于标准接口能力开放，面向 Web 端和移动端都提供统一的消息接口，助力各业务平台信息交换和转发，支持通知公告、待办任务、提醒消息等类型的消息接收。支持系统与人、系统与系统、人与人之间多场景的消息即时触达，实现数字基座中的消息快速、准确、有效地推送至相关用户。例如，支撑管理者日程代办提醒等场景，支撑系统流程间的消息互通、流程审批等场景，支撑家校沟通消息、短信、电话、语音等场景。

长宁教育数字基座上的消息中心包括数据概览和消息内容管理两个部分。以数据概览为例，包括消息总数和站内信息、IM 消息、邮件、短信等各渠道消息数据，通知公告、小学作业、班级空间、校园日历、讨论、请假管理、课后服务、问卷调查等各类消息数据，以及各学校收发消息的数据情况。

（六）一屏：人人通空间

一屏构建"以人为中心"的 Web+ 移动端的用户空间服务，作为数字基座应用与即时通信一体化入口。面向区域管理者、校长、教师、学生、家长等不同角色打造个性化工作台，提供个人信息管理、消息管理、应用管理、资源管理等基础性功能，支持根据不同角色用户，实现公共应用服务、数据分析服务、资源共享服务等在个人空间的统一汇聚和智能推荐，并实现用户相关事件信息流的智能推送、应用互通与场景串联，实现业务场景的"一屏统管"，助力用户快速协同办公。

局长空间的首页分为局长专项工作台、教育数字基座管理台、组织信息概览三个部分。局长专项工作台包括涉及全区工作的相关应用及数据，比如"三力"评价、线上教学概览、全区防疫、课后服务、学科带头人、智慧体育大屏、幼儿营养健康、低代码开发情况、小学招生预测、义教均衡等。教育数字基座管理台包括组织中心、应用中心、数字基座全景、数据中心、物联中心、消息中心、应用管理等。组织信息概览包括信息概览、义务教育师资配置分析、义务教育学校班级规模等。

校长空间主要包括与本校办学相关的数字应用情况和相关数据分析。以娄山中学校长空间为例，"我的应用"可以让校长一键跳转相关应用，比如点击"通知公告"发送相关通知等。"审核事项"中有待审核和已审核的事项，可以让校长及时了解相关工作。"专项工作台"包括富有学校特色的学生五育报告、教师发展成长树、英语听说报告，也包括区域统一的"三力"评价、智慧体育大屏。"基座管理台"包括数据中心、应用中心、物联中心、消息中心、管理中心、低代码平台、数字家校、校级运营成效。"应用使用情况"中显示应用总数、标准化应用、个性化应用、月活跃应用数量；本校数字基座用户总量，近一个月访问总量，以及活跃应用的排名、月浏览量和月活跃用户量等。

教师移动端个人空间包括沟通、日历、班级、应用、联系、我的（设置）等栏目。其中"班级"中有班级动态、相册、优秀作业、文件、风采、通讯录、家长群、班级群、智屏管家、通知等快捷链接，还不断更新通知、问卷、讨论、作业、打卡等方面的消息。比如某中学六年级 5 班班主任的个人空间显示，2023 年 5 月 9 日有一则语文朗读练习作业发布，42 个学生中有 36 人已完成作业。这位班主任还设计了班级口号"静中有净，竞中求进"。

学生移动端个人空间包括沟通、班级、应用、我的（设置）等栏目。其中"班级"中包括班级动态、相册、优秀作业、文件、通讯录、班级群、通知、问卷、作业等快捷链接，同样不断更新通知、问卷、讨论、作业、打卡等方面的消息。比如上海市西延安中学（简称西延安中学）九年级 4 班某同学，2023 年 5 月 19 日的一则消息是"西延安卡通形象投票"，他可以点击查看详情，了解具体要求，参与投票。

三、区级数字基座的核心能力建设

（一）智联能力

数字基座的智联能力用于实现应用联结与治理，打造多元主体互惠共享的应用生态服务体系。

数字基座提供覆盖教、学、管、评、研的 21 个标准化原生应用，同时，面向开发者提供应用接入服务，实现第三方应用的快速接入。在应用开发阶段，提供集成用户、集成入口、集成通用能力等数字基座底层能力服务以及跨层级、跨地域的数据共享交换服务；在应用测试阶段，提供统一的测试标准和报告；在应用上架阶段，提供开发者上架信息填写服务。第三方应用接入时间由 1 个月缩短至 1 周，建设周期减少到原单校建设所需周期的 32%。针对数字基座已上线的所有应用提供应用管理服务，保证应用运行环境和使用环境的安全性。提供应用审核服务，包括功能、接口、安全性、稳定性、兼容性、隐私权限等的审核；提供应用上架服务，将已审核通过的应用上架开放至应用市场，供区域内的学校、机构浏览选用；提供应用分发服务，将应用授权给具体的学校和机构使用；提供应用市场服务，为区域下属学校提供各类多元化的应用资源，包括第三方生态应用和低代码应用；提供低代码场景库管理和应用上架服务，低代码场景库作为样例供学校申请安装，快速复用；提供应用监管服务，进行内容安全监管和应用活跃度监管，为管理者提供智联数据看板。

通过数字基座的智联能力，长宁已形成原生应用覆盖全区、第三方应用按需接入、低代码应用自由开发、市区校三级应用分类管理的应用体系，所有应用分类聚合，供师生按需选用，应用数据回流到数字基座数据中心进入数据治理，区校管理者根据数据分析制定和调整各类应用开发、迭代升级的策略。

（二）数联能力

数字基座的数联能力是指整体围绕数据资源"汇聚、管理、治理、共享、挖掘、可视化"的发展主线，建设覆盖教育大数据全生命周期的一站式数据治理体系，实现消除数据孤岛、规范数据标准、提高数据质量、推动数据共享、挖掘数据价值的目标。以"工具＋标准＋服务"的模式，基于数字基座的数据标准体系，从第三方应用中自动化采集与更新数据，通过数字基座的填报工具归集系统中缺失的数据，解决当前横向跨部门、跨系统、跨应用的数据互联互通与纵向市、区、校之间的数据交换和共享问题，并实现数据要素的增值与赋能。

建立数据权威源比对机制，将市级数字基座管理平台的权威数据、区大数据中心的权威数据、学校自建数据进行清洗比对，确保学生、教师、学校基础数据的"一数一源"，建立业务数据归口管理制度，明确教研、科研、师干训等业务数据的权威来源，实现精准管理。

数字基座运行一年来，通过数据编目、数据采集与集成、数据整合抽取、数据建模分析与挖掘、数据可视化、数据共享交换等一系列治理手段，已形成学校、教师、学生三大基础数据库，评价、教学、考试、资源、管理五大主题库，34类智能设备物联库，9643万条数据以及8.61TB非结构化信息资源，沉淀为区校两级数据资产。

基于区校数据资产，进行多维度建模分析，以数据看板形式呈现区域教育实时运行数据，辅助区域教育的精准施策和区校两级教育资源的优化配置（见图2-3）。目前已建设完成区域课后服务数据看板、学生健康管理数据看板、义教均衡数据看板、智慧教育数据看板、幼儿膳食营养分析数据看板、数字作业数据看板、学生学习品质数据看板、学科带头人师培数据看板等。学校根据校本特色和需求，可自定义生成校级数据看板，如上海市延安初级中学（简称延安初级中学，延安初中）建了学生科创数据看板，娄山中学建设了教师专业树看板、上海市长宁区江苏路第五小学（简称江五小学）建

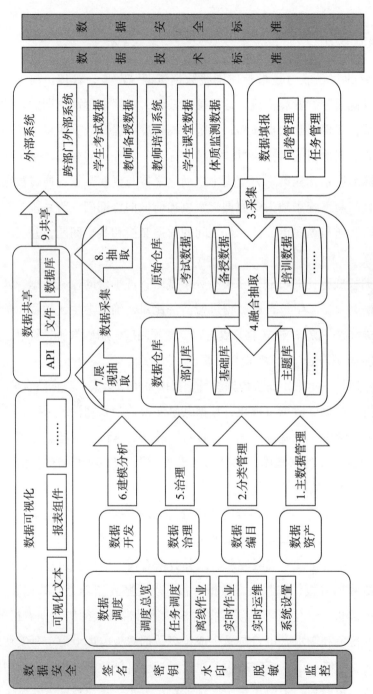

图 2-3 长宁教育数字基座数据治理框架

设了学生五育评价看板等。随着基座数据量与应用量的增加，将会沉淀更多数据资产，生成更多数据看板，支撑长宁教育治理进一步优化提升。

（三）物联能力

数字基座通过开放物联设备接口对接能力，实现学校智能设备统一接入、统一监控、统一管理。围绕智能设备运行、运维、运营三个方面，利用先进的物联网技术，将空间位置、设备运行、设备控制、环境资源等多方面的信息进行有效融合，助力校园环境泛在互联，在数字基座上为校园管理运营提供综合性、智能化的设备管理中心。数字基座支持多厂商和多种协议类型的设备快速接入，同时按照实际业务场景定义跨厂商、跨系统间的设备联动规则（见图2-4）。

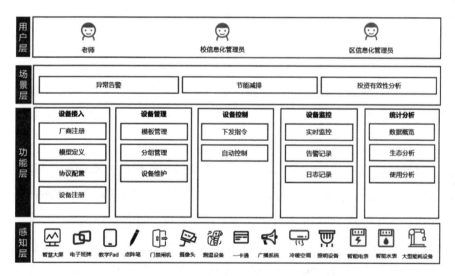

图2-4 长宁教育数字基座物联架构

通过物联能力，可批量获取设备指定遥测点运行数据，实现相关应用场景的支撑。通过接入设备主动上报的告警和异常数据，结合设备在线情况、使用情况与学校的作息时间实现智能化分析，给出设备故障预测和异常警告。通过对接入的设备进行开关机侦测、运行状态监控、运行数据收集以及远程控制等来帮助学校实现节能减排。通过对接入设备的健康度、故障率、在线率、使用率、利用率等多维度进行分析，为学校设备的投资有效性分析提供帮助。通过物联中心开放的应用编程接口与低代码应用相融合，实现个性化的物联场景应用。数字基座还提供物联大屏服务，实时展示接入的设备数量、模型数量、设备状态、设备总量趋势、近期告警趋势等内容。

长宁将电子班牌、教室大屏、智慧点阵笔、智能灯光、智能体育器材等常用设备全部接入数字基座，通过每一台设备去"阅读"学生，捕捉学生的行为习惯与规律，支持智慧化的学习环境建设。未来将根据需要持续接入更多智能设备。

（四）低代码开发能力

数字基座集成了低代码开发平台，使用者通过平台提供的界面、逻辑、对象、流程等可视化编排工具，无须编码或通过少量代码就可以根据实际需要以积木式组装的方式快速拼装生成应用系统，实现快速试错、敏捷迭代、应用创新。

利用数字基座提供的低代码开发能力，教师通过拖、拉、拽的简单操作方式，就可以根据自己的需求轻松进行应用搭建，围绕核心教育教学业务构筑业务应用系统。可实现流程自动化，打通过去需要人工协调的断续工作流程。可搭建移动应用，满足不同终端采集数据和进行数据查询的应用场景。可以实现看板建设，有一键跨表、跨应用关联数据、网络钩子（Webhook）/应用程序编程接口（API）对接第三方系统等特性，满足数据贯通的要求。低代码应用以插件形式植入数字基座，在用户个人空间呈现，实现基座数据中心数据的调用与回流，能一键集成，形成互联互通的低代码应用群，能一键复用，形成共建共享的低代码场景库，实现更高的数字化协作。

低代码开发平台的应用将教师从技术产品的使用者变为数字应用的设计者。长宁教育数字基座上线 9 个月，就有 250 多位来自区内各校的教师搭建了200 多个低代码应用。低代码开发成为最受教师欢迎的数字基座服务。

比如，"设备保修""场馆预约""办公用品管理"等低代码应用，实现了管理流程重构，提高了管理效率；"教师点餐系统"等低代码应用，方便教师，减少学校午餐浪费；"听评课体验系统""教学活动观察表"等低代码应用，方便教师交流，促进专业成长。

（五）微工具能力

针对不同教育教学活动和业务中相近或重复的应用需求，数字基座提供微工具能力，支持跨系统或跨场景调用微工具支撑数据填报或功能应用，帮助学校和教师减负增效。

提供"教师一张表"工具，包括教师的姓名、性别、学历、出生日期、本单位工作时间、当前职称、初级通过日期、中级通过日期等基本信息，以及公开课、论文、获奖等其他信息，解决不同业务场景中教师基础信息重复填报的问题。教师一键调用信息表，可重复应用于职称申报、学分认定、课题申请等，减少约 70% 重复填报。

提供"角色标签"工具，解决用户在教育系统中的多重身份问题，支持用户使用不同身份使用各类不同的教学应用。学校利用"角色标签"工具，可为教师配置不同角色，如一个教师既是学科教师，又是班主任、科技辅导员等，便于在不同活动中找对人。数字基座上所有应用通过调用"角色标签"接口，可支持应用场景中临时性角色的设定，如在学生电脑作品评比活动中，可自定义"指导老师""专家评委"等角色，帮助各项应用组建临时性的用户体系，授权不同操作权限。比如，从区教育局角度，在数字基座的组织中心中，为教职工设置的标签有书记、校长、教学副校长、德育副校长、骨干教师、学科带头人、大队辅导员、科技辅导员、专任教师、教辅人员、工勤人员、返聘人员、延退人员等。

提供"群组建设"工具，可在教研、科研、师训、活动评比等不同应用平台上，根据用户在不同业务活动中的角色定义，从数字基座组织中心调取用户，组建跨校的学习共同体，例如组建学科研修共同体、课题研修共同体、名师工作室、校长工作室等，并在数字基座移动端上生成相应的沟通群，提供群组公告、群组网盘、问卷调查等小应用，支持音视频交流、资源共享、数据采集等。

目前，数字基座上已成立校长研讨工作室、教育数字化与学科教学工作室、初中语文学科教研工作室、初中历史工作室、化学老师工作室、高中艺术教研工作室、小学美术教研工作室、杨倩保育带头人工作室等多个群组。以杨倩保育带头人工作室为例，打开工作室网页，可以看到成员、粉丝数量和访问量等数据，以及工作室进行的各类保育和研修活动。

提供"文音识别"工具，支持在不同场景中便捷采集文字和语音信息，经智能识别后录入基座，通过低代码应用搭建，实现对语音识别、文字识别等人工智能能力的调用。例如，针对学生评语录入搭建低代码应用，可调用语音识别能力，教师可以通过语音表述的方式，边叙述边录入，自动返回识别结果，生成文字内容，填充到对应的学生评价中。在体育课上，体育教师习惯于当场手写学生运动成绩单，数字基座的文字识别能力，可帮助教师一键生成学生电子成绩单。

数字基座将持续开发和提供更多微工具，支持更加多样化、便捷化、智能化的教育应用场景。

（六）安全保障

长宁教育数字基座整体部署于长宁教育专网的云环境中，结合长宁教育云特征，在保障网络与系统安全的基础上，强化以数据为中心的数据全生命周期的安全保障，强化未成年人信息保护。以数据分类分级为基础，根据业务特点，借鉴一些普遍使用的大数据分类，从基础数据和隐私数据保护的角度将数据划分为八类、四个等级的元数据，为数据的脱敏和存储提供前置必要条件。对于数据使用区域和使用策略做出明确规定，实现业务维度、安全维度的分级，并通过人工智能引擎提升数据分类分级的精准程度，提升数据治理安全建设的效率。从数据完整性、数据保密性、数据备份与恢复、剩余信息保护、个人信息保护等方面进行数据安全设计，规范数据的采集、存储、传输、读取、应用、交换、销毁等，通过应用程序编程接口（API）安全与生态数据安全能力联动，建立数据治理安全闭环。

强化数据安全运营能力，实现敏感数据可标记监控、数据资产可追根溯源。强化与众多第三方应用开发服务商的数据交换安全，建立三方数据保密协议机制，采用角色访问控制或者属性访问控制等方案来实现"最小权限，按需使用"，对数据进行有效管控。建立数据分离机制，数字基座采集和运行产生的数据可独立于数字基座，由第三方异地备份与体系化加密管理，实现数据与数字基座的剥离与回流，防止因系统风险带来的数据安全威胁。

第三节　彰显学校特色的校级数字基座

校级数字基座是市、区、校数字基座系统中的关键，是直接连接广大教师和学生的载体，也是汇集教育教学前沿数据的第一站。校级数字基座固然带有标准化的底色，同时基座个性化的应用插入和开发也反映了学校教师的需求，彰显了学校的特色。

一、解决学校急难问题的数字基座建设

一些学校由于校址、学情、突发情况等各种原因，面临急、难、愁、困问题，通过常规的资源布局、个人努力等很难解决，但如果不能及时解决，轻则耗费学校教师大量的时间、精力，重则发生教学事故、安全事故。学校的数字基座建设往往从着眼解决此类问题入手，利用数字基座的核心能力、一系列的标准化原生应用和低代码开发平台，使得学校能够快速实现教学、管理、服务等的底部抬升。学校数字基座建设将在此基础上整合创新发展。

（一）快速搭建在线教学环境，开通疫情期间的直播教学

2020—2022 年，新冠疫情肆虐，上海教育从措手不及到沉稳有序应

对，再到形成完备的"空中课堂"线上教学资源，有效保障了全市线上教育教学的正常开展。然而，仅仅通过"空中课堂"进行教学，还不能满足学生很多特别的学习需求。学校教师最了解自己学生的学情，拥有独特的教育教学节奏。因此，长宁很多学校整合"空中课堂"的资源，根据本校学情特点进行直播教学，布置校本作业，开展学习诊断。学校的数字基座融多种数字应用场景于一体，可以一站式满足教、学、评、测等多种线上教育教学需求。应学校要求，数字基座的内置功能迅速调整，并在实际应用中不断迭代完善。

长宁教育参照 2020 年春季学期中小学在线教学工作模式，汲取经验，不走弯路，提高效率，在全市"全媒分发、统一播放、校本实施"基本思路的基础上，充分发挥教育数字基座的作用，梳理上海市"空中课堂"教学资源，关注中小学在线教学活动，区、校安排专人负责市级信息的发布和资料的分发，使市级资源利用效果最大化。

充分发挥区教研室的教研引领和组织作用，充分依托各中小学教研组、备课组的团队力量，积极开展区域内、集团内和校内的在线教学研讨，确保线上教学与线下教学进度的一致性，确保在线教学内容的适切性。特别关注初三、高三年级师生和家长关心的问题，细致周密地安排教学活动，在利用好"空中课堂""名师面对面"等资源的同时，根据进度和具体需求，开发校本资源，使教学更有针对性；及时反馈与评价，加强交流与辅导，最大限度地降低疫情对学生复习备考的影响。同时充分考虑到小学一、二年级学生年龄小且没有在线听课经历的情况，适时引导和鼓励，给予特别呵护和关心。支持、鼓励教师探索和创新在线教学方式，组织师生有序开展在线互动教学；加强在线家校互动，营造良好的在线教学生态；积极稳妥地开展相关学生学习情况评估和反馈。对先进经验和做法及时发现、及时总结，并通过区数字基座及时推广。对个别实施有困难的学校开展点对点支持服务。特别关注对小学一、二年级等未参与过在线教学的学生及家长的指导，让学生和家长及时掌握平台操作方法，提示其做好各项课前准备，让学生能以轻松的姿态、积极的心态投入在线学习。

鼓励教师充分探索、实践数字基座一站式教、学、评、测等多种需求应用，利用数据收集、数据分析，精准推送学习资源，实现个性化学习。在疫情期间，数字基座不仅使得区内优质资源快速辐射，还让线上教学的先进做法快速传递。长宁师生充分利用数字技术，让教学设计、教学实施、作业设计、资源准备、师生互动等达到新高度，创出新境界。

（二）从食堂安全管理入手，探索"一园多址"的数字化管理模式

长宁位于上海市中心城区，区内很多学校办学历史悠久、积淀深厚，校园小、房屋老也是事实。历史更迭中，多址办校的情况并不少见，对学校教育教学管理造成一定影响。数字基座建设过程中，这类学校在借助数字技术提高跨校区统一管理效率上的需求特别强烈，与技术人员频繁沟通，搭建了具有校本特色和重点的学校管理应用场景，实现了透明、高效的跨校区管理。

虹城幼儿园就是一个典型的例子。这个幼儿园拥有三个园区，管理需求较为分散，园长往返各园区实地考察监督费时费力，管理信息传递也较为麻烦。园长、副园长、行政人员等需要定期巡查三个园区的安全工作，包括校园安全（安全责任落实、消防安全、交通安全等）和食品安全两大板块内容。虹城幼儿园还在三个园区都设置了保健员、保育员、营养员"三大员"，园长负责对其工作情况进行月度考核。保健教师需巡视各班日常幼儿用餐、环境消毒等保育工作情况，也需检查食堂工作人员的个人卫生、各烹饪环节操作达标情况等，各负责人需要及时记录在各环节发现的问题及整改措施。

为此，幼儿园搭建了"校园安全管理"低代码应用，梳理了一套明确的安全管理流程机制，服务于一园三址背景下的一体化管理需求。目前，虹城幼儿园已经实现了全部安全管理工作流程的线上化、考核流程的透明化。幼儿园管理者在一个应用中就能查看全局信息，常态化掌握安全管理工作运行情况，考察相关负责人是否履职到位。

（三）聚焦校本研修模块，解决学校结构性教师缺编问题

教师永远是学校办学关注的重中之重。如何让数字技术赋能教师的专业

发展是数字时代区域和学校持续思考的问题。就学校而言，依托数字基座建立一套教师专业研修管理、成长轨迹记录、过程性总结评估的系统，将会极大地促进教师的专业发展。在这个系统建设过程中，不同的学校有不同的侧重点。有的侧重校本研修制度的完善，有的侧重成长诊断的科学，有的侧重学习交流资源的积累，从而形成了富有学校特点的数字赋能样态。

上海市延安中学附属省吾学校（简称延中附校）是一所历史悠久的学校，但在办校过程中经历了独立办学、拆并合校、附属办学的过程，招生因为学区化集团化办学需要曾一度中断，教师区内流动后学校教师数量减少，同时，出现了结构性教师缺编情况。2023年2月，学校变更成为上海市延安中学附属省吾学校。站在"老校新办"转型发展的新起点上，头等大事就是加强学校研训，重新培育师资，让学校文化、教改经验得以传承。根据对教师的调研和需求分析，学校决定在校级数字基座上建设校本研修模块，以提高教师的专业素养和教学水平。

利用数字基座低代码开发平台，延中附校开发了针对教师的研修管理系统，包括教师研修计划、在线学习、考核评估等模块。目前，学校的线上"教师培训技能库"包括新课程新教材解读、校本课程开发实施、学生与班集体管理、教学专业文本设计、教科研设计与实施、家校沟通与指导等六大块内容。该系统不仅提供了各类教育资源和学习内容，还能根据教师的个性化需求与学习情况进行推荐和智能匹配，有效提高了教师的学习效果和学习兴趣。通过数字基座的支持，学校还实现了研修成果展示和教师资源共享，进一步促进了教师的交流与合作。同时，学校也能通过系统对教师的学习情况和研修成果进行实时监测与评估，为教师的职业发展提供更有针对性的指导和支持。目前，通过利用数字基座低代码开发平台建设校本研修模块，学校变动导致的师资研训问题得到有效缓解，促进了学校教师专业能力的提升。

（四）"一体化"管理，助力十五年一贯制学校整体发展

上海市的学校大多是单一学段办学，也有部分九年一贯制、初高中一体化、十二年一贯制甚至是十五年一贯制的学校。长宁区公办学校中拥有

一所十五年一贯制学校、一所十二年一贯制学校、两所九年一贯制学校。这些学校在教学上必然考虑学段衔接的问题，在管理上必然考虑学段独立、学校贯通的问题。数字基座建设为数字赋能学段的横向管理、条线的纵向管理奠定了基础。

上海市建青实验学校（简称建青实验学校）是上海市唯一一所，也是全国范围内为数不多的从幼儿园到高中的十五年一贯制学校。之所以是"实验学校"，就是因为它肩负着探索学生从幼儿园到高中一贯培养的重任，因此，学校的管理、教学必然需要一体化思考和推进。学校制定了"一体化管理、一贯制教育、一站式支持、一条龙项目"的总体发展思路，依托数字基座建设，努力实现办学理念、办学目标、育人目标、学校管理、课程设置等方面整体的一致性。

在管理上，学校以"统一领导、全程管理、分部负责、分权赋职"为原则，用好数字基座集成性的特点，将学校各条线上的管理模块集成在同一平台上，实现了纵向条线跨学段一体化要求和横向块面工作的统整。比如，场馆预约，实现了校园公共资源的利用最大化；物品领用和设备报修，优化了原来的流程，也为易耗品的管理留存数据报表，更能定量、合理地购买所需物品；请假管理，在各学段作息时间的差异性中实现了请假流程的规范性和统一性。同时，利用数字基座拓展性的特点，通过低代码数字应用搭建的功能，短时间开发学段个性化应用。比如，幼儿园在易耗品物资管理上的要求比其他学段复杂很多，是管理的重点和难点，于是自主开发了6个应用、37个数字化表格，解决了学段个性化的难题。

在教学上，学校整体架构学生十五年"创新力"培养目标，以"智创·妙赏·力行"为主要板块，以跨学科、项目化学习为主要方式，关注语言、科技、艺术、体育、劳动、国际理解等课程内容，建立幼小中一贯的课程框架。其中一部分培养课程需要数字化学习场景支持，学校充分利用数字基座延伸性的特点，将虚拟实验室等"沉浸式学习场景""智创式学习场景"接入数字基座，为各学段提供相互衔接且共享的学习资源，并实现了学生学习数据的一站式收集、分析，更科学地为学生绘制成长地图（见图2-5）。

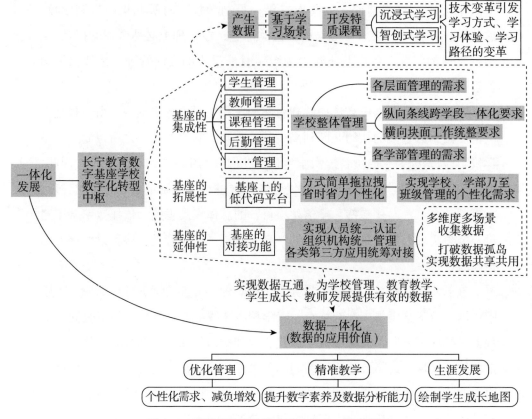

图 2-5　建青实验学校数字基座助力一体化发展

二、致力于教育教学创新发展的数字基座建设

　　一些学校不局限于数字基座基本功能和应用的学校个性化使用，而是不断开拓创新，根据学校的需求与应用现状，将学校已有的数字化应用和数字化智能设施接入数字基座中，或者基于原有的信息化基础，整合数字基座提供的新应用，综合运用数字基座智联、物联、数联的能力，发展与创新个性化应用，基于数据驱动，推动智慧教学和治理。然后，在整合创新的基础上凝练可供示范的特色案例，向区域辐射发展。

（一）依托数字基座，优化学校育人第二空间

2021 年，中共中央办公厅、国务院办公厅印发了《关于进一步减轻义务教育阶段学生作业负担和校外培训负担的意见》，要求学校保证课后服务时间，提高课后服务质量，拓展课后服务渠道。同年，上海推广中小学课后服务，并于 2022 年印发《上海市义务教育课后服务工作指南》，对课后服务工作进行具体指导。长宁将校内课后服务作为一项解决百姓"急难愁盼"问题的民心工程，作为拓展育人时空、拓宽育人渠道的教育教学质量提升的契机，覆盖所有义务教育学校，为学生提供面向人人、灵活便捷，内容丰富、服务到位、资源整合、持续改进的课后学习支持。为了给学生提供更丰富优质的课后服务，长宁部分学校依托数字基座，开辟育人第二空间，缓解学生多样兴趣与学校时空资源不足的矛盾，满足学生多样化的成长需求。

天一小学依托数字基座，实施了由"1 小时学习时刻""1 小时社团活动""半小时延时服务"构成的"课后服务"计划，以减轻家庭负担和家长焦虑，发挥学校教育主阵地作用，同时创新个性化的自主学习空间。学校通过数字基座，挖掘校园可用空间，将多媒体教室和室外运动场等资源整合起来，为学生提供自主选择的个性化课后空间。同时，学校还面向全体学生发放问卷，征集教师金点子，并对接国家智慧教育公共服务平台，为课后育人提供丰富的可视化资源。

天一小学成功创设了"课后电影院""课后图书馆""课后 Chat 吧"等 6 个自主学习空间。学生可以自由支配个人时间和空间。在服务管理上，学校通过数字基座和电子班牌的考勤功能，保障了学生的安全，并通过后台数据来优化场景建设，提高了学生的自我管理能力和教师的数字资源运用能力，实现了数字创生的学校育人第二空间，为学生提供了更加丰富、个性化的课后服务，促进了学生的全面发展。

（二）依托数字基座，完善学生综合素养培育

培育学生的综合素养是培养未来创新人才的基础，是为党育人、为国育

才的大方向，也是长宁"活力教育"中"学生发展有活力"的具体落实，写入了区域教育综合改革的总体目标。然而，学生综合素养的培育是趋势，也是难题。长宁激励学校和教师主动创新，开发了多种多样的综合素养培育课程和活动。很多学校在这方面形成了培育系统，成为学校特色。有些学校还依托数字基座，用数字化的方式记录学生综合素养培育的足迹，从而更加科学地进行学情诊断，实施学习激励，促进家校共育。

江苏路第五小学已有完善的综合素质评价体系，但存在综合素质评价多以教师评价为主，评价记录方式以纸质载体为主，缺少描绘学生个体和群体综合素质的数字画像等问题。为此，江五小学依托数字基座实施了紫藤"小宁"星级章争章活动，实现了数字化评价工具的可视化，解决了评价过程中的问题。活动采取线上线下融合评价的模式，构建了争章活动的多种途径。在争章活动中，学生通过参与家校社共育计划和跨学科综合实践活动，感受与见证上海城市的发展和治理成效。

通过数字基座的数据分析能力，学校能够随时了解学生个体或某一群体的评价情况，初步生成学生综合素养"雷达图"，为学生的全面发展提供了有效支持和指导。紫藤"小宁"星级章争章活动的成功实施，充分展示了数字基座在学校数字化建设中的重要作用，也为其他学校提供了可以借鉴的特色案例，推动了教育数字化的发展和创新。

上海市天山第二中学（简称天山二中）为学生建立了全程、多维、动态的数字化档案，包括学业成绩、心理健康、实践创新、学习习惯、人际交往、兴趣爱好六个维度的学生成长数字模型，激发学生的自我效能感。上海市仙霞高级中学的学生成长数字档案主要体现学生在校期间的基础学习状态、拓展研究程度、综合日常表现三个方面。基础学习状态描述主要来源于个性化教与学中心，展现学生在基础课程的课堂学习与课后反馈中的变化趋势；拓展研究程度描述主要来源于创新课程中心，展现学生在校期间拓展课程学习情况与成果汇总；综合日常表现来源于综合素质评价中心，集中展现学生星级成长变化。

（三）依托数字基座，提升学生作业效能

《关于进一步减轻义务教育阶段学生作业负担和校外培训负担的意见》提出，要健全作业管理机制。学校要完善作业管理办法，加强学科组、年级组的作业统筹，合理调控作业结构，确保难度不超过国家课程标准。建立作业校内公示制度，加强质量监督。数字基座不仅成为长宁学校加强作业管理、减轻不必要的学业负担的重要载体，也成为教师高质量地布置作业、规范作业反馈与课后辅导、提升教育教学质量的重要抓手。

上海市长宁区哈密路小学（简称哈密路小学）在校级数字基座上整合作业公示、问卷调查、七彩作业等应用，建立了科学有效、易于操作的作业规范制度，明确标准和流程，形成了作业设计、布置、批改、评价、反馈、辅导的闭环，优化作业布置与批改，丰富作业的类型，合理调控作业结构，科学合理地确保作业的数量与质量，从而提高了学生的作业效能，减轻了学生的作业负担。同时，学校对于作业质量高、作业管理优秀的教师给予绩效奖励，激励教师不断优化作业设计与辅导。

具体来说，哈密路小学利用数字基座进行作业公示。班主任利用数字基座每天向家长公示作业内容和作业预估时间，并统筹各学科作业完成时间，严格按照规定控制作业总量。学校利用数字基座做好备案和抽检工作，促使教研组加强作业设计和命题的研究；通过数据汇总信息，关注学生作业的完成和批改，并强化讲评、辅导等反馈环节；每学期进行两次作业问卷调查，加强家校互动，全面了解学科教师作业设计与实施的情况。通过数字基座的监督机制，教师能够合理控制作业总量，不断扩充七彩作业资源，丰富作业的类型，提高作业的质量。作业的批改和反馈能够做到及时、规范，教师利用课后服务的时间，对学生进行一对一的面批，特别是对学习有困难的学生进行个别辅导，帮助学生完成作业。

三、优质资源辐射全区的数字基座建设

区教育学院、少年科技指导站、少年宫、劳动技术教育中心等具有区域业务发展与管理功能的教育机构，以及在数字化转型方面先行一步的信息化应用标杆校等，在数字基座建设上具有示范引领的作用。

（一）助力科技教育惠泽每一个学生

党的二十大提出教育、科技、人才一体化推进，强调了三者的紧密关系。通过青少年科技教育为科创人才培养奠基，成为全国教育工作的热点，这也恰恰是长宁教育常抓不懈的工作内容。长宁青少年科技教育形成了"惠泽每一个学生"的教育理念，建立了包括普及型课程、提高型课程、创新型课程在内的种子（SEED）课程体系，在 2023 年上海市科创大赛等竞赛活动中，长宁的学校参与率达 90%，其中 70% 斩获奖项。

为了让更多的学生更加频繁地享受优质科技教育，长宁区少年科技指导站依托数字基座，积极探索校外教育线上教学新模式。将科学小实验、寒暑假主题活动、线上体验活动等多样的科普教育资源，以直播＋录播的形式上传到数字基座，方便学生随时观看，丰富了数字基座线上科普资源。科普剧《缤纷镇的奇妙之旅》、科普微视频《科技馆的那些小秘密》等深受中小学生欢迎。同时将线下科普活动日历上传到数字基座，学生端账号可随时查阅，抢课参加。疫情期间，为了让学生拥有科技教育服务，少年科技指导站同时利用三个教师账号在人工智能云课堂中进行同步直播和录制，活动辐射范围显著扩大。

（二）幼、小、初、高一体化推进劳动教育综合育人

劳动教育是培养全面发展的社会主义建设者和接班人的重要一环，也是连接学生道德发展、知识学习、能力提升、体质锻炼、美感培育的有效纽带，是促进学生终身发展的重要组成。长宁区劳动技术教育中心（简称"劳技中

心"）是上海市首批学生劳动教育基地，在数字时代更是利用数字基座平台的天然优势，统筹区域内外的劳动教育资源，优化劳动教育内容，创新劳动教育形式，逐步形成了"幼、小、初、高一体化推进劳动教育综合育人项目"的劳动教育新模式。

在数字基座的支撑下，劳技中心根据幼儿园、小学、初中、高中各年龄段特点，录制了 54 节劳动教育系列网课，分日期、分时段上传到数字基座，并设置生成回放机制，供全区所有学校学生反复观看学习。利用数字基座低代码开发平台较为直观且自由的表单编辑与组合功能，劳技中心开发了集学生个人信息、打卡种类、劳动感悟以及活动照片与视频为一体的线上打卡低代码应用，为后续的打卡评选活动提供便利。评选教师与专家可通过登录数字基座平台进入表单筛选打卡活动种类，查看学生精彩的打卡照片与视频来完成评选工作。

通过以上方式，劳技中心搭建了数字基座线上劳动教育平台，为扩大辐射区域劳动教育的范围打下了坚实的基础，拓展了数字化转型背景下的劳动教育的新途径，有效地推进了富有长宁活力的劳动教育新局面。

数字生态是区域整体推进的支撑

　　教育数字化转型在长宁呈现出的是教育生态系统的转变，即不是单一的教育局部改变，而是以数字化为基础的教育各环节的系统转变。教育数字化转型的根本是以互联网思维为基础，以数字中枢为联结，呈现为基于标准的数字开放。

　　长宁的整区推进数字化转型，以数字基座为核心，统整数字资源；以数字生态建设为重点，追求基于数据的教育形态系统变革；以课堂教学、学校管理、教师培训、教学研究等为重心，致力于推进教育全场景的数字化应用；以教育质量的提升和均衡发展为目标，促进区域教育品质的整体提升。这种注重生态系统的整区推进模式，遵循教育发展规律，使教育发展实现整体优化，更好地实现长宁活力教育的目标。

第一节　数字生态的支撑作用

教育数字化转型生态一方面具有生态系统的一般要素，以基础环境、要素关系、呈现状态为关键词；另一方面遵循互联网思维，在原则、技术、实施、呈现四个层面遵循互联网的底层逻辑。统一底层设计、数字中枢连接、基于标准开放是形成良好转型生态的着力点。

一、生态和教育生态系统

1. 生态

生态一词最初是一个生物学概念。在生物科学发展历史上，存在着机械论和活力论之争。机械论在生物学中表现为简化论和机械决定论，把生命现象简单地剖析为机械、物理、化学过程，以分离、孤立、静止和片面的观点进行研究。活力论则更贴近系统论的思想，将生物整体及环境作为一个有机系统。生态系统的提出即源于此。它指在一定的时间和空间范围内生物与环境、生物与生物之间通过物质循环、能量流动和信息传递构成的具有特定结构的功能整体，[①] 强调必需的相互关系、相互依存和因果联系。[②]

事实上，从生态的视角来认识自然环境，是一种全新的世界观和方法论。它不同于条分缕析、不断细化的研究方式，而是以整体性的视角，将组织形态作为一个有活力的生命体，一个相互关联的有机整体，关注各要素之间的关系，研究要素间互动的规律。一个系统中组成的要素越多，要素之间的关

---

① 　邓小泉. 中国传统学校教育生态系统的历史变迁 [D]. 上海：华东师范大学，2009.

② 　奥德姆. 生态学基础 [M]. 孙儒泳，钱国桢，林浩然，等译. 北京：人民教育出版社，1981：9.

系越错综复杂，这个系统自我调节的能力越大，越稳定。多样的组成和复杂的结构成为评估一个生态系统的重要因素。生态系统的视角不仅可以关照自然界，也可以运用于对人类社会的分析。因此，很多学科引入将各要素相互关联并作为一个整体的思想，将生态系统的概念纳入本学科中进行研究，拓展了研究的视角。

比如，传播学中纳入生态的概念，提出传播生态，即"社会信息传播系统各构成要素之间、各构成要素与其外部环境之间、社会信息传播系统与其外部环境之间关联互动而达到的一种相对平衡的结构状态"[1]。

管理学中融入生态系统的思维方式，提出管理生态学，成为继"古典管理理论""行为科学管理理论"等经典理论之后的又一项研究理论创新。管理生态学认为，人、组织、管理生态环境组成一个生态有机的统一整体，其演变包括了组织与管理生态环境的关系集合体的演变，强调组织与管理生态环境之间的合作关系，即相互联系的群体之间通过相互适应实现整个群体生存，这是个动态的过程。[2]

还有学者提出文化生态，指相互交往的文化群体凭借从事文化创造、文化传播及其他文化活动的背景和条件，形成自然、经济、社会三位一体的复合结构。[3]媒介生态被认为是在一定社会环境下媒介系统各要素之间、媒介系统与社会系统之间通过信息传递而构成的相对平衡的结构和状态，媒介系统与社会系统关联互动，两者在平衡—失衡—平衡的动态发展中寻求媒介与环境的平衡、可持续发展。[4]

2. 教育生态系统

20 世纪 30 年代，美国学者沃勒在《教育社会学》中提出"课堂生态学"，将生态系统的概念引入教育领域。20 世纪 70 年代，美国学者劳伦斯·克雷明在《公共教育》一书中正式提出"教育生态学"。我国学者对教育生态亦有深

① 邵培仁，等．媒介生态学：媒介作为绿色生态的研究 [M]．北京：中国传媒大学出版社，2008：5.

② 孔冬．管理生态学：一种现代管理新范式 [M]．长春：吉林人民出版社，2006：36.

③ 侯鑫．基于文化生态学的城市空间理论：以天津、青岛、大连研究为例 [M]．南京：东南大学出版社，2006：39.

④ 孙敏．媒介生态学视角下新疆图书出版业发展研究 [D]．武汉：武汉大学，2017.

入研究，并逐渐分出学校生态、校园生态、班级生态、教学生态等多个种类。

教育生态系统是"人、教育、环境彼此相联，共同构成的一个不断矛盾运动的生态系统"，经历着"适应与发展、平衡与失衡、共生与竞争"的发展过程。① "判断一种教育生态系统的形成关键要看其要素有无形成，要素与要素之间以及要素与环境之间是否相互联系、相互影响、相互作用，要素之间的相互作用是否形成相对稳定的结构。"②

各学科将研究对象作为生态系统进行的探索，尤其是教育学领域对教育生态系统的研究，均从整体、联系、有机的视角，将基础环境、要素关系、呈现状态三个方面作为阐述的重点。这成为研究教育数字化转型生态的重要依据。

3. 生态构建是教育数字化转型的必然

2020 年，美国高等教育信息化协会（EDUCAUSE）提出教育变革"3D"（Digitization、Digitalization、Digital Transformation）模式：（1）在数码化阶段，主要通过将模拟信息转化为计算机可以处理的数字格式，带来信息传输、处理、存储等方式的变革，以显著提升教育组织信息化水平；（2）在数字化阶段，强调运用数字技术和信息化手段，来重构、优化教育系统的各个业务流程；（3）在数字化转型阶段，教育组织文化、个体、技术等要素发生协同性演变，从而实现教育系统战略方向、价值主张的转变。③

数字化转型要基于数据，构建一个全感知、全联接、全场景、全智能的数字世界，实现教育治理全方位赋能、教学模式深层次变革和学习方式根本性重塑。它是"我国开辟教育发展新赛道和塑造教育发展新优势的重要突破口"，是教育发展的新方向，必然要求技术和教育深度融合，教育各相关要素之间协同发力。因此，生态系统的塑造和演化本身就内含于教育数字化转型之中，是转型成功的基本条件。

---

① 范国睿. 教育生态系统发展的哲学思考 [J]. 教育评论，1997（6）：21−23.
② 黄远振. 生态哲学视域中的中国外语教育 [D]. 福州：福建师范大学，2008.
③ 胡姣，彭红超，祝智庭. 教育数字化转型的现实困境与突破路径 [J]. 现代远程教育研究，2022，34（5）：72−81.

一些学者对教育数字化转型生态做了专门研究：或从政策和理论出发，将其分为网络生态、平台生态、资源生态、校园生态、应用生态、安全生态、数字文化生态、产业服务生态；[①] 或从实践出发，将其看作"1+7+N"的智慧教育生态体系（1 个教育"数据大脑"，教与学变革创新攻坚工程、教育资源开放创新工程、创新人才培养引领工程、教育管理与服务提升工程、评价与测评实证发展工程、基础环境智能化提升工程、未来学习空间建设工程等 7 项工程，N 所"未来学校"）。[②] 这些研究成果对认识教育数字化转型生态具有良好的启发意义。

二、"互联网+"理念下的教育数字化转型生态

（一）互联网思维

互联网经过长期的实践试错、迭代，形成了稳定的技术结构，走进了各行各业，也走进了千家万户。不仅如此，它还成为一种思维方式，广泛运用于社区治理、医药生产、商业创新、企业管理等各大领域。互联网的神奇之处在哪里？有学者总结了自由、开放、共享、创新的互联网精神，认为它实现了所有人、所有设备、所有应用和所有媒介介入方式的独特开放性，而这种独特开放性，为市场和非市场的各种技术、竞争和创新创造了最大的可能性，形成了双向促进的强大的正循环效应，使今天的互联网超越了任何国家、公司和个人的中心化控制，成为我们认识互联网本质的切入点。[③] 互联网为什么会演化为现在的形式和生态？有学者进一步阐述了其背后的逻辑（见图3-1）。

---

① 祝智庭，郑浩，许秋璇，等.教育数字化转型的政策导向与生态化发展方略 [J]. 现代教育技术，2022，32（9）：5–18.

② 周林，张淑敏，李磊，等.人工智能助推教育数字化转型可持续生态建构实践：以北京市东城区为例 [J]. 中国教育信息化，2023，29（6）：64–73.

③ 方兴东，钟祥铭，李星.互联网元架构：解析互联网和数字时代范式转变的底层逻辑 [J]. 现代出版，2023（5）：25–39.

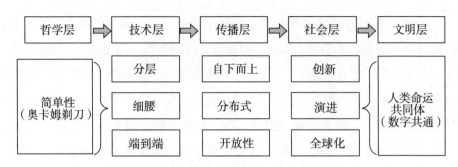

图 3-1 互联网元架构的内在逻辑与驱动机制 ①

正是源于哲学层"简单性"的指导，技术层以网际互联协议（网络 IP）为中心的物理设施和各项协议的支持，以及传播层以多中心、开放为指向的激发活力的机制，才实现了社会层覆盖全球范围，并不断地创新、演化，最终达到文明层的人类命运共同体的形成。

（二）以环境、关系、状态为关键词的转型生态

由上述各学者对生态的阐述可以看出，基础环境、要素关系、呈现状态是生态系统构建的三大要点。参照互联网的内在逻辑，可以从不同的层面思考教育数字化转型的关键词（见图 3-2）。

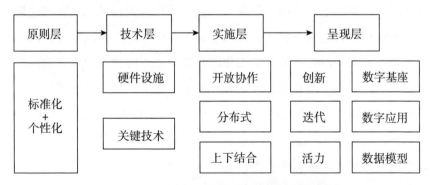

图 3-2 教育数字化转型生态系统的内在逻辑

从生态系统的视角看，原则层和技术层都属于"基础环境"，这是支持转型得以成功的基础条件，只有在这样的环境中转型才有可能得以开展并顺利实

---

① 方兴东，钟祥铭，李星. 互联网元架构：解析互联网和数字时代范式转变的底层逻辑 [J]. 现代出版，2023（5）：25-39.

施。就上海市长宁区而言，既包括"标准化＋个性化"这一软性原则，也包括硬件和物理环境。比如光缆的接入、网速的提升、信息化技术的支持等。

实施层考虑更多的是"要素关系"，它是支持转型相关要素和人员良性互动的机制，是转型成功的软件支持，是关键，也是难点。作为必须攻克的难关，要从教育数字化转型需要怎样的要素关系、建立何种机制促成这种关系、这些机制又应如何建立等方面思考。比如，技术公司和学校要相互协作，必然要构建价值共创的合作机制。要通过思想上的合理定位、活动空间上的赋权、素养培育上的增能等系列举措来促成合作机制，从而达成双方稳定的协作关系。

呈现层对应的是"呈现状态"，是技术和教育两个基本要素相互结合的样态，是教育数字化转型生态的最终指向。其中既包括各要素在密切互动中激发的教育数字化转型的状态，比如充满活力、持续创新发展等；又包括数字赋能教育教学的状态，比如若干数字应用场景、数据支持的课堂教学改革等。

三、生态视域下的教育数字化转型行动框架

（一）统一底层设计

传统教育信息系统建设需要从底层建设开始规划，然后设计一系列中间层，最终设计用户层。学校、教育机构等教育单位的传统教育信息系统通常都是小型、独立、异构的系统，难以应付大量用户的高并发访问与数据量的井喷式增长，更严重的问题是各种信息资源过于分散。此外，环境各异、扩展困难也加重了运营与维护的负担。

上海长宁整区推进教育数字化转型，利用"云、大、物、智、链、安"等能力，在设计上充分考虑未来长远发展的需要，总体建设按"先设计总体架构，形成标准体系""应用只关注业务应用本身，按标准开放体系集成"的思路进行。区域整体建设数字基座、制定数据标准、形成应用接入规范等。学校不需要再关注校内平台建设、基础应用开发、持续运维保障，而是将精

力放在数字化如何赋能教育教学上，回归育人本位。第三方应用厂商不再关注底层设计，只需要关心数字化业务流程设计，关心如何在标准环境下让数字应用真正满足教育教学需求。

统一的底层设计极大地降低了反复设计和开发的成本，同时让大量客户可以自由地使用教育服务，缓解了数字教育资源因非标准化而难以流通的难题。同时，容易达成巨量教育应用的全面监管，以低成本保证信息化安全。更重要的是，统一的底层设计使教育资源、脱敏数据、优质应用更加便捷地共建共享。

（二）数字中枢连接

数字基座是上海长宁教育数字化转型统一底层设计思想的外在表现和显性载体，是数字学校的中枢。以数字基座为核心，实现统一门户集成、统一用户管理、统一授权管理、统一接入管理、统一资源管理、统一安全防护。通过数字基座，实现基于标准的市、区、校三级纵向贯通，学校、教师、学生横向联通。

数字基座提供数据服务，使用大数据处理工具将数据资源汇聚归集，为区、校提供各类数据服务，包括数据归集、数据调取、数据交换、数据安全，连接各应用系统，打通智能物联网、互联网云服务、政务网等各类数据。提供开放平台，包含基础接口、移动接口、消息接口、云服务接口以及低代码开放工具和接口管理工具等，为数字化转型提供强有力的业务枢纽。提供应用平台，使开发者能快速开发、部署、运维基础教育应用，提供各类第三方应用的接入、审核、使用、推荐等功能，并使各类应用面向广大中小学提供信息化服务。提供用户空间，为各类用户提供各自的用户交互空间，包括登录界面和应用工作空间，提供统一的风格和交互使用体验，用户在空间中使用各类应用。

（三）基于标准开放

上海长宁在统一数据建设标准、标准业务接口、数据共享机制、数据权限控制等的基础上，最大限度地降低成本，促成了联通共享。同时，又以开放包容的心态，在标准规范的前提下，提供开放的环境，允许第三方的接入，满足个性化需求。

数字基座提供了"百花齐放""入围低门槛"的应用平台接入环境，只要经过教育教学实践认可的数字应用，都可以接入。应用的开发者可以是企业单位、自主研发的个人、专业兴趣小组、学校教师、学生等。任何一个开发者只要满足一定的要求，通过权限申请，均能在此基础架构上快速开发、部署、运维基础教育应用。为了支持广大教师的参与，满足极具个性的需求，数字基座专设低代码应用开发工具和培训视频，供教师自主搭建数字应用。教师开发的应用经过审核可进入基座全区共享。

除数字应用外，数字基座还建立了数据资源共享门户，提供数据开放性接口，方便应用场景调取多源数据。以政务管理接口调用为例，统一的接口规范实现了数据自动提取、数据转换、数据校验、数据共享，实现了教育部门和政务部门之间、异构系统之间、新老系统之间的信息透明交换，提升了政务管理工作效率。截至 2023 年 7 月，市、区、校各级部门调用数据接口已达 3.28 万次，其中市级数据使用 856 次，区级数据使用 111 次，校级数据使用 3.18 万次。数据的共享也极大地减轻了教师的负担。比如，"教师基本信息一张表"这一应用使得教师在职称申报、学分认定等事务中填报相关信息时，不需重复输入，可以一键转入，极大地节省了时间和精力。这背后是学校教师基本数据的模块化调用，得益于开放性的数据调用模块化接口。

第二节　低能耗数字化运行系统

在技术条件安全、成熟的基础上，通过多方共同参与实现价值共创，以资源辐射实现优质共享，为教师赋权增能，使其在深度参与中提升数字素养，保证数字化转型的可持续发展，形成了一套低能耗、高能效的运行系统。

一、搭建教育数字化转型的"高速公路"

（一）教育专网建设

适应高端教育业务需求的信息化应用环境是教育数字化转型的基础。上海长宁首先建成教育裸光纤专网，从虚拟专网跨越到物理专网，全区 160 个教育单位地点（一个学校多个校区，按多个地点计算）通过光纤直联区教育信息中心，实现了中小学和区属单位的千兆接入，幼、托单位的百兆接入。从联网初期的千兆主干升级到万兆主干，公网出口带宽从 200MB 升级到 1GB，核心区域设备均达到万兆级处理性能，与上海市教委的教科网实现了万兆联网功能。全区所有教育单位无线网络全覆盖。

带宽的大幅度提高和光纤的稳定传输为教育数字化转型提供了支持性环境，保证了数字赋能各种教育教学活动的实施。比如，近 150 个教学单位地点的门户网站及阅卷、排课等教育教学应用系统通过长宁教育专网发布、运行；重大活动的实时转播、校门安全监控、电子巡考、网络课堂等各类教育教学应用均在专网内顺利实现并运作良好。

（二）网络安全管理体系建设

网络安全一直是信息化建设的重要方面，在数字化转型的当下，其意义更加彰显。"数据"是数字化转型的核心，它不仅涉及个人隐私，而且已经成为教育资产的重要类型，涉及国家财产。因此，网络安全是教育数字化转型顺利开展的基本保障。上海长宁在组织框架、管理制度、安全意识和能力等方面着力，有效保证了网络安全。

成立网络安全工作领导小组，区教育局局长直接负责全区网络安全工作，区教育信息中心落实执行。明确了校长是各单位网络安全的第一责任人，并将网络安全作为校园安全工作的重要组成部分，纳入学校学年绩效考核和校长考核的指标体系之中。

全部学校制定信息安全管理制度和应急预案。从完善管理体系、推动集约建设、加强技术防控、强化行业监管、购买专业服务等方面形成长宁区教育专网各类安全管理规范及建设管理规范。实行全年 365 天 24 小时的全天候安全监控，对全区一百余个学校数字基座与应用系统实现集中管理、定期全面安全扫描，发现问题，立即出具整改报告通知责任单位，落实整改。

每年组织两次全区信息安全培训，普及网络信息安全测评内容、演示各类网络攻防行为。逐步推进各教育单位网站集群系统的建设及部署工作，确保安全管理目标任务的落实。对各类重大安全漏洞第一时间进行全区性预警并提供解决方案，及时消除各类安全隐患。

二、教育数字化转型机制

（一）跨界合作促成价值共创

激发各参与主体的积极性并使其紧密合作，既是促进教育与技术深度融合的需要，又可以为数字化转型提供持续发展的支持力量。践行上海市教育数字化转型"政府定标准、搭平台，企业做产品、保运维，学校买服务、建资源"的合作方式，长宁组成区教育行政牵头、教育学院专业支持、学校实践探索的改革推进组织系统。这一系统可以最大限度地发挥多元主体的建设优势，改变学校既要定建设标准规范，又要确定服务内容，还要监管服务厂商服务质量的情况，使学校回归使用者定位，回归技术赋能教育发展的初心，能够更好地从教育需求出发，思考可以从技术中得到哪些帮助，并在与政府和企业的沟通中提出可行建议。

建立以教育需求为核心、多方紧密合作的工作机制。围绕数字应用场景，长宁建立了教育需求与技术支持紧密对接、相互激发的开发和迭代机制。根据学校和教师的共性需求，基座提供托底保障 21 个原生应用，满足一般教、学、管、评等不同场景的需要；根据学段、部分学校需求，集约开发和用标准化插件方式快速接入 79 个第三方应用，实现原有应用的续用；根据教师个性需求，支持自主开发应用，鼓励校际复用。

数字应用开发的过程是多方人员全程深度合作的过程，也是不断满足不同阶段学校教育教学需求的过程，还是企业持续完善技术产品的过程。以满足共性需求的应用开发为例：（1）进行入校调研，获取共性需求，建设需求池；（2）进行专家咨询，形成技术方案，开展可行性分析；（3）进行多厂商对比，集约开发应用，开发过程试点学校全程参与；（4）试点运行，同时跟踪调研，优化完善应用；（5）分批推广，辐射全区，同时支撑个性化的调试；（6）基于更多师生反馈，不断迭代，形成不断优化完善的良好生态。比如，高中学校使用的人工智能自动对文言文朗读进行评分的系统，经过一段时间的试用，高中语文教师反响良好，也提出了改进意见。

案例 3-1 基于语音识别的朗读作业对高中生文言文学习能力提升的研究

在语文教学中，文言文的教学一直是重点板块。在日常教学中，我利用长宁区教育数字基座，布置智学网线上朗读作业，检测学生文言文诵读情况。我发现，学生的朗读作业得分日渐提升，且该项作业提交都早于其他作业。在课堂上随机抽取学生进行课文朗诵，也发现学生的文言文诵读水平有很大提升。在课堂线上测试中，学生对文言文部分的掌握程度也明显高于未布置朗读作业时。

探究其机理，我认为是学生为了能得到更高的分数，或是为了与同班同学竞争，不断尝试朗读，在人工智能的反馈下学生的字音和断句越来越精准。在这一过程中，学生自发地多次反复诵读，加强了理解与记忆，故而提升了文言文学习能力。这一活动是自发的、充满学习热情的学习活动，而且不必面对老师，避免了一些内向的同学因为尴尬而不愿向老师背诵的情况。通过线上朗读作业，学生对文言文学习的积极性和学习能力都有了很大提升。教师参考人工智能对学生朗读的评判，对学生的朗读情况有了一个整体把握，可有针对性地细听学生得分较低的语句、段落，大大减少了工作量，提升了工作效率。

　　我在体验了学生端朗读后发现，人工智能对于一些通假字和多音字的识别还较差，读原字反而能得到高分。这样无疑会给学生留下一个错误印象。对于这个问题，我一方面在课堂上统一进行纠正，另一方面也联系了智学网工作人员进行修正。我还发现重读后系统仅仅是重新打分，具体哪一个字有扣分有加分未能显示，具体是语速还是语音语调的问题也未能显示，希望下一步可以做得更细，显示出学生的扣分点与得分点，更好地帮助学生自我改进。

——上海市延安中学　李孟飞

　　正像案例中所讲述的，长宁教师拥抱数字化转型，认真对待每一个数字应用，从赋能教育教学的角度认真分析数字应用的优缺点，并与技术人员对话，双方合作促成应用的迭代、优化，实现教育与技术的共同发展，最终使学生受益。

（二）资源辐射促成优质共享

　　针对空间布局分散的问题，数字资源的便捷储存、高效传送可以有效克服时空障碍，扩大优质资源的辐射面，有效抬高教育底部。整区推进教育数字化转型，在优质资源的开发和整合上更具规模优势，又通过统一的师生接口实现优质资源人人可达。上海市长宁区将数字基座与国家智慧教育公共服务平台、上海市教育数字基座对接，集成国家、上海市、长宁区、各学校四级优质教育资源，实现了多级优质教育资源的便捷共享。基于优质资源获取的便捷性，再加上区域广泛的宣传和培训，长宁教师利用优质资源提升教育教学质量的意识逐渐增强，能力也有了大幅度提升。下面的案例讲述了一位小学体育老师如何利用国家智慧教育公共服务平台的资源，线上线下相结合开展体育教学。

案例 3-2 小学体育教育数字化转型背景下学与教的案例研究

——结合国家智慧教育公共服务平台资源提升教学质效

一、结合国家智慧教育公共服务平台开展备课，智慧融合提升效率

体育教师结合国家智慧教育公共服务平台探索体育数字化教学模式。从课前准备、课堂互动、课后反馈、反思总结四个方面出发，体育教师根据课表提前观看国家智慧教育公共服务平台在线课程，围绕在线课程的重难点，着手撰写教案。根据国家智慧教育公共服务平台的安全要求，经过筛选、剪辑，制作互动 PPT，设计与教学内容相关的教学延伸视频，根据课堂内容要求及时布置作业，反馈与评价作业。同时挖掘、研究国家智慧教育公共服务平台的功能，提高学生体育课堂互动的兴趣性与参与性。课后及时开展组内教学研讨，反思学生参与情况和作业完成情况，总结课堂不足，及时改进。

以本案例中"立定跳远"为例，一年级的任课教师提前把握双脚起跳、落地轻巧等重难点。执教时创设"快乐的小青蛙"教学情境，根据双脚起跳、落地轻等动作要领来录制视频，通过观看视频，反复讲解重难点，出示简单的是非题"视频中是双脚落地还是单脚落地？"等帮助学生理解动作重难点，掌握双跳双落的技术动作。同时结合音频的轻拍与重拍提醒学生落地要轻，尽量做到双脚轻稳落地。结合国家智慧教育公共服务平台资源进行备课，提高了教师对重难点的把握，提高了教学时师生的互动性，提高了学生课中参与学练的积极性。

二、结合国家智慧教育公共服务平台在线教学，增强师生互动

切片重组、归纳重点

根据教学需要，充分吸纳国家智慧教育公共服务平台视频资源授课要点，将重难点进行切片再组。结合校情及学情，创设生动活泼、激发兴趣的环境，与校内体育教学资源融合，唤起学生继续学习的热情和创造的精神。本案例融合国家智慧教育公共服务平台"立定跳远"的重难点创设情境，利用 PPT 提炼出口诀"蹬地摆臂要同时，屈膝缓冲轻落地"。通过多种形式全方位刺激学生的视觉、听觉等，伴随着舒缓的音乐，配以形象的画面，使学生对动作的理解更清楚。后续学练时绝大多数学生的动作都是正确的，个别学生稍加指导后也都能顺利改进，保证了练习效果。

互动交流、激发兴趣

"问"是创造的开始，有了对事物的兴趣，就会进行研究，问题及困惑也就随之而生。教师要充分解放学生的嘴巴，鼓励学生质疑问难。激起"问"的兴趣，养成"问"的习惯。利用国家智慧教育公共服务平台中教师创设的问题，引导学生发现问题、解决问题。在课上引导学生问答，并积极表扬学生，引导、鼓励学生尝试解决问题，体验到"问"的乐趣。本案例中设置了"青蛙小侦探"，鼓励学生想一想"他为什么跳得远"，如此增加学生间、师生间的互动交流，提高学生的参与度，激发学生学练的兴趣。

评价反思、课后延续

直播互动结束后，执教老师可以通过国家智慧教育公共服务平台的评价卡及时了解学生当天课堂学习掌握情况，通过布置课后运动作业任务，更好地实现体育作业的反馈与评价功能。本案例课后，也进行了相应的立定跳远打卡作业，帮助体育教师及时了解学生居家锻炼情况。通过展示优秀学生的练习作业、教师的点评及总结，让学生再次明确立定跳远的重难点以及体育作业的重要性。鼓励学生自主自愿地参与体育课外互动练习，提升学生居家运动的自觉性、有效性和持续性，让学生自主运动、爱上运动，更好地激发了学生参与体育锻炼的兴趣。

——上海市长宁区绿苑小学　陶天明

针对共享机制问题，整区推进的教育数字化转型建立了以共建带动共享的常态化机制。教育行政牵头，教育学院组织，向全区征集确定主题的优质资源，并在资源开发中给予专业支持，最终筛选、汇总优质资源通过数字基座全区共享。一方面，通过组织优质资源的共同创建，自然形成共享状态，促进教育均衡；另一方面，教师在参与资源创建、使用的过程中实现专业发展，资源在复用、迭代中实现扩大和增值，促进优质发展。

以优质作业资源为例，长宁聚集全区骨干教师，在教研员的带领下设计了上万份优质作业，涵盖初中语文、数学、英语、物理、化学五门学科，供全区初中师生选用。2022 年以数学作业为试点，开始对六、七年级上册作业使用数据进行分析，以区分度为核心指标，结合表达科学性、类型多样性、目标一致性、时间适切度、难度匹配度等多项指标，从 2458 份作业中筛选出 1575 份优质和次优质作业，619 份普通作业，71 份需修改作业，193 份需替换作业。2023 学年开始，全区六、七年级师生共享更加优质适合的作业。

（三）赋权增能促成持续发展

教师是数字化转型的主要力量。为激发教师活力，需要形成赋权增能的工作机制。赋权的目的在于让教师愿意投入其中。教育数字化转型是新生事物，教师参与的过程也是学习的过程。研究表明，如果学习者相信他们能够控制自己的学习环境，则他们更有可能接受挑战并坚持执行艰巨的任务。[①] 教育数字化转型整区推进的方式可以为教师提供公平、开放、包容的参与环境，

---

① 转引自：马雷特，等. 人是如何学习的 II[M]. 裴新宁，王美，郑太年，译. 上海：华东师范大学出版社，2021：119.

更大的展示平台和更多的资源，让教师在参与的过程中拥有更多自主性。上海市长宁区首先建立了从根本上赋权教师的基本行动框架，即区域搭平台、教师可参与、成果易共享、交流促发展的工作机制。

以数字应用的开发为例。2022 年长宁面向全区教师开展低代码数字应用搭建大赛，为教师深度参与数字化转型提供平台，并建立准入、审核、评估、复用、淘汰、优化的管理机制；教师自由选择是否参与，自由选择参与开发的数字应用的类型；所有教师均可通过数字基座选择适合的数字应用赋能教育教学；区域挑选复用率较高的数字应用，邀请参与开发的教师在区域范围内进行交流、宣讲，分享辐射优秀经验。这一赋权教师的行动框架给予教师平等参与、选择的权力。"如果学习者能够有机会做出有意义的选择，即使这些机会很小，也可以为他们的自主性、动机以及最终的学习和成就做出支持。"[①]事实也证明，赋权确实带来了教师的投入：256 位教师主动参与低代码数字应用搭建大赛，共开发 191 个数字应用，其中 27 个优秀应用在全区较大范围内得以复用。更重要的是，这一框架激活了教师和区域教育数字化转型发展同向而行、相互促进，符合政策落实和利益相关者激励相容原则[②]，调和了政策落实的行政驱动和民间驱动之间的矛盾[③]，具有较强的可持续性和自驱动良性循环的潜力。

在教师的赋权增能理论中，增能是关键，甚至是赋权的前提，因为增能可以增强教师参与的价值。[④]整区推进的方式在教师深度参与的过程中，给予了更多方面、更有力的支持，实现了增能和参与的相互促进。上海市长宁区在数字基座上专门开辟低代码应用搭建工具专区，配以教学视频，供全区教师随时学习尝试，鼓励教师利用低代码搭建，将教育教学的现实需求用数字

① 转引自：马雷特，等 . 人是如何学习的 II [M]. 裴新宁，王美，郑太年，译 . 上海：华东师范大学出版社，2021：119-120.

② 杜育红，郭艳斌 . 新时代教育体制机制设计：公益性的坚守与微观活力的激发 [J]. 教育与经济，2022，38（2）：3-9.

③ 叶姗姗，何杰 . 教育政策县域执行的传统路径分析与路径创新 [J]. 当代教育科学，2017（11）：26-29.

④ 转引自：辛枝，吴凝 . 教师赋权增能理论对促进教师发展的理论意义 [J]. 外语界，2007（4）：69-73.

化的方式表达并满足。开展常态化培训，或区域集中，或送培入校，针对基座资源、应用利用、数据分析等内容，提升教师数字素养。在低代码数字应用搭建大赛期间，组建专家团队，建立专属答疑群，提供 24 小时在线技术支持。目前，长宁初步形成了富有活力的改革氛围，教师在基座上自发建立了名师工作室、学科研修小组、项目研修团队等动态群组，将运用数字工具赋能教育教学作为重要议题，分享运用经验和心得。

当教师理解、认同教育数字化转型，并且具备使用甚至创新数字应用的能力时，所爆发出的创新力异常惊人，赋能学校管理、课堂教学、教师专业发展等各方面工作的举措和效果超乎想象。

案例 3-3　构建"智慧岛屿"　赋能"活力学习"

——"小元宝智慧岛屿"低代码应用案例

"小元宝智慧岛屿"为上海市开元学校小学主题式综合活动课程"小元宝智慧之旅"的配套应用。本应用依托长宁数字教育基座，以"传统节气真有趣"系列活动为主题，提供课程资源共享、学生活动成果上传、同侪激励互动等多种服务，形成"小元宝智慧岛屿"低代码应用，赋能学生智慧学习。

一、案例背景

1. 时代背景：促发展为驱动

党的十八大以来，教育事业发生了历史性变革。如今中国正处于百年未有之大变局，新时代人才培养与教育呈现素养取向和全人格局的特点。高质量育人方式要求处理好知识与价值、努力与兴趣的关系；关注生活逻辑，帮助学生认识自我、发展自我并实现自我；延展学习时空，关注个性需求，促进多样化发展，真正做到全面综合评价学生素质；构建学校、家庭、社会协同育人的教育生态，形成高质量保障机制。建设高质量教育体系要树立正确的质量观，关注育人质量本身，促进教育公平，提高教育效率，推动教育多元化发展，进一步凸显教育的可持续发展与前瞻性。研创低代码应用为关注学生个性化学习需求、实现学习时空的延展、促进学生自我认识与成长提供了科技驱动。

2. 课程背景：融智慧于成长

为推进上海市小学低年级主题式综合活动课程实践探索，促进幼小有效衔接，深化"零起点""等第制"重要举措，上海市开元学校精心研发"小元宝智慧之旅"主题或综合活动课程，以"儿童慧学、教师慧育、家长慧爱"的协同育人教育生态为导向，引领学生走进自我、社会与自然。

学校将实践学习积极融入课程体系，以"开元至诚、固本修德"的育人精神为指引，融合传统文化与当代教育理念，打造开放式学习空间，使学生在动态多元的新课程体验中浸润校园文化、形成个性化学习方式；以日月星辰为老师，以多彩植被为课本，在科学、艺术、地理、建筑、文学、心理、农学等方面的跨学科培养中，"慧玩""慧学""慧成长"。在"传统节气真有趣"主题学习活动中，孩子们以万物为启蒙，在新奇多样的民俗体验中感受中国古人的伟大智慧。每个节气都是学生期待的节日：秋月圆心儿甜，寒意娇心儿暖，逢清明树初心，迎夏至"荟"童心。课程跟上了自然的脚步，跟上了学生成长的节奏。

3. 转型背景：以智慧焕生机

长宁区作为上海市教育数字化转型试点区，为优化"小元宝智慧之旅"主题式综合活动课程体系、进一步激发课程潜力提供了契机。作为"数字原住民"的当代小学生正期盼着更广阔的学习时空，渴望更多元的学习分享平台，记录智慧足迹，实现智慧成长。

综上所述，学校深度挖掘长宁数字教育基座低代码开发平台的功能，盘活现有主题学习活动教育教学资源，搭建学生学习与展示的平台，通过师生互动、生生互动即时反馈鼓励，发展学生自信，使"小元宝智慧岛屿"充满生机与活力，持续赋能学生"活力学习"。

二、应用过程及措施

"小元宝智慧之旅"主题式综合活动课程坚持尊重儿童兴趣爱好，以儿童喜闻乐见的活动主题统整各类活动，设计丰富多彩的活动形式与富有童趣的任务内容，激发儿童的学习兴趣，驱动儿童积极参与活动，提升综合素养。低代码应用"小元宝智慧岛屿"的出现为"小元宝智慧之旅"主题式综合活动课程提供了全新空间，为"传统节气真有趣"主题学习活动提供了全新的呈现方式。为实现低代码应用"小元宝智慧岛屿"在线上与线下教育教学场景中的实际应用，在应用研创伊始，就依照培训要求设计需求确认清单。

应用搭建完成后，学生借助长宁教育数字基座查看"小元宝智慧岛屿"中的学习内容，通过公开表单等方式上传活动成果，并进行自评、家人评、同伴评等多元评价，增强学生学习自信；教师借助"审批"功能查看学生活动成果并进行评价。

三、应用成效及创新点

1. 界面清新易懂，使用体验友好

"小元宝智慧之旅"主题式综合活动课程是孩子们喜爱的课程，低代码应用"小元宝智慧岛屿"也应成为孩子们钟爱的应用。在开发前的构思阶段，将小学生及其家人设定为本低代码应用的目标主体，在界面设计过程中遵循以人为本的重要理念，秉承"以学生为中心"的育人精神，将科学技术与人文关怀相结合，开发富有童趣的使用页面，并将纷繁的表单以添加条件等方法进行隐藏，在首页保留最重要的"学习""查看""评价"功能按钮，将关爱蕴于科技，简化操作，留住孩子们最珍贵的成长时刻。

需求确认清单-小元宝智慧岛屿

"小元宝智慧岛屿"应用需求清单

角色	需办理业务	功能	数据	端口
学生	上传	上传学习成果	申请人、上传时间、上传内容	Web、APP
学生	查看	查看记录统计	提交成果总次数、成果类型分布、评星记录	Web、APP
学生	上传	评价同伴作品	申请人、上传时间、上传内容、评星结果	Web、APP
教师	发布活动要求	发布学习内容与学习提示	申请人、上传时间、上传内容	Web、APP
教师	审批	查看、审批学生作品	申请人、上传时间、上传内容	Web、APP
项目管理员	数据管理	管理师生数据	学生提交成果、上传时间、上传内容、审批内容	Web、APP

"小元宝智慧岛屿"应用首页

2. 活动丰富多彩，呈现学生风采

"传统节气真有趣"主题学习活动与学科课程有机融合。读节气绘本、诵节气童谣、手绘创意图画、探索冰雪小实验……，课程资源相互成就，学习不再被"框"在书中，不再被"拦"在钢筋水泥的教室之内，多元背景下的课程有了"源头活水"，打通了课程与生活的天然通道，呈现了互惠共赢可持续发展的新局面。

为了在低代码应用"小元宝智慧岛屿"中尽可能呈现丰富的教育教学资源，激发学生自主学习的动力，构建多学科协同育人的良好生态，在研创学习页面的过程中设计以学生为中心的驱动式任务，使用文本等组件，展现节气知识与活动提示；统整上传页面，合理设计表单与业务规则，便于学生上传各类型文件，为学生多样展现学习风采提供了技术支持。

3. 同侪欣赏激励，提升综合素养

学生是鲜活的个体，良好的社会性与正确的价值观的形成是一个缓慢且相对隐性的过程。"小元宝智慧岛屿"作为陪伴孩子们成长的低代码应用，应该能够增加学生的学习意愿，使学习成为学生积极追求生命价值与意义的契机；让学生在与同伴互动的过程中互相赏识，在实现自我的舞台上尽情绽放；在教育数字化转型的背景下，让学生在互动中增进感情，在鼓励中感受自身的价值，"慧"创七彩童年。

清新的界面设计和多种功能的实现离不开工作流的清晰化与简明化。本应用通过"审批"功能实现教师对学生成果的查看与评价，并以亲切的评语激励学生成长；通过整合表单，进一步简化同侪欣赏评价流程，并将学生的成长记录以"评星""集星"等直观的形式加以呈现，符合小学生的身心发展特点与需求。学生仅需在应用首页点击"查看我的智慧足迹"，即可一键到达个人学习记录页面，上传学习成果、查看同伴评价详情，可以激发学生的"学习内生力"，为后续学习奠定良好的基础。

四、反思与构想

低代码应用以快速、轻松、灵活的优势，为研创者提供了简单易操作的开发平台与模式，在进一步盘活现有教育教学资源、实现智慧教育教学等领域展现了独有的价值。

在今后的研发过程中，"小元宝智慧岛屿"定会伴随孩子们的成长而不断优化、持续更新，丰富教育教学资源。期待低代码应用开发平台在今后能包容视频等更多文件类型，提供语音识别功能，赋能低年级学生活力互动，为孩子们的智慧学习提供更精彩的学习平台与科技支持。

——上海市开元学校　李佳晔

第三节　丰富易及的数字应用资源

基于教育数字化转型标准开放这一特点，数字基座上原生数字应用、快速接入的第三方数字应用、学校教师自主开发的低代码应用并存，呈现百花齐放的良好生态。再加上数字应用接入、监管、复用、优化、淘汰的机制，能够有效筛选、留存真正贴合需求的应用，高效赋能教育教学。

一、区域数字应用管理系统

（一）数字基座应用分类

按开发主体划分，数字基座应用可分为区域统一建设的标准化应用和学校自主建设的个性化应用。区域统一建设的标准化应用包括基座自带的原生应用、区级集约化建设优化的第三方应用，以及根据学校的共性需求统一建设的低代码应用。学校个性化应用包括学校申请接入基座的第三方应用，以及自行建设的低代码应用。学校自建的个性化应用如果能够满足更多学校的共性需求，也可以由区域进行升级开发，转化为区域标准化应用。

按应用类型划分，数字基座上有原生应用、第三方应用和低代码应用三种类型。数字基座在建设初始就提供了覆盖教、学、管、评、研各业务的21款原生应用，各教育单位可无差别使用，助力学校迅速实现数字校园建设。第三方应用是指由厂商提供的各类应用，包括从市级应用市场下发的应用、区级统建的第三方应用，以及各校申请接入基座的第三方应用。低代码应用指区域或学校通过基座低代码开发平台开发的应用。

按应用层级划分，数字基座上有市、区、校三级应用。市级应用指从市基座管理平台上分发到区校的应用，区级应用指区域统一建设的应用，供学校按需选用，校级应用指学校自建自用的应用。学校可申请所需市、区两级应用分发到校，校级应用可实现学校间复用，从而升级成为区级应用，区级应用如果具备完善的功能模块和典型的应用场景，亦可申请成为市级应用。

（二）数字基座应用管理

1. 应用接入与审核

除基座自带原生应用外，其他第三方应用均需按照接入流程规范接入基座。组建"数字基座项目组"负责应用管理。由应用业主方（学校等教育单位）提出应用接入基座的诉求，在基座上发起申请流程，在线填写应用接入需求表。数字基座项目组负责业务管理审核，基座服务商负责技术审核，审核通过，基座服务商则同应用提供商针对对接方案进行细节沟通，并将对接方案反馈给数字基座项目组，由数字基座项目组通知应用业主方，启动应用对接。应用业主方同应用提供商一起完成应用接入和验证，基座服务商提供技术支撑。应用接入验证完成后，由数字基座项目组进行信息归档。

对于市级应用的接入，从市级应用管理平台申请下发应用后，需要按照以上第三方接入流程与基座进行对接（见图3-3）。对于学校使用低代码工具搭建的校级自用应用，测试与审核权限下发至学校，学校是应用审核与应用责任的主体。只有经校内用户测试和校内审核后才可上架应用并将应用分发至学校数字基座开放使用。

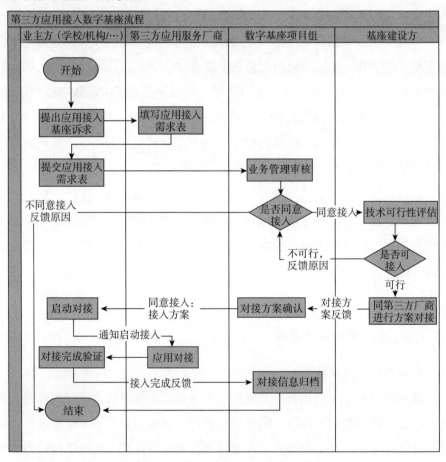

图3-3　第三方应用接入数字基座流程

2. 应用监管与评价

基座对各应用内容进行技术监控，监测其是否含有违法、违规内容，是否包含侵犯他人知识产权的内容，是否含有恶意代码或病毒等。定期对已上架的应用进行随机抽样检查，包括应用内容安全与行为监管。用户在应用使用过程中，如发现应用存在用户体验问题、使用问题、违法违规问题等，可通过基座线上反馈。出现违规问题，将限期进行整改，严重问题将直接下架应用，待整改完成后重新进行上架。如存在特别严重的问题则将该应用开发者列入黑名单，不再允许进入基座应用生态。（见图 3-4）

所有上架基座的第三方应用，接受用户的浏览、评分、评价和投诉。对于评分较低或投诉较多的应用，将进入应用整改或应用淘汰流程。基座应用中心展示每个应用的评分和评价，以供其他用户参考。对于市级接入应用，其在使用过程中产生的使用数据以及收到的评分数据、问题反馈数据，由学校数字基座同步至市级管理平台。

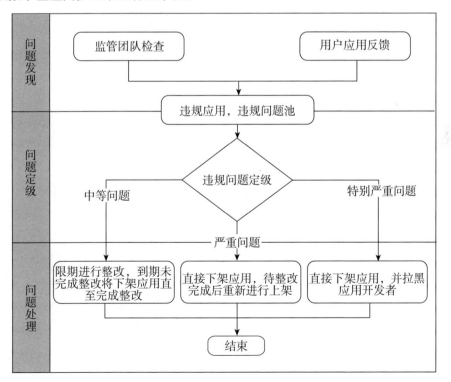

图 3-4　应用监管流程

3. 应用迭代与复用

对于已上架的区级应用，将定期通过调研或用户反馈收集应用使用问题和业务需求，通过对问题和需求的分析识别出区域的共性业务需求，以及困扰用户的使用问题，推动应用供应商对应用进行优化迭代（见图 3-5）。对学校自主采买或通过低代码工具开发的个性化校级应用，经学校自荐或数字基座项目组挖掘，通过对应用流程、应用成效、应用性能与安全等方面的调研与考察，将应用效果好的校级应用进行标准化转化，升级成为可供其他学校复用的区级应用，可供复用的低代码应用汇聚在低代码场景库中供学校查看、复用。学校在统一使用标准化的区级应用时，可根据校本需求自行开发低代码应用，实现与区级应用的对接，拓展适用于本校的应用功能；学校可从基座提供的低代码场景库中选择、复用低代码应用，并可在此基础上进行个性化的调整升级（见图 3-6）。

应用开发者可在保留原有版本的前提下，对应用进行更新迭代，以增加新功能、修复已知问题、提升应用性能，整个过程需经数字基座项目组监管、审查（见图 3-7）。

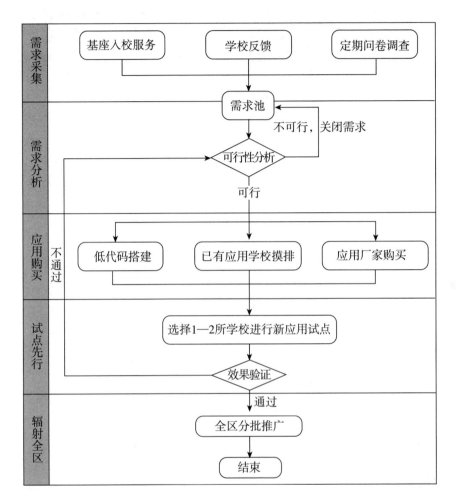

图 3-5　区域共性需求响应流程

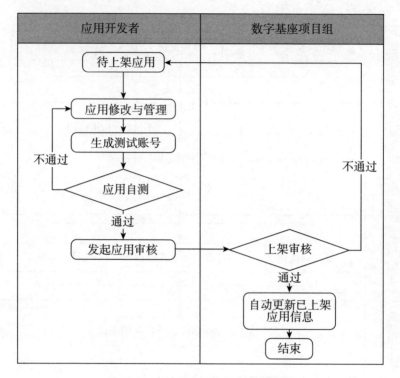

图3-6 个性化应用标准化复用流程

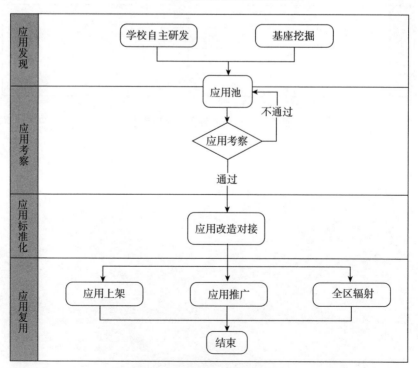

图3-7 应用版本迭代流程

4.应用淘汰与下架

为确保应用质量和用户体验，对使用率较低、用户体验较差的应用，将对其进行淘汰下架处理。具体流程为：数字基座项目组定期巡查应用使用情况、应用活跃情况，对每季度应用活跃度倒数前五的应用和周期内平均月访问人次小于100的应用，以及出现严重问题或投诉较多的应用，启动应用淘汰预警，并通知应用单位和应用开发商；进行应用淘汰复审，从页面设计、功能完整性、应用稳定性、用户支持度等维度对应用进行综合评分，确定是否正式进入淘汰流程，并向应用单位和应用开发者告知复审结果及改进建议，设定优化期限，对于未按期完成优化的应用，将对其进行下架处理，与开发者进行沟通和解释，鼓励开发者进行改进后再次提交（见图3-8）。

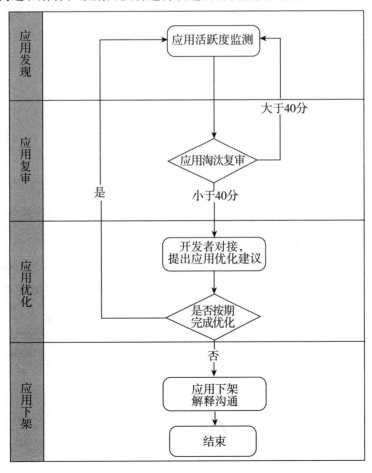

图 3-8　应用淘汰流程

（三）应用模式迁移

通过基座平台数据分析与实地深入调研，将优质的校级低代码应用提炼升级为区级低代码场景库，支持全区各校自由复用，改造为符合个性化需求的校本应用，提升整区建设效益。当前全区提炼低代码场景库共 27 个，场景库复用超过 100 次，其中幼儿园、小学学段受益显著。区域内优质案例为其他学校提供了清晰、直接的参考蓝本，帮助信息化起步校快速开展应用，降低筛选评估成本，利用后发优势，实现信息化水平的均衡发展。在一贯制、集团化办学的背景下，学校也更能够发挥小范围内的共建优势，将单学段、单校区、单学科中使用效果较好的低代码应用快速推广至全学段、各校区、全学科，复用者可根据自身需求进行个性化调整，大幅度减少了重复搭建成本。应用的复用转化能够促进学校管理与教学模式的相互借鉴，推动学校转型经验的迁移与演化。

以建青实验学校在防疫期间搭建的访客管理低代码应用为例。一方面，它为特殊时期学校师生安全健康防护提供了抓手；另一方面，它为区域其他学校的数字校园生态建设提供了参照，短短两个月内就有近 20 所幼儿园、中小学、高中复用了该应用，实现了低成本、零门槛的减负增效，形成了百花齐放、充满活力的数字化转型生态。

对于这些可快速复用的场景，教师不仅节约了应用搭建的时间，更能够快速学习优秀实践案例的经验，了解其他学校的教学管理模式，从而打造本校系统化的转型方案。例如，在诸多复用了访客管理低代码应用的受益学校中，上海市第三女子初级中学发挥了设计创意，将学校访客管理低代码应用嵌入学校公众号中，让家长等外来访客能够更轻松地获取登记渠道，申请信息实时流转至拜访教师处，实现了动态协同办公。

在群体性的复用建设过程中，部分教师大胆创新，结合学校育人特色拓展多元化的应用场景。娄山中学学生在生物教师的指导下参与校园植物介绍低代码应用建设，完成了校内 50 种植物图文视频的制作、上传、展示，并制作二维码小型展板放置在校园各株植物边，即使植物更换、信息更新也能保留展板实物，仅需要修改应用内的多媒体素材即可，培养了学生绿色低碳、高效环保的公民意识。该应用被区域内多所中学快速复用，其中延安初级中学将其与学生的科研探究活动深度结合，演变出全新的数字化学习场景。在学校的智慧种植数字化学习项目中，学生使用低代码开发平台搭建了电子学习单，并结合课题探究主题配置了不同变量关系组的动态图表。学生结合校园阳光房内智慧物联系统实时捕捉呈现的环境数据，测量、记录、上传实验数据，极大地提升了实验探究的自由度，拓展了学生的科研思维的广度，打造了学生参与的数字化研创的新模式。

长宁在六、七年级数学学科全覆盖建设"纸笔同步课堂系统"。这是为教师及时提供学生学习数据、助力精准教学的数字应用。在这一应用框架下，上海市第三女子初级中学开展"基于证据"的教学实践，充分运用数字学案、互动答题、对比讲评等功能。其中数字学案的使用贯穿整节课，帮助教师实时看到每位同学作答的进度和情况。该应用在区内多所学校得以复用。

二、区域特色数字应用

1. 课后服务

面对"双减"带来的共性需求，区域统筹开发"课后服务管理平台"，强化课程督导，提高选课排课效率，优化服务供给。课后服务应用支持学校对课后服务课程进行统一管理；支持教务管理，包括排课、分班、选课报名等；支持授课管理，包括学生请假管理、学生考勤管理、代课管理、第三方教师出勤管理、教学反馈与评价管理、巡课管理。管理者可及时了解课程内容与开设体量、师生出勤率与评价反馈等关键指标，实现对课程质量的精准监管，及时预警和干预。针对家校沟通的需求，"课后服务管理平台"与上海市"随申办"APP完成认证对接，实现跨平台的双向登录，便于家长通过"随申办"快速选课、查课、请假等，所有数据回流到数字基座。

课后服务应用先在上海市虹桥机场小学试点建设，根据试点学校的实践需求完善平台设计，再推广到 6 所学校，收集更多反馈意见，应用成熟后，覆盖到所有初中和小学。目前课后服务应用运行良好，积累了大量相关数据，针对提升课程质量与优化课程结构的需求，继续对平台进行迭代优化，进行课程数据分析，支撑学生德智体美劳全面发展。

案例 3-4　"云"管理促进课后服务再"升级"

学校依托教育数字基座，基于"课后服务"功能，通过"三式"举措，努力解决学生、家长、老师的烦恼，实现智慧管理，开启课后服务新天地。

（一）"自助式"线上选课

为了切实保证社团选课的科学性、公平性及便捷性，学校开放平台"在线选课"功能供学生自主选课。选课开始前，学校将上课时间、教师安排、课程内容等信息导入平台，家长和学生事先可浏览学校上传的课程信息，根据学生的兴趣和时间等主客观因素，做出选择。选课结束后，平台自动统计生成不同课程学生名单及学生个人课表，方便学校后续统计，也让家长与学生明晰选课情况，合理安排放学时间。

2023 学年第一学期选课完毕后，数字基座上显示课后服务课程的选课结果清单，包括桥牌、定格动画、飞扬健美操、空手道、科学实验、科普美术等课程。以"科学实验"为例，基座上的清单显示：上课时间为星期二第 9 节（16:30—17:30），上课地点为教学大楼 1 楼，任课教师为包老师，选课人数为 24 人，剩余人数为 0 人。

（二）"一'键'式"打卡随拍

学生考勤是校园安全的重要组成部分，评价和诊断是保证课程质量的关键。教师登录移动端，只需轻轻一点，即可批量处理学生签到情况，一键提交学生考勤，自动生成学生签到统计，出勤次数、缺勤次数、总课时数等一目了然；教师只需随手一拍，上传图片与视频，勾选相关选项，即可自动生成相应的阶段性评价，记录学生课堂表现，形成一生一档案。

以"小小金话筒（一、二年级）"课程为例，任课教师在手机端活动列表中找到这一活动，点击"打卡开始活动"，可跳转参与活动的所有班级，若点击某一个班级，可跳转参与互动的学生列表。教师在班级页面可进行打卡签到情况标注，在学生页面可进行请假、迟到等情况标注。

（三）"随机式"查阅监管

学校负责人可随时登录 PC 端，查看当天课后服务的人员调配、课程安排与上课地点等基本信息，在线掌握学生参与数据，随机检查教师教学情况，了解课程受欢迎程度等，实现"云端"巡课常态化。

以 2023 年 12 月 28 日为例，学校汇总查看中，可以看到不同时段作业辅导班级的辅导教师和参加学生数量；延时托管时段的辅导教师是李老师，7 个学生参加；一、二年级有 25 个学生参加了毛老师辅导的"活力啦啦操"社团活动，一、二年级有 22 个学生参加了苏老师辅导的"科学趣玩"社团活动，二年级有 16 个学生参加了夏老师辅导的"健美小将"社团活动，三年级有 9 个学生参加了杨老师辅导的"足球队训练"社团活动，三、四、五年级有 9 个学生参加了詹老师辅导的"沙画"社团活动，三、四、五年级有 25 个学生参加了沈老师辅导的"舞蹈队"社团活动等。

——上海市长宁区天山第二小学　周亚妮

2. 纸笔同步课堂系统和数字作业

纸笔同步课堂系统和数字作业是同一个数字应用分别在课堂教学和课后作业上的运用。在不改变学生传统书写习惯的前提下，通过智慧笔无感伴随式数据收集，既能及时掌握学生的学习状况，也能避免使用电子产品对学生视力的伤害。这一数字应用覆盖课内课外，联通线上线下，以数据分析赋能精准教、个性学，促进学生终身发展。课上，班级整体和学生个体的完成度、完成时间、正确率等得到及时统计，据此教师授课的重点和节奏得以调整，匹配学生学习的真实需求。同时，借助智慧笔的笔迹和摄像功能，在互动屏幕上实时呈现学生完成作业的真实步骤，成为课堂教学即时生成的资源，有助于学生相互交流学习。课下，除了对作业的统计和复盘功能，还能够根据长期跟踪数据，智能分析知识掌握程度等学习结果，综合评估毅力、习惯等学习品质，跟进学生对薄弱知识点的学习和练习，给予有针对性的学习指导，避免机械、无效、重复性作业，切实减轻学生作业负担。比如"情感调节"中的"毅力"维度，主要以难题尝试度、难题回顾率、错题订正率为主要指标，将学生完成纸笔作业的作答时长、起止时间、笔画数、作答顺序、是否订正、订正时间等数据进行分析，再与教师对学生的观察了解进行比对，得到每一位学生的评估结果。

上海长宁在一所初中先行试点"数字作业"场景，总结经验后，在全区六、七年级全覆盖建设数学学科"数字作业"。借助长宁传统分层作业的优势，通过智慧笔采集作业过程性和结果性数据，已形成一定规模的数据资产，不仅能为单个教师的教学赋能，而且开始进行校际数据贯通后的横向分析，探索常模，为教师的整体评价和教学诊断提供依据，为学生的分层学习提供依据，助力实现因材施教。

案例 3-5 以"纸笔同步课堂系统"助推初中数学讲评课效度的实践研究

笔者选定沪教版六年级下册第五章第 2 节有理数运算的单元练习讲评为传统课堂教学内容，第六章一元一次方程解法的练习讲评为使用"纸笔同步课堂系统"课堂的教学内容，进行了对比教学的实践研究。

1. 备课环节

为了尽可能多维度、全方位地进行对比研究，笔者在备课时对这两节课的教学设计保持高度一致，均分为五个环节：错题反馈、巩固练习、综合拓展、变式提升和课堂小结。以下是笔者从讲评课课前学生错题收集和巩固练习两个维度进行的对比说明。

教学环节	传统讲评课备课	"纸笔同步课堂系统"讲评课备课
错题反馈	制作 PPT 时，教师根据批改印象，拍照截选学生单元练习中的错题	直接在网页中找到智慧作业报告，根据大数据统计选择得分率低的题目，通过每道题的作答详情提前标记出"典型错题"和"优秀作答"
巩固练习	制作 PPT 时，教师从课外教辅或其他资源平台选取同类题进行巩固	直接在网页中针对典型错题选择"类题推荐"，教师可以选择题库中的题目，也可以自编题上传练习

2. 课堂环节

在课堂实施中，除了传统讲评课的教学流程外，使用"纸笔同步课堂系统"的课堂增加了大量的数据支持和实时监控。以下是笔者从讲评课课堂错题反馈和巩固练习这两个维度进行的对比说明。

教学环节	传统讲评课	"纸笔同步课堂系统"讲评课课堂实施
错题反馈	教师口头反馈本次练习班级学生整体作答情况，通过PPT或实物投影反馈练习中错误率较高的题并进行讲评	学生可以通过智慧作业报告中的三张统计图，直观地看到班级作业整体作答情况、每题正确率、每题平均作答时长。教师展示提前标记好的"典型错题"进行讲评，让学生自主找出错因，归纳总结易错点
巩固练习	教师通过PPT展示变式练习的题目，学生在笔记本上进行作答。课堂评价反馈主要以单个学生作答情况进行实物投影展示，全班共同讲解，讲评后学生自主订正	教师通过类题推荐直接在大屏上显示变式题目，学生在铺码练习本上进行作答。教师可以实时监控学生作答情况和思维过程。在课堂评价反馈时，可以挑选若干个学生的作答进行对比讲评，讲评后选择"当堂订正"，教师可以实时查看学生订正情况

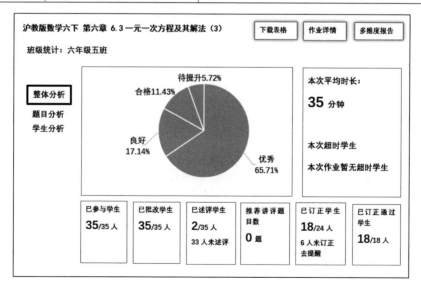

——上海市天山初级中学 沈文馨

3. 知识图谱

知识图谱的构建是实现学生自适应学习、个性化学习内容推送的基础性工作，也是上海长宁正在着力探索的一项工作。以小学数学为试点，研究数学知识点、数学思维、学科素养之间的层级关系和相互联系，建构起多个维度的立体的学科学习网络。同时辅以标有数学概念、思维方式、难度等级等多项标签的练习，组成题库。当学生在某一项或者某一类练习中持续出错，人工智能将根据知识图谱进行数学学习基础和风格的分析，进而有针对性地推送相关练习，辅助教师的个性化辅导工作，减轻学生的学业负担。

上海长宁以三所小学为试点，开展小学数学知识图谱的研究。目前已经过几轮调试，正在逐渐提高人工推送的精准性。

案例3-6 基于长宁数字基座下的"知识图谱"作业助手应用案例

练习、作业，精准设计

基于"知识图谱"学科题库资源，教师可以依据阶段学习内容从市级高质量作业、区级分层作业、校本作业、练习册、课外辅导练习等多项资源中选用相关针对性练习，也可在相关作业中进行修改与调整。题量、难度、题型都可以根据学情自由把控，作业题单制作完成后，在不改变学生和教师纸质作业习惯的情况下，打印纸质题单并发给学生进行纸上答题。

作业批改，智能选择

学生完成作业后，可通过 APP 进行照片、视频等的上传，一般也可以通过"AI 作业一体机"，把学生完成的纸质题单扫入后台，教师可根据题目的类型，选择 AI 智能批改或手动批改。批改完成后通过"AI 作业一体机"打印出留有批改痕迹的纸质题单下发给学生进行讲评、订正。

作业反馈，学情分析

"知识图谱"作业助手可以对当日的学生作业情况进行分析，实时产生学情报告，教师可随时掌握学生学情，查看单次作业学情、阶段学情。教师可以根据单次作业或阶段性学情分析数据，分析班级、个人学习状况，根据整体学情调整作业内容，同时及时调整教学内容和策略。

错题整理，定人定向

学生和家长可以在 APP 端查看作业错题情况，及时发现问题；学生也可通过题目讲解视频进行自主学习，及时查漏补缺；平台根据学生过程性数据自动生成错题本，并推送针对错题的练习，学生在家可根据需求进行打印，有效摆脱重复低效的题海战术，提升学习效率。

阶段分析，科学有效

教师在一个阶段后可以查看阶段学情分析。平台通过一个阶段的练习、作业批改数据形成阶段学情分析，形成班级、年级阶段学情统计，为教师阶段总结和后续教学改进提供科学依据。

——上海市长宁区愚园路第一小学　方洁

4. 幼儿健康管理

为落实"幼儿发展优先"理念，实现更高层次的普惠、优质、安全，区域集中调研走访后聚焦"幼儿健康管理"场景，基于数据治理建设家园共育的幼儿健康数据采集及推送机制。基于数字基座的底层数据融通能力，依据科学量化的幼儿健康标准，多终端、无感知、智能化、集约化地开展数据采集，在减轻教师、家长信息填报复杂度和工作量的同时，提升幼儿相关数据的真实性和准确性。在统一标准下开展数据存储、清洗加工等活动，打破数据孤岛，面向家长使用低代码工具系统化推送幼儿菜谱、健康体测数据报告等内容。

案例 3-7　长宁区幼儿膳食管理在幼儿营养与健康管理平台中的应用

一、应用措施

1. 学校的基础信息。主要用于创建和管理幼儿园的班级、学生和教师信息，可对幼儿园班级、学生和教师信息进行新增、编辑修改和删除操作。

2. 膳食营养管理。食材库的食材内容由区级管理平台进行统一导入，可通过搜索食材名称、所属分类和筛选标签，选择自己想要查询的食材，食材内容主要包含可食部分、蛋白质、脂肪、碳水化合物和热量。

3. 营养月度分析。主要展示人数表、折合人日统计表、营养元素平均供给量配置表、食物累计统计表、食物营养成分表、食物营养成分主要来源表、人日消耗食物统计表和记账法膳食调查评价表，对生成的表格进行批量和单表下载。

2023年04月01日 → 2023年04月30日

改进措施　　改账法膳食调查评价表　　人数表　　折合人日统计表　　营养元素平均供给量配置表

改进措施

1. 平均每人每日蛋白质摄入量为52.66克，达到平均供给量的111.57%，摄入量偏高；

2. 平均每人每日热量摄入量为1405.06卡，达到平均供给量的93.98%，摄入量好；

3. 蛋白质、脂肪与碳水化合物的比值为1:0.92:3.7，三大营养素摄入量达到标准要求；

4. [动物+豆类]蛋白质的摄入量占比达到标准要求；

5. [动物+豆类]热量的摄入量占比达到标准要求；

6. 深色蔬菜和浅色蔬菜的人均摄入量比值为3:1.55，比值适中；

7. 盐类每人每日摄入量为2.7克，正常；其中盐为2.03克。

4.营养配餐管理。

学生出勤上报：按照每班学生每天的出勤情况，填写出勤人数、每餐总人数，可以随时修改数据，进行确认上报。

食材每日上报：选择食材上报的日期，点击"添加当日食材"按钮，在食材名称框中填写食材名称关键字，搜索食材库里的食材，并填写当日的采购数量，可选择净重和毛重的计量方式，填写完毕后，数据会自动统计到月度食物累计统计表中。

二、应用成效及创新点

每日将菜品与人数输入平台系统中，可查看营养月度分析情况，根据指示说明对次日菜品份数、每日定量进行调整，以免造成月度结算时的巨大误差，更精准地掌握每日膳食评价的标准点。

1.同类食材和同类品牌具有更多明细。例如，某品牌牛奶包括纯牛奶、全脂牛奶、脱脂牛奶等，每一品种的牛奶中蛋白质和钙的含量是不同的。

2.同一肉类的各部位营养成分有更加具体的说明。例如，过去遇到同类夹心肉、五花肉、猪小排时，在传统表格中都会输入夹心肉，但现在的营养与健康管理平台中，对此给出了具体部位选项，每一部位的营养成分尤其是脂肪和蛋白质相差比较大。

3. 细化对调味品和水果的分析。过去的传统表格中没有醋，对白砂糖和冰糖等也未做出明确区分，水果会输入接近款，现在的平台食材库中每一种都会对应具体的品牌和产品。

——上海市长宁区虹古路幼儿园　钱文惠

5. 中小学智慧体育

长宁构建智慧体育场景，关注学生身心健康，基于人工智能算法、运动识别能力以及智能体育设备联通课堂、校园、家庭三个空间主体，汇聚体测、体检两类数据，建立"监测—评估—反馈—干预—保障"的闭环体系。一是建设智慧健康管理。实现全区5万余名中小学生体质监测数据、健康体检数据采集和上报分析，针对体重健康优秀率、合格率实现趋势分析，针对体重、视力等关键指标实现关键预警。基于孩子自身的特点和身体机能生成个性化的运动处方，脱敏后上传"随申办"APP，推送给全区家长。二是建设智慧体育课堂。在校园引入室内外人工智能体育锻炼屏、体育教学测试屏，支持立定跳远、仰卧起坐、引体向上、跳绳、实心球等项目的自主测试，支持基础体能锻炼、专项技能提升、趣味锻炼等教学策略的实施。根据课堂表现为每一个学生布置个性化作业，开发移动端服务，实现软硬件、线上线下、校内外、家校间的联结与协同。先在一校试点，形成完善的建设方案后，拓展到五校试点，继而逐步覆盖全区。

案例3-8　体育学科中的数字化教学思考与实践

一、助力学生健康信息管理

以往的传统教学，体育教师备课、上课、课后反思及学生的成绩录入都是要根据上课时所记录的手写数据，自己进行总结，再根据记录的数据结合上课学生的实际状态，进行课后分析、手工计算、统计，这个过程中难免出现遗漏和偏差，甚至有些学生的健康状况也难以在第一时间得到分析。数字化教学实现系统自动计算，可以查看、导出成绩，分析数据报表，便于教师统一整理、对比成绩。

在建立学生健康档案方面，教师以前都是后期人工输入学生的一些数据，这个过程像流水线一样，一条线下来，家长看到孩子的健康状况时已经很晚了，况且在这个过程中难免会出现偏差，家长和教师不能第一时间发现其中的问题。而现在通过学生体测、家长信息录入及问卷自测等多种方式，建立学生的健康成长档案，及时预防特殊情况的发生。学生的个人健康情况也得到直观的体现，对于孩子健康成长更有帮助。

二、助力体育数字化教学

从体育教育教学方面来看，运动数据便于教师在备课、课堂组织、课堂监测、课后反思、课后作业等方面优化体育课前、课中、课后教学全过程。学生体质健康数据的分析，根据学生各项指标成绩换算得分，便于持续跟踪身体发展趋势，精准教学。分析结果以雷达图表的方式直观显示学生身体素质及运动健康素质，根据学生身体条件、体质数据进行分组，支持老师进行分层教学。还可切换个人展示、班级展示、全校展示，以满足不同层级需求的监管及报告。

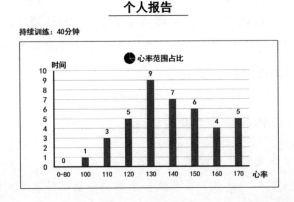

通过数据展示可以第一时间分析孩子在上课中的实际心率，及时控制好运动负荷，两节课之间还可以进行对比，更准确地追踪学生的运动情况。

从中考体育评测工作来看，针对初三中考学生群体，多次测试跟踪，观察学生成绩变化，能帮助学生、教师及学校进行有针对性的提高和练习，补足成绩短板，发展优势项目。

比如在数字基座上，可查看区域本学段近30天体育课堂教学中的平均心率、最高心率平均值、运动密度，本校某班级坐位体前屈、50米跑、肺活量、1分钟跳绳的平均分数，低体重、超重学生数量，以及每个学生的运动评估分数。

从评测运动负荷来看，学生的身体受到新冠病毒的影响，要有一个恢复期。在恢复期怎么控制运动量，运动数据分析起了很大的提醒和估测作用。比如在康复阶段，学生的心率不能达到120次/分钟以上，有时候学生自己也不知道自己的运动状况如何，什么是轻微适量运动，这时候的数据显示以及提醒就能及时让教师控制好学生的运动负荷。

三、助力学生个性化运动训练

从制定个性化运动处方来看，数字化教学系统研发了青少年体能运动处方算法，根据学生体质、测评成绩分析数据，自动匹配适宜学生锻炼的运动处方，针对学生的个性化差异进行训练，促进学生的全面发展。这样教师可以根据某个学生的具体数据进行系统化分析、对比，合理制定有利于这个学生的运动方案。采用多维度、长周期、多源异构海量数据融合技术评估学生的运动能力，合理提升运动量，促进学生健康运动和推动人体极限超越的研究与实践。

——上海市天山第二中学　孙媛

6. "走向卓越"教师数字支持

"走向卓越"教师培养系统是上海长宁支持教师职后专业发展的培训系统。为了提升教师培训效果，给予教师更加精准的支持，长宁以"学科带头人"这一特定教师群体为试点，为教师专业成长进行过程性记录和诊断，并相应地给予针对性培养。目前师训部门已采集近三轮学科带头人相关数据，包括育德、教学、研究、论著、研修活动等教师的横向发展点，以及项目起步初始状态、研究过程状态、发展成长状态等教师的纵向进步位序，通过对教师研修需求、研修主题、研修效果、教师反馈等数据的收集、处理、清洗和分析，形成"学科带头人"成长数字档案，进而发现研修主题的特点、模式和趋势，为项目研修主题的分类提供数据支撑和决策依据。在此基础上，鼓励学校利用基座提供的记录平台，探索具有校本特色的教师专业发展记录，为促进教师专业发展服务。

案例 3-9 长宁区学科带头人数字支持系统

长宁区在促进教师专业发展中，以教师专业发展的项目负责制为依托，着力构建基于教师成长"五点三位"的数字诊断系统。"五点"指育德、教学、研究、论著、研修活动等教师的横向发展点，"三位"指项目起步初始状态、研究过程状态、发展成长状态等教师的纵向进步位序。

一、数据平台

依托区级教育数字基座，建立服务于教师卓越发展项目的管理平台。管理平台分设卓越教师培育发展中心和学科带头人项目负责制两个运行板块，每个板块分别设立项管理、项目审核、中期评审、总结评审、绩效评估、推优管理、内容管理、统计分析八大业务功能，全面为促进教师专业发展服务。

学科带头人项目负责制场景

立项管理
- 项目领衔人申报项目
- 立项管理-项目申报

项目审核
- 项目分组-指派专家
- 设置分组
- 专家审核项目-组建项目

绩效评估
- 领衔人提交材料
- 学科组长提交材料
- 专家中审打分
- 区管理员发布中期成绩

优秀学员及总结评审
- 学员申请优秀学员
- 领衔人审核优秀学员
- 领衔人提交终审资料
- 学科组长提交终审资料
- 合作者提交终审资料

活动结束

第一学期-第二学期-第三学期　　　第四学期-第五学期-第六学期

绩效评估
- 领衔人/学科组长/合作者/学员：填报资料
- 区管理员审核学科组长-学科组长审核领衔人/合作者-领衔人审核学员
- 区管理员设置参评对象
- 项目分组
- 专家打分

专家推优

绩效评估
- 领衔人/学科组长/合作者/学员：填报资料
- 区管理员审核学科组长-学科组长审核领衔人/合作者-领衔人审核学员
- 区管理员设置参评对象
- 项目分组
- 专家打分

专家推优

优秀学员推优管理
- 专家评审优秀学员

数字化管理与评价平台运行的主要环节

二、过程记录

完善的数据评价为区域开发教师研修项目提供科学依据。结合区级课题《基于点位分析的教师专业成长体系建构的实践研究》和市级课题《基于循证评价的区域教育专业指导行动研究》，利用卓越教师发展平台进行数据分析，将项目研究优秀中期报告和终期报告汇编，不断推广辐射优秀成果。随着教师卓越发展评价系统的持续迭代优化，一批教坛新秀成长为教学能手，教学能手成长为学科带头人，学科带头人成为特级教师、正高级教师，区级教师梯队卓越发展、拾级而上的良好局面已经形成。培养对象中职级提升、荣获市区荣誉、教学与论文获奖的学员占比超过 90%。

以"学科带头人项目负责制"为例，数字基座可视化分析页面显示：共立项 119 个，其中教学骨干培养型 52 个、教改问题研究型 50 个、师训课程开发型 9 个、教研组织建设型 8 个；总体参与教师 952 人，学科组长 120 人，领衔人 120 人，合作者 61 人，培养对象 651 人；参与教师中 23.08% 是高级职称，35.34% 是中级职称，41.58% 是初级职称。页面还图形化显示了项目的学科分布情况、学段分布情况，以及项目成果在师德建设、专业发展、科研成果、组织能力、教学能力上的占比情况，项目中期评审和总结评审的排名情况，线下活动中期展示的专家评分情况，以及活动推文分享等内容。

三、诊断系统

由平台数据支撑，区域卓越教师发展平台逐步形成专业发展的评估体系，如基础信息、专业水平、教学能力、能动性等。以学期为单位，通过平台上传材料，组织专家对各项目组学科带头人进行绩效考核，内容包括：师德风范与育德能力、教学综合能力、教研综合能力、主要论著（论文、案例）发表和获奖、集体活动参与情况统计、个人学期工作总结暨下阶段工作计划及个人自评。

——上海市长宁区教育学院　宋建军

第 四 章

数字赋能"活力教育"的探索（上）

数字化转型赋能教育发展，应用是载体，数据是关键。围绕促进师生自由而全面发展的"活力教育"价值取向，长宁建立了数据标准—数据采集—安全存储—数据分析—结果推送的一体化数据赋能基础框架，形成了促进贯通的数据管理系统，在智慧体育、幼儿膳食营养、初中数字作业等领域探索了教育内外、跨学段、学校间的数据贯通分析，实现了区域、学校、班级、学生个体各层面的有效赋能。

长宁区在长时间、大规模在线教学的实践过程中，充分体现了数字赋能教育的优势。教师在数字技术的支持下，通过多种方式实现师生互动、生生共享。在探索线上线下融合的教学模式的过程中，数字赋能给教学提供了无限可能性：时间和空间得以拓展，教学资源得到有效整合，AR、VR 等技术的广泛应用，增进了学生基于真实情境和泛在资源的学习体验。整区推进的实践证明，数字化转型为教育质量的提升提供了可靠的保证。

第一节　实现数据赋能的现实基础

以数字技术为核心的新科技革命对教育的根本性变革提出了要求，提供了可能。人类社会正在从工业时代进入数字时代，形成于工业时代的教育传统形态已经无法适应数字时代对人的知识、技能和素养的新要求，教育的理念、体系、内容、范式、治理面临颠覆性变革，亟待建立数字时代的教育形态。这种教育新形态，在根本上是通过科技赋能和数据驱动，全方位推动教育变革，突破学校边界，融合物理、社会和数字空间，为每个人提供适合的教育，培养他们在数字时代生存、生产和发展的必备能力。[①]

一、数据赋能的基础建设

（一）数据是教育数字化转型的关键

有学者认为，大数据技术是区别信息化与数字化的关键因素，由此可见数据的采集、存储、分析对数字化转型的重要意义。教育领域也是如此。美国国家科学基金会（NSF）主任弗朗西·科尔多瓦（France Córdova）在制定未来几十年的发展蓝图时，将大数据支持下开发、评价创新性学习和教学的机制作为其重点研究的前沿问题。[②]

数据，尤其是大数据之所以重要，不仅是因为它为教育决策所提供的

① 李永智，秦琳，康建朝，等.数字教育赋能教育强国的国际观察 [J]. 电化教育研究，2023（11）：12-20.

② MERVIS J. NSF Director Unveils Big Ideas[J]. Science，2016，352（6287）：755-756.

精准证据,更在于它所代表的敏捷性、开放性、前瞻性、个性化的思维方式。[①] 在这样的思维方式下,教育教学的根本性变革才可能发生。比如,"教育不再被视为主要由教师向学生传递知识的单向过程,而成为一种将为包括学生在内的每一个人提供学习、提高和发展机会的场所"[②],进而充分体现数据对驱动国家教育政策科学化、驱动区域教育均衡发展、驱动学校教育质量提升、驱动课程体系与教学效果的最优化、驱动个体的个性化发展等方面的重要价值。[③]

"技术无好坏,亦非中立。"[④] 以教育的目的使用数据,从教育的视角分析数据是把好事办好的关键。首先,在彰显数据优势的同时,审慎地思考数据的局限性,特别是数据运用于教育的局限性。比如,教育的整体性、丰富性和独特性,同数据的节点性、碎片化、简化性、特定情境性之间存在不可调和的矛盾。[⑤] 其次,关注数据收集与使用中伦理问题的思考和预防,比如数据采集时的知情权、数据归集和储存的安全、数据分析对隐私的保护、数据使用避免贴标签,等等。只有这样,才能保持数字化转型与立德树人根本任务的一致性,赋予数据以育人的价值。

(二)区域数据赋能基础框架

数据的规模、来源的广度、挖掘的深度等都是发挥其价值的重要影响因素,这也正是"大数据"受到热捧的原因。正因如此,整区推进的教育数字化转型由于其规模优势,以及不同学校数据的多样性,能够更好地发挥数据的价值。

---

① 张燕南,赵中建.大数据时代思维方式对教育的启示 [J].教育发展研究,2013,33(21):1-5.

② 赵中建,张燕南.与大数据同行的学习与教育:《大数据时代》作者舍恩伯格教授和库克耶先生访谈 [J].全球教育展望,2014,43(12):4.

③ 杨现民,王榴卉,唐斯斯.教育大数据的应用模式与政策建议 [J].电化教育研究,2015,36(9):54-61,69.

④ MELVIN K. Technology and History:"Kranzberg's Laws" [J]. Bulletin of Science, Technology & Society, 1995, 15(1):5-13.

⑤ 唐汉卫,张姜坤.大数据教育应用的限度 [J].华东师范大学学报(教育科学版),2020,38(10):60-68.

　　长宁为了支持数据赋能教育教学，搭建了从标准体系制定到数据分析、结果推送的框架系统（见图4-1）。首先根据市教委的数据标准，逐渐实现数据贯通，包括校际数据和应用间数据，推进数据的开放、交换和共享。全区按照数据标准进行数据采集，目前区域层面每个学段有数据采集的重点，比如，幼儿园以膳食营养数据为试点，小学和初中以作业数据为试点，高中以测验数据为试点。同时探索更多元的数据来源，包括旧有数据的清洗和接入、过程数据的记录、系统外体检数据的纳入等。采集的数据均归入数字基座，按照学生、教师等分门别类地进行存储，存储空间由政府提供，保证数据资产的安全，再按照不同的目的提取数据进行分析。长宁正在探索区域、学校等不同层面，学生学习、课堂教学、教师专业发展等不同方面的数据分析模型。以学生学习为例，不仅研究知识掌握程度的分析模型，而且探索学习品质诊断和培养的分析模型。最终，根据教师、家长、教研员、校长、局长等多种角色推送一目了然的可视化分析结果，用于不同层面的教育决策。

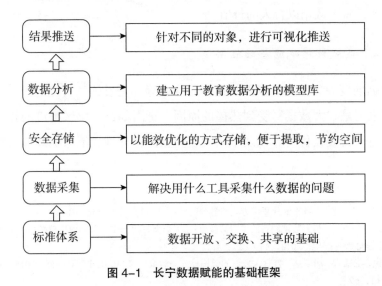

图4-1　长宁数据赋能的基础框架

（三）基于数据联通的数据管理系统

　　在数字基座上建立数据资源枢纽，形成了教育公共数据汇聚、资源共享的数据管理系统。数据管理系统以数据标准为基础。数据标准保持向上兼容原则，区教育数据标准向上兼容国家教育数据标准、市大数据中心标准和市教委数据标准。学校数据标准兼容国家教育数据标准、市大数据中心标准、市教委数据标准和区教育数据标准（见图 4-2）。数据格式按照市级数据标准逐步统一。

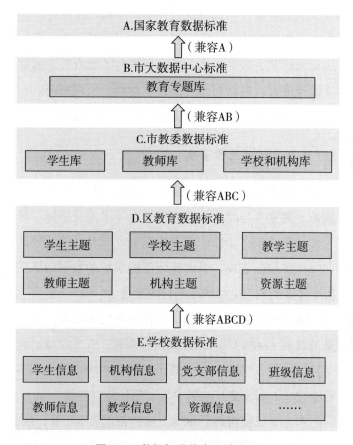

图 4-2 数据标准兼容设计原则

基于数据标准，数字基座提供数据归集和存储服务。通过数据采集接口及数据标准管理，记录数据采集全过程，进行预处理质量管理。为归集的数据进行编目、分类存储、脱敏处理等，并提供便捷的查询功能。

以校内同一数字应用的数据归集和调用为例。娄山中学的智能自然创新实验室，通过实时信息采集技术和设备使智能化阳光房、植物自然研究实验室与屋顶花园生态农场三个独立的空间互联互通，并通过数字基座上的数据信息集成，实现师生间对三处植物观察探究的信息共享。

二、赋能教育教学的数据分析和反馈

上海长宁在智慧体育、幼儿膳食营养、初中数字作业等多项专题应用场景开发上正在进行数据贯通的探索，初步总结了教育系统内外、教育应用之间、学校之间基于标准的数据连接，极大地提升了教育教学的有效性，更好地促进了学生健康成长。现以初中数字作业为例，呈现班内、校内、区内数据贯通，支持教师更精准地指导学生和更好地进行教育教学的实践。

（一）基于数据看板的教学管理

基于区域数字作业数据，动态更新区域数据看板。看板中包括但不限于学生的学习成效、课堂参与度和作业完成情况等多维度指标。每一个维度又可以呈现深入的分析结果，如作业完成质量和课堂互动情况等。通过深度分析，能够横向对比各校的表现，纵向比较不同学校的数据趋势，从而在管理指导、教学指导等方面做到更加精准的资源配置。

以 2023 年 10 月的作业数据为例。从作业提交率来看，市三女初的学生作业提交率是最高的（90%）。从作业批改率来看，开元学校、天山二中、建青实验学校、泸定中学、姚连生中学的作业批改率均高于 90%。从作业完成度上看，开元学校、上海市复旦初级中学（简称复旦初级中学）、天山初级中学、娄山中学的作业完成度均高于 90%。从作业正确率来看，延安初级中学、西延安中学、市三女中、建青实验学校、华东政法大学附属中学等的作业正确率高于其他学校，分别为 79%、76%、76%、75%、75%。从作业订正率来看，开元学校、建青实验学校的作业订正率在全区名列前茅，分别为 64%、61%。从学生写作业的专注性上来看，天山初级中学、市三女初、西延安中学、复旦初级中学等表现显著。除此之外，作业得分的校内个体差异度等数据也有可视化呈现。

（二）基于数据贯通的高效教研

1.精准锚定教研内容

区域数据贯通展示整体情况，容易发现共同的短板和困惑，为区内精准教研提供科学依据。以六年级为例，数据显示，在学科素养方面，需要特别强化学生"模型观念"的建立；在学科知识方面，有必要改进学生对于"相交与垂直"概念的掌握；至于认知能力的提升，则需重点提高学生在实际应用中对知识的"运用水平"（见图4-3）。这样的数据分析结果为区域教研活动内容的选择提供了实证依据，再结合具体作业正确率的数据支持，教研内容将更加具体、更有针对性。

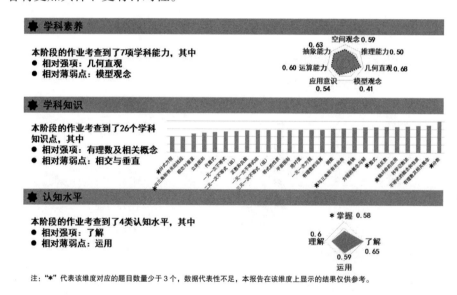

注："*"代表该维度对应的题目数量少于3个，数据代表性不足，本报告在该维度上显示的结果仅供参考。

图4-3　长宁六年级阶段性作业数据分析（知识掌握）

区域作业数据分析不仅为教研提供了具体的研讨内容，还呈现了可供科学研究的主题。比如，2022—2023学年下半年六年级学生作业数据分析（见图4-4）显示，做作业时的作答效率和冲动控制能力是影响学业表现的关键指标。如何提升学生的专注力和自控力，可以成为区域和学校探索的主题。

学习品质七项行为指标含义及预测作用

- 学习品质是通过智慧笔**无感收集学生作业过程行为数据**，进行数据挖掘、分析、汇总而来。
- 作业过程行为主要可以体现三大学习品质：**专注性、坚韧性、时间管理**。这三大学习品质通过**7项学习品质指标**呈现。基于已有研究，七项指标**对学业表现具有预测作用**。
- 指标内涵及本阶段预测作用数据（即多元逐步回归结果）如下表所示。**可重点关注预测作用最大的指标：作答不冲动**。

学习品质	7项学习品质指标	指标含义（即典型行为）	本阶段对学业表现预测作用*
专注性	作答效率	高度专注，做题又快又正确	0.32
	作答不冲动	没有不仔细审题而做错	0.46
	不频繁跳题	题目一道一道做，没有频繁跳来跳去	0.06
坚韧性	难题尝试	遇到难题勇于尝试	0.24
	难题回顾	反复尝试解决难题	0.05
时间管理	用时合理性	在每个题目上花费的时间合理，不长不短	本阶段预测作用不显著
	用时比例均衡性	与其他人相比，作业用时没有明显不同	0.08

【注】*预测作用的数据由多元逐步回归的标准化系数代表，数值范围在正负一之间，数值的绝对值越大，作用越大。

学习品质画像

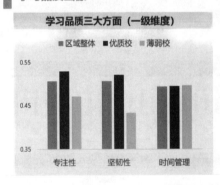

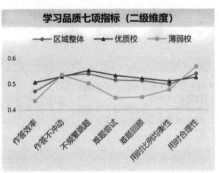

图 4-4 长宁六年级阶段性作业数据分析（学习品质）

2. 创新动态教研形式

通过联通全区的分层作业数据，对区域内不同学校进行了系统的学业发展分析，着重考察各校各班学生的进步情况。分析中特别关注进步人数最多的班级，以识别每个学校类别中表现最佳的教师。识别出的这些表现卓越的教师将被纳入"优师生态群"（一个教师专业成长的互助平台）。在此基础上，将组织教师观摩这些"优师"的课堂教学，参加"优师"主讲的教研分享活动，促进全区教育教学质量提升。

例如，"优师"所教班级入选标准为"本阶段内有效数据人数大于10人，且进步学生人数比例大于等于 30%"。2022—2023 学年第二学期的七年级数学授课老师中，华东政法大学附属中学 × 老师、建青实验学校 × 老师、娄山中学 × 老师、仙霞高级中学 × 老师、天山初级中学 × 老师、新泾中学 × 老师教授的学生进步最为明显，可以组织这些老师在教研活动中做分享。

3. 针对作业质量的各级研讨

对学生做作业过程和结果的分析，是对全区学情的精准诊断过程，也是对作业设计质量的评估过程。长宁制定了作业设计质量分析的七大核心指标（见表 4-1），用于诊断由区各校骨干教师编制的区本作业和基于本校学情编制的校本作业的质量。

表 4-1　作业设计质量分析核心指标

方面	七大核心指标	指标含义
目标一致	教学目标一致性	题目考查内容和课程教学目标是否一致
内容科学	题目科学性	作业题目在表述、内容、形式、答案等方面是否存在不恰当、不严谨的问题
差异凸显	题目区分度	作业题目是否能有效区分出学生水平的高低
难度合理	难度与能力匹配度	作业题目的难度水平是否和学生的能力水平匹配，不存在作业过难或过易情况
结构有效	作业结构合理性	作业整体结构在认知水平、难度梯度、内部一致性上是否合理
类型多样	题目类型多样性	作业题目的类型是否丰富，至少两种
时间适切	作业时间适切度	作业完成时间是否符合国家政策标准

以上海教育出版社出版的数学教材六年级上册第二章 2.4 分数的加减法（1）的区本作业为例，区域平均作业时长 30 分钟，时间适度，未给学生造成过重的学业负担（见图 4-5），但是，在作业结构上（见图 4-6），高阶认知题目过少，需要改进。

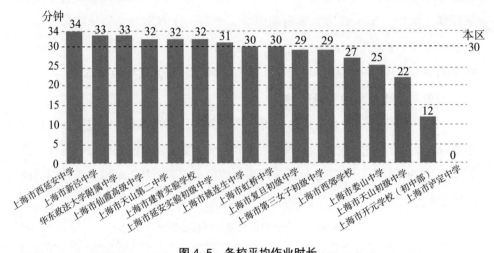

图 4-5　各校平均作业时长

结构合理性存在的问题描述	是否存在
❶ 简单题过多	不存在
❷ 高阶认知题目过少	⚠ 存在
❸ 开放性题目过少	⚠ 存在
❹ 作业整体区分度过低	不存在
❺ 作业整体信度过低	不存在
❻ 作业整体过于简单	不存在
❼ 作业整体过于难	不存在

图 4-6　作业结构合理性评估

（三）基于区域数据的学校教学建议

区域数据贯通的意义并不在于对各校作业完成质量较高或较低的评价。其价值不仅在于对学校作业完成质量进步或退步的呈现，从而跟进督促和指导，更大程度上是发现每一所学校在某一知识或学习品质上的洼地，然后再与学校一起想办法补足、提升。

比如，某学校在"平方根和开平方"这份作业中学生整体掌握程度远低于区域平均水平，也低于在其他作业上的表现（见图 4-7）。因此，可以建议学校将这个知识点作为学校教师教研和备课的重点。

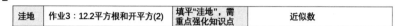

参测学生人数	本校学生整体掌握度	本校排名	学生进步人数占比	校内差异系数
188	**48%**	**14**	**36%**	**0.10**
	参测整体：57%	有效参测学校总数：15	参测整体：20%	校际差异：0.13

填平教学"洼地"

洼地	作业3：12.2平方根和开平方(2)	填平"洼地"，需重点强化知识点	近似数

- 每次作业难度不同，作业得分率不可直接比较。本部分将每次作业得分率进行标准化(年级均值500，标准差100)后，对学校每次作业标准分进行追踪，并对比年级均值，可重点关注学校发展曲线的"洼地"。

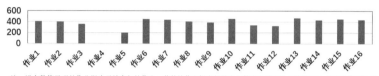

注：没有数值呈现的作业即为无效参与的作业，若某校作业提交的学生人数小于学生总数的1/3，则该作业为无效参与的作业，如作业4。

图4-7 某学校单份作业表现

（四）基于学校数据的共性问题解决

学校数据的贯通除了进行班级的横向比较以外，还可以打破班级的局限，将全年级的学生看作一个整体进行分析，发现在知识掌握和学习风格上拥有共同趋向的学生，帮助学校开展跨班级因材施教，实现教育资源的最大化利用。

例如，某中学八年级在10月份开展的13次作业分析中，发现可根据学科知识掌握情况将学生分成5类，在实际教学中，指导学校针对每类群体进行差异化的教学（见图4-8）。

结论 依据本阶段的13次作业进行聚类分析，可将学生分成5类，教师可根据各类别学生学科知识掌握特点进行针对性教学。

类别	人数占比	作业表现	低于60%学科知识个数	需重点关注详情
类别1	14.3%	0.66	2	不等式与不等式组、有理数
类别2	25.8%	0.64	3	几何操作、方程与方程组、有理数
类别3	23.4%	0.61	6	三角形、不等式与不等式组、二次函数、数据的分析、有理数、概率的计算与应用
类别4	20.2%	0.36	10	三角形、不等式与不等式组、二次函数、代数式、几何操作、实数、数据的分析、方程与方程组、有理数、概率的计算与应用
类别5	16.3%	0.32	9	三角形、不等式与不等式组、二次函数、代数式、几何操作、四边形、实数、方程与方程组、有理数

注：作业表现水平通过作业平均得分率数值呈现，如果不同类别的特点描述相同，是和标准0.6相对而言。但不同类别存在掌握水平绝对程度上的不同。具体结果详见下面的"各群体类别的学科知识掌握特点"和"具体类别画像"。

图4-8 某中学基于10月份数字作业分析的学情分类

（五）基于班级数据的教学参考

与教师的手动分析相比，班级作业数据分析更为便捷，推送更为及时。不仅如此，因为有学生思考审题时间、思维输出（笔画数）等过程性数据的收集和分析（见图4-9），所以教师对学生的学习风格更加了解，这为教师确定教学指导重点提供了参考。

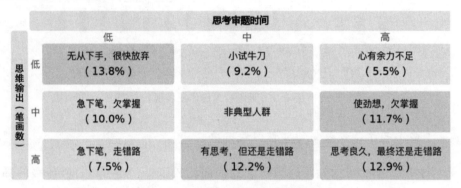

思考审题时间		
低	中	高
无从下手，很快放弃（13.8%）	小试牛刀（9.2%）	心有余力不足（5.5%）
急下笔，欠掌握（10.0%）	非典型人群	使劲想，欠掌握（11.7%）
急下笔，走错路（7.5%）	有思考，但还是走错路（12.2%）	思考良久，最终还是走错路（12.9%）

图4-9　未达满分学生错误原因分析

以某次作业为例，基于学生的作答行为，再加上针对性的交流所了解的实际情况，可以分析班级学生做错题目更为细致的原因，告别粗心、不认真、不仔细等泛泛而谈的诊断。就这次作业而言，教师除了帮助学生巩固此题目涉及的知识及前置知识以外，还可以鼓励学生遇到不会的题目多读几遍，不要轻易放弃，帮助学生厘清解题思路，了解和纠正学生的解题思路偏差。

（六）基于学生个体数据的学习足迹

为每个学生积累学习过程数据，能够据此建立促进学生成长的数据驱动环境，从而制定个性化的学习路线建议。学生可以每周从平台上获取包括作业、课堂表现和错误题目的综合报告（见图4-10）。对于基础较弱的学生，鼓励他们使用这些报告和错误集来分析问题的根源，并通过知识点的专项解释和自我反思进行深入学习。同时，引导基础较好的学生通过平台推荐的练习题和自学资源进行拓展学习，以达到精准和高效的个性化提升。

学情分析

一、学习成长

序号	作业名称	作业时间	我的得分
1	沪教版数学六下 第七章 7.1 线段的大小比较	5月09日	B
2	沪教版数学六下 第七章 7.3 角的概念与表示	5月11日	A
3	沪教版数学六下 第七章 7.4 角的大小比较、画相等的角（1）	5月11日	B
4	沪教版数学六下 第七章 7.4 角的大小比较、画相等的角（2）	5月15日	B
5	沪教版数学六下 第七章 线段和角的画法复习检测1	5月17日	A
6	沪教版数学六下 第七章 7.6 余角、补角	5月17日	B

二、学习轨迹

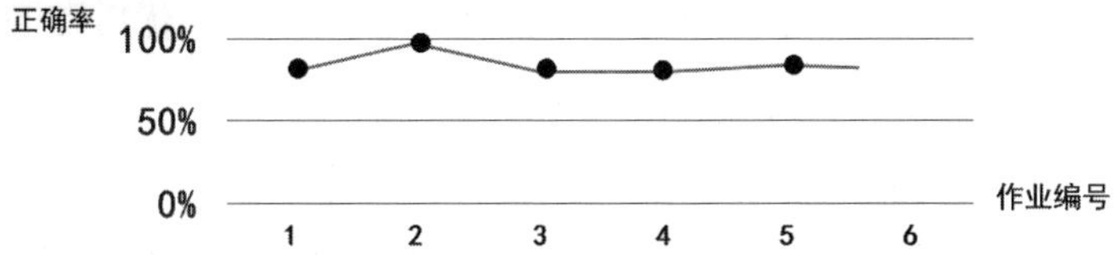

注：该图展示了学生历次作业正确率变化情况。

图 4-10　学生个性化作业学情分析

以更长的学习周期为单位，学生将定期收到每周、每月和每学期的学习报告。这些报告全面展示了他们的学习进展、学科素养及学习品质，并突出显示所有潜在的不良作业习惯，特别是在专注力和时间管理方面的不足。家长和教师可以同时查阅，以进行针对性的指导，帮助学生改掉坏习惯，并培养有效的学习策略和行为模式。

第二节　保障区域大规模线上教育教学

上海曾于 2020 年、2022 年开展大规模居家线上学习。线上学习虽是"停课不停学"的无奈之举，客观上却为广大师生接受、熟悉、拥抱数字化转型提供了有利条件。如果说 2020 年的居家学习，教育领域以开发线上学习资源为主要任务，经过近一年的教育数字化转型试验区建设，2022 年长宁教育已经可以从容应对线上教学，最大限度地突破非面对面教学的局限，发挥线上教学的优势，并为线下 + 线上融合教学积蓄力量。

一、提供线上教学设施

数字基座是标准化的数字学校中枢，承担物联设备统一接入管理、机构人员统一认证管理、数据融通一数一源管理、各类应用统筹衔接管理、机构人员及功能模块通信管理等功能。[①]2022年在线教学期间，刚刚建成的区、校两级数字基座投入使用，为区域学校、教师、学生提供了优质资源共享的平台、师生互动的载体、数据汇集和分析的依托。

长宁数字基座内置21个应用，能够满足学校教育教学、后勤管理等基本运行需求。其中，智慧课堂是具有线上教学互动功能的应用，在突如其来的疫情面前，它保障了线上教学的正常开展，成为长宁部分学校的优先选择。

案例4-1　60多个小时，挑战不可能

2022年3月11日下午4点08分，上海市教委发布了从3月12日起全市中小学全部调整为线上教学的公告。面对60多个小时后就要全面开展线上教学的任务，上海市天山第二中学行政班子和教师团队感受到了前所未有的挑战：原有的家校沟通平台不具备直播功能。

哪种平台能迅速对接学校管理架构，方便操作且能满足全校师生的在线教育教学需求？如何避免学生频繁地在不同的平台间切换？用什么来实现对学生的管理和师生、生生互动？一个个方案被提出来又被否决。激烈的讨论中，有老师想起不久前长宁教育数字基座入校对接时的演示，其中的智慧课堂功能不正好能满足线上教学的需求吗？马上联系，了解功能，多方协调，账号调试。就这样，基于长宁区数字基座建设的畅言智慧课堂的AI云课堂，成为天山二中教师开展在线互动教学的主阵地。不得不说，长宁教育数字基座的理念和前期部署给教育数字化提供了平台保障，师生账号早已生成，校基座一键接入，学生只要下载"校信极速版"APP，直播课、英语听说测试、

---

① 熊秋菊. 基于数字基座的区域教育数字化转型探索 [J]. 人民教育，2022（7）：22-24.

智学网等账号即可关联，为家校互动、班级线上管理提供了很大的便利。

　　时间有限，技术人员、敢于破难的学校信息组、敢于尝试的老师先行者每一分钟、每一小时都在战斗。对接天山二中的技术保障人员 24 小时热线不断，老师们的学习力和探究力令人赞叹。"天山二中数字基座对接微信群"的小红点一直在不停地闪烁，从清晨到深夜，再到凌晨，一个个问题提出来，马上有伙伴回应。看不见学生端界面，老师们就申请学生测试账号，扮演学生模拟互动。夜深时，一位腼腆的 30 多岁的男老师在自我摸索中碰到了困难，悄悄联系小伙伴寻求帮助。"快退休的老师都在尝试，我再不试，怎么说得过去？"这场看不见硝烟的战斗，让老师们拥有了不断超越自我的勇气，在携手前行中，更体会到了团队的智慧与力量。

　　通过"技术输入，自主学习，同伴互助"，在数字基座技术的保障下，天山二中在线学习第一课——"升旗仪式暨第八届学习节"在 3 月 14 日上午 8 点准时上线！其后的在线学习，相当数量的班级逐步使用畅言智慧平台，从陌生到熟练，师生们互相体谅也共同成长。

——"上海长宁教育"微信公众号

以天山二中为代表的长宁学校探索使用智慧课堂这一应用的过程，是全校教师勠力同心、团结合作，解决现实难题、保障线上教学的过程，也是师生拥抱教育数字化转型，数字基座走进学校一线，推广使用、积累数据、营造生态的过程，还是教育局、学校教师、科技公司三方互动，不断优化数字化教育教学场景的过程。通过服务与保障的不断完善，数字基座走进越来越多的学校和教育教学场景。

　　还有部分学校教师已经有使用熟练的第三方线上教学应用。长宁区教育局尊重教师的使用习惯，协同科技公司，将第三方应用接入数字基座的时间从一个月缩短到一周。快速接入 ClassIn（在线教室）等在线教学应用，满足学校的使用需求。

二、支持全方位育人

（一）从社会热点问题中寻找教育的资源

线上学习期间，居家生活时间延长，应对焦虑、学会独处成为迫切的现实需求。面对这样的现实，长宁通过各种方式推送有关自主学习、心理辅导、亲子关系处理等方面的指导，并开通 24 小时心理健康热线，为广大师生提供心理帮助。同时，结合社会现实开展爱国主义教育，引导学生体会医疗工作者大爱无私的奉献精神，思考自我与他人、自我与社会的关系，受到广泛好评。①

案例 4-2　中国加油——长宁教育"爱"行动

2020 年 1 月 27—28 日，长宁区援鄂医疗队的 19 名队员陆续踏上了驰援武汉抗击新型冠状病毒的第一线。为关心、照顾好这些"最美逆行者"的家人，让他们在前线没有后顾之忧，长宁区教育局主动对接区卫生健康委员会，了解援鄂医疗队队员子女就读情况，基层学校纷纷通过网络用不同的方式为这些孩子鼓劲，一起为一线的医护工作者和武汉人民加油！

老师们第一时间联系孩子家人，关心他们的生活情况。

同学们纷纷通过文字、绘画、书法等方式为他们加油鼓劲。

学校微信公众号全文刊载学校援鄂医生子女的文章，把医生战斗在一线的经历转化为教育师生的过程。

……

致敬所有奔赴一线的医护工作者！在这场看不到硝烟的战争中，教育工作者将坚守教育"初心"，做好你们的后援。风雨之后见彩虹，同舟共济过难关，我们相信，阳光很快就会照亮这片土地！

——"上海长宁教育"微信公众号

---

① 熊秋菊 . 线下学习对接线上学习的几点思考 [J]. 上海教育，2020（13）：60-61.

长宁教育通过关心学生的方式，支持在抗疫一线的医务工作者，并将此作为爱国教育、道德教育、社会性教育的重要资源，引导学生关心同伴、关注疫情、同舟共济。这类习惯培养、心理辅导、道德教育取得良好效果的原因之一在于：它不是从预设的需求出发，而是从现实的需求出发；不是从一般普遍的生活出发，而是从当下的生活出发，关照学生的现实生活。①

长宁不仅发挥社会现实的道德教育价值，而且将其作为教学中现实情境创设的来源，增进知识与生活的联系，激发学生的学习兴趣，让学生学以致用。下面这个案例以列分式方程（组）为教学内容，设置了三个例题，富有层次性，难度由浅至深、循序渐进，从一元到二元，从分式方程到分式方程组，从两个等量关系到多个等量关系。同时，三个例题让学生切实经历了生活问题数学化的过程。

案例 4-3　利用 ClassIn 构建有效的在线课堂

将教学内容放在情境中，可以使线上教学更富吸引力。在情境设置中，教师根据预先估计的学生基础，规划学生可能达成学习目标的学习路径，设计阶梯式任务，并结合实际教学条件即在线教学平台的技术、功能，让全体学生参与活动，激励学生主动学习和深入思考。下面的教学设计抓住现实生活的热点话题——防疫、核酸检测、送菜，以工程问题为背景，结合列分式方程（组）解应用题的教学内容与班级学生特点，设计了三道与疫情防控相关的例题，让学生切实经历生活问题数学化的过程。三道例题设计富有层次性，难度由浅至深、循序渐进，从一元到二元，从分式方程到分式方程组，从两个等量关系到多个等量关系，学生的思维活动在老师的引导下经历了从无序到有序，从具体到抽象，逐步实现数学化、符号化的过程。

---

① 熊秋菊. 线下学习对接线上学习的几点思考 [J]. 上海教育，2020（13）：60-61.

教学内容	任务设计	问题设计
例题讲解 模型提炼	任务二：阅读例题 1，找出题目中的未知量和等量关系，建立代数方程求出两组每分钟能采样的试管数量。 例题 1：已知绿叶小区有居民 2000 人，蓝天小区的人数比绿叶小区多 20%，街道疫情防控指挥部安排了甲、乙两个采样工作小组分别到绿叶小区和蓝天小区开展采样工作。经测算，乙组每分钟比甲组多采 20 管，两组同时开工，乙组比甲组早 1 分钟完成采样工作。求：两组每分钟分别能采几管？	问题 1：工程问题的公式是怎样的？
		问题 2：在题目条件中，关于工作总量、工作效率和工作时间这三个量的信息分别有哪些？
		问题 3：题目中的未知量是什么？等量关系又在哪里？
		问题 4：如何合理设元，建立方程？
		问题 5：怎么求这个分式方程呢？
		问题 6：怎么求这样一个未知项系数较大的一元二次方程呢？
	任务三：阅读例题 2，厘清两组的工作总量，建立分式方程组求出两组单独完成全部采样工作所需时间，并能规范书写解答过程。 例题 2：据评估，如果甲、乙两组一起先后到两个小区合作采样，那 3 小时可完成全部采样工作；如果甲组先采 2 小时，剩下的采样工作由乙组单独承担，还需 5 小时才能完成全部采样工作。问：甲、乙两组单独完成全部采样工作各需多少时间？	问题 1：若题目从始至终没有出现工作总量，我们该怎么办？
		问题 2：题目中的未知量是什么？等量关系又在哪里？
		问题 3：如何设元，建立方程组？
		问题 4：用什么方法求这个分式方程组呢？
		问题 5：怎么检验方程组的解？
	任务四：阅读例题 3，分小组讨论，厘清题目中未知量之间的关系,合理设元，列出方程。讨论结束后，组间分享不同做法。	

续表

教学内容	任务设计	问题设计
例题讲解 模型提炼	例题3：为缓解绿叶小区和蓝天小区居民买菜问题，居委会统一向某市场进行采购，绿叶小区需要蔬菜240公斤，蓝天小区需要蔬菜360公斤。现已送菜两次，第一次往绿叶小区送菜2天，往蓝天小区送菜3天，共送菜168公斤；第二次往绿叶小区送菜3天，往蓝天小区送菜2天，共送菜162公斤。如果保持每天每个小区的送菜量相同，那么完成绿叶小区和蓝天小区的送菜任务还各需多少天？	说明：任务四是在任务一、二、三的基础上由小组合作完成的任务，因此没有教师引导学生思考的问题链设计。

——上海市复旦初级中学 李小林

（二）将线上教学作为教育的契机

在线上教学过程中，空间的分离大大降低了教师对学生的控制力。学生的自律、时间管理变得异常重要。[①] 长宁很多教师以线上教学为契机，指导学生进行自我管理，引导学生思考未来教学的形态。比如，有英语教师将"正确运用将来时态的语法结构，阐述自身对于未来线上学习的规划和安排""在课后与同伴合作，运用主题语汇，以口语展示的形式阐述想要建立的线上兴趣小组及相关理由"作为作业，在学生学习英语的同时，培养他们对学习的元认知，让他们有规划、有思考地安排学习进度、进行自主学习。

案例4-4 平等赋权，师生共生

——基于可视化互动的高三线上自主学习空间建设的探索与实践

一、问题：老师，您能开个线上晚自修的腾讯会议吗？

线上教学第二周的一天，学生给我发来了消息：老师，我的学习不太自律，您能开个线上晚自修的腾讯会议吗？

我马上行动，满足了学生的要求。但当我第一次进入线上自修教室时，

---

① 熊秋菊.线下学习对接线上学习的几点思考[J].上海教育，2020（13）：60-61.

却十分失望：自修教室里人倒是不少，不过真正在学习的学生却不多，有学生在聊天，也有学生利用共享屏幕分享各类八卦，这让我很尴尬。

第二天线上教学时，我专门强调了线上晚自修的纪律问题。在当天线上晚自修时，我如同线下晚自修那样巡屏了整整两个小时，这天的晚自修纪律十分好。

二、困境：老师，线上晚自修好冷清，我有点不想来了……

让人始料未及的事情发生了，第四天的线上晚自修"上座率"出现滑坡，只有不到三分之一的学生出席。经过询问，学生们普遍提出晚自修冷清、没有教师答疑等问题。

我意识到作为教师的我，竟然忽视了"以生为本"这一教育的根本原则，在没有充分了解学生线上自主学习的需求和痛点的情况下，仓促上马，加上命令式、死板僵化的管理方式，不仅没能帮到这些高三学生，反而让线上晚自修变成了学生眼中的"鸡肋"。

三、反思：自修到自习，关键是平等赋权，激发学生自学的热情

如何让线上晚自修满足学生这些迫切的需求呢？翻看以往的教学日记，我注意到之前曾经尝试过的学生互助小组的学习方式，比较符合当下线上自主学习的环境特点。结合学生的反馈，我积极改变往线上交流教师主导的模式，提出通过设立"学生导师团"点燃学生线上学习与交流的热情。"学生导师团"模式有三大特点：

"学生选拔"，学生导师的选拔可以采用"自主报名＋随机指定"的双重模式，尊重学生平等参与活动的意愿，吸引更多学生参与师生共同建构的体验。

"导师培训"，通过工具表格、问题清单等，指导学生导师提升确立活动内容、进行活动点评和活动引导等方面的能力，给予"学生导师团"成员个性化指导，为有效线上沟通提供更多支持。

"深度融合"，强调落实师生共学共生、技能学习与真实问题解决能力相结合的项目活动目标，实现师生、学用的"深度融合"。

四、改变：从今天起，这里就是大家的线上自习空间

我迈出了"平等赋权"的第一步，诚恳地邀请同学们一起进行改造线上自主学习空间的头脑风暴，达成了三点共识：一是线上自学空间应能满足学

生全天候学习的需求，同时教师、学生都可以在线上拥有相对独立的虚拟个人空间；二是线上学习空间应能提供虚拟任务列表、公告栏、互动白板等，方便学生进行自主学习管理与学习资源沉淀；三是教师应赋权学有所长或乐意分享交流的学生成为"学生导师"，"学生导师"具备一定的线上空间管理权限。

通过商讨，我们最终确定了"小画桌互动白板＋腾讯会议"的自习空间升级模式。当天晚自修的腾讯会议号被取消了，取而代之的是互动白板上渐渐热闹的互动答疑与一对一腾讯会议邀请码。从这天起，这块"小画桌互动白板"成为我们班的自主学习空间，越来越多的学生在这里拥有了自己的个人空间，任务列表上也出现了越来越多的互助答疑和经验分享的时间安排，固定的线上晚自修消失了，而富有活力和生机的线上自主学习空间却一天天成长了起来。

——上海市第三女子中学 秦岭

居家学习让学生自我管理的需求得以释放，是挑战，也是契机。长宁教师带领学生走过了从硬性管理到自觉学习的路程，通过小组合作、技术支持的方式实现自主学习。这是学生的成长，也是教师的成长。

（三）将居家学习作为家校共育的载体

线上学习在空间上模糊了家庭和学校的界限，让家长对孩子的学习有更加直观和全面的认识——不仅能了解孩子的学习结果，还能了解他们的学习过程。在此基础上，长宁倡导教师与家长及时沟通，通过分析孩子的学习态度、学习方式及效果，展现教师的专业和责任感，传达学校的教育理念和方法。这样更容易取得家长的认可和配合，形成家校共育合力。[①]

案例 4-5 居家育儿引发家园共育活动新思考

家园共育活动在具体实施中多以"主题"形式呈现，即围绕一定的主题开展，如劳动节、母亲节、学雷锋日、幼小衔接、科学故事荟、主题活动"我们的城市""周围的人"等。为了提高家园互动的有效性、保障家园互动

---

① 熊秋菊.线下学习对接线上学习的几点思考 [J].上海教育，2020（13）：61.

的持续性、鼓励家长深度参与，笔者思考是否可以借助信息技术，形成家园共育活动的新举措，让教师与家长在共育过程中有"章"可循。

活动前：通过主题确立，明确家园共育活动的主要目标；借助问卷星、微信群等进行初步调查，了解家长的活动意向及建议；凝聚教师教育智慧进行活动设计。活动中：给家长布置家园共育活动任务，引导家长与幼儿一起完成；借助"班级群""孩子通"等家园互动网络平台，进行活动或任务的互动交流、评价指导等。活动后：收集家长的反馈信息，组织教师进行活动反思，发现亮点与待调整点，完善该主题下家园共育活动的流程、内容设置、人员安排等，便于以后更有序、高效地开展类似活动。

——上海市建青实验学校　昌春

学生居家学习，尤其是年龄较小的孩子，需要家长配合和督促。活动前有调查、活动中有指导、活动后收集反馈，使家校的教育理念得以沟通，使取得教育共识成为可能。不仅如此，长宁还通过发布居家体育健身活动、居家劳动建议、居家科学小实验等，搭建一系列亲子交流的平台，为孩子健康成长共筑良好的育人环境。

三、赋能常态线上课堂教学

（一）互动交流，增强学生参与感

线上教学实施初期，教师普遍感到焦虑，感觉"抓不住学生"。其症结在于线上教学客观上造成教师和学生空间上的分离，教与学的实时互动程度降低了，教师无法通过学生的及时反馈相应地调整教学节奏和重点。[①]与此同时，隔着屏幕，学生的参与感也降低了，仅仅依靠"知识"这一中介，无法拉住学生。面对这样的难题，长宁教师首先遵循学习规律，优化教学设计，增强学习内容的情境性、趣味性、现实感；其次，充分发掘线上教学应用的互动功能，通过发言、展示等功能，将学生的思维拉进课堂，跟上教学节奏。

案例4-6　指向深度学习的语文在线课堂学生参与度策略探索

学生参与是学习发生的必要条件，学生的参与情况对在线学习有着重要影响。在线学习期间，由于"时空"隔离的局限，在线学习的参与情况并不理想，课堂中学生闪现、静默、"只闻其声不见其人"等情况屡屡发生，教学效率往往得不到保证。如何提升学生参与度、确保学生的学习兴趣，是教师开展常态化在线教学必须直面的问题。学生对课堂教学的参与，可以分为行为参与、认知参与、情感参与。以此为框架，可再进行更加细致的分类，进而开展线上教学的具体策略的设计，并实施有效的干预。

三维	四度	具体策略措施的设计
行为参与	参与频度	互动策略 •师生互动：鼓励举手，聊天提问，上台"连麦""递粉笔" •生生互动：授权小助理，小组讨论
	参与广度	作业策略 •设计音视频等多形式的作业 •利用在线文档编辑修改作文，路径可视化 •开放优秀作业供学生观摩，促进同辈互学
	参与深度	个性化策略 •作业留言，解决个性化作业问题 •利用家校本打回订正，给家长发送"钉"消息，提高学生的作业完成率

---

① 熊秋菊.线下学习对接线上学习的几点思考[J].上海教育，2020（13）：60.

续表

三维	四度	具体策略措施的设计
认知参与	参与广度	准备策略 •利用空中课堂等网络资源，设计学习单，形成每节课的学习资源包
	参与深度	支架策略 •运用思维导图，帮助学生搭建结构化的学习支架
情感参与	情感体验度	激励策略 •"语文味儿"早安文案，课前质疑，提醒学生做好上课准备 •"游戏闯关"加分，做好复习导入 •"闯关分数秀出来"，通过视频墙展示提高摄像头开启率和活动参与率

——上海市复旦初级中学　赵仪

"连麦"是长宁教师线上教学期间经常使用的功能。让学生回答问题，激发学生思考，抓住学生的思维。不仅如此，教师们还创设了丰富有趣的"连麦"任务，比如在《孙权劝学》一课的教学过程中，让学生扮演孙权进行朗读，表达孙权的潜台词和心理活动，让人物形象更丰满。这样的任务有趣、有挑战，学生愿意回答、乐于表现。

案例4-7　云端互动 悦动课堂

——小学二年级语文写话教学案例

师：请你先仔细观察第一幅图的内容，看看图上有谁，它们在干什么。（停15秒）以第一幅图为例，我们不难看出，小毛虫和蚂蚁在草地上玩跷跷板，蝴蝶在一旁飞来飞去。再仔细看看，这个跷跷板挺特别，是用半个鸡蛋壳和一根木棒做成的。仔细观察是前提，合理想象是关键。在大致了解图片信息的基础上尝试提问，往往能帮助你合理安排故事情节的发展。看图后，你有什么疑问吗？

学生"连麦"交流，教师通过共享屏幕在图上圈画。

生 3：它们为什么会出现在草地上呢？（圈画草地）

生 4：做跷跷板的鸡蛋壳和木棒是从哪里来的呢？（圈画鸡蛋壳、木棒）

生 5：蝴蝶为什么要在空中飞来飞去？（圈画蝴蝶）

师：这几位同学提出的问题都很好，老师把他们观察到的细节都在图上标注出来了，接着请你想一想，给这些问题找找答案。谁来试着回答这几个问题？

生 6：我觉得小毛毛虫和蚂蚁昨天约好了今天一起去散步，走着走着就走到了草地上。

教师评价：对呀，春暖花开，阳光明媚，这么好的天气当然要和小伙伴一起出去玩啦！

生 7：我认为是蚂蚁碰巧在草丛里发现了这半个鸡蛋壳，然后蝴蝶从路边捡到一根雪糕棒，它们就用这两样东西做成了跷跷板。

生 8：我猜鸡蛋壳可能是鸡宝宝出生之后留在草地上的，正好被小毛虫看到。

教师评价：这两位同学的猜测都很有新意。

生 9：看图我发现小毛虫和蚂蚁在跷跷板上玩得非常起劲，蝴蝶肯定是在空中给它们助威。（此时讨论板中有一位学生提问："助威"是什么意思？）

师："助威"就是加油的意思，就像校运会时，我们会给班级参赛的同学加油助威。像这样根据问题展开合理想象，我们就可以把第一幅图的内容讲得更加具体了。现在，请你试着用表示时间的词语，把第一幅图的内容连贯地描述清楚。说完之后可以在讨论区敲个"1"让老师知道。

——上海市建青实验学校　王星辰

"递粉笔"是让学生深度参与课堂的另外一种方式。教师为学生开通同屏圈画和共享的权限，学生就可以完成课堂练习，或者对其他同学的答案进行完善。这种方式不仅能增强学生的参与感，而且能让教师直观地了解学生的掌握程度，还可以实现生生互动。

案例4-8 一体化设计提升在线教学吸引力

——以《从北京冬奥会看中国与世界的深度互动》一课为例

巧"递粉笔"，让学生成为"小老师"

【教学片段】

教师引导学生阅读书上的一张经济图表，请学生思考从图中可以得到什么结论以及得出结论的依据。随后，教师在小黑板上出示一份或两份包含典型问题的模拟作答。

首先，学生利用钉钉小组群分组讨论，对该作答进行打分并说明打分的理由，完善答案。其次，组长通过"举手""递粉笔"功能，化身"小老师"在小黑板上批阅作答，说明打分理由并完善答案。其他小组的组长可"开麦"提出不同意见或者进行补充说明。最后，学生共同完善答案并归纳此类题型的思考路径和答题要点。

教师对各小组的表现进行简要点评。

【设计说明】

九年级的学生即将迎战中考，课堂教学务必要落实好教考一致的原则。在本环节，运用钉钉平台的"递粉笔"功能，学生化身"小老师"，批阅、点评作答或者带领同学总结此类题型的思考路径和答题要点。这样的生生互动极大地提升了学生学习新知识的积极性，也训练了其考试答题的思路方法，取得了良好的教学效果。

——上海市建青实验学校 沈静

"答题卡""共享屏幕"等线上教学技术被长宁教师熟练地运用于教学中，大大增加了学生的课堂参与度，把主动权交给学生，让学生通过"输出"更好地"输入"，保证了教学质量。

（二）在线协作，形成学习共同体

学校不仅是学习的场所，也是人与人交往的地方，课堂教学不仅能促进学生认知发展,也能促进其社会性成长。教学中,学生的思考本身就是促进教与学、推动人际交流的宝贵财富。长宁教师将教书和育人紧密结合,运用可供多人修改的协作文档、点赞留言和评论、同屏圈画等各种方式和技术手段,鼓励学生线上相互交流、学习,既活跃了课堂气氛,生成了学习资源,又增进了学生之间的感情。

案例4-9 教育数字化转型背景下的合作学习

——以利用在线协作工具开展英语教学为例

以不同小组为校园不同场所(如图书馆、教室、食堂等)制订使用规则的任务为例。由于校园是一个整体,校园内不同场所的使用规则会相互借鉴,同时一些地方有共同的规则,因此需要小组间的交流和共享。但现实中,组间合作往往费时费力。Padlet这样的在线协作工具有助于解决这个难题。每个小组都可以在讨论过程中与结束后直观地看到其他小组的过程性成果和最终成果,可以随时互相评论,形成学生之间的互动与反馈。这样不局限于个人与个人之间的合作互动,深化了组与组之间的交流与合作,让问题的解决在思维格局上有所突破。

不仅如此,学生可以随时互相评论,实现人与人、组与组之间的互动与反馈。同时,教师也可以随时检阅各个小组的过程性产出,并进行即时性的评价和反馈,从而使学生能够及时获得适当的建议与帮助,改善自身的不足与问题,提高学习效果。此外,在后续活动中,教师可以让各组推选出自己比较赞成的其他组写下的规则,通过"点赞"的方式进行投票,也可以通过"反对"按钮投出反对票,这一方式可以快速且直观地呈现学生的支持与反对情况,为进一步的活动做铺垫。

这样,学生与学生、组与组、教师与学生,各方面、各层次的互动、合作与评价都可以通过在线协作工具的支持即时实现,并且清晰直观地记录在页面上,让思维碰撞的火花更丰富、更猛烈,也让数字工具支持下的教育评价更多元、更有效。

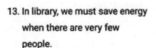

——上海市第三女子中学　华磊

如上述案例所展现的那样，在促进学习共同体发展方面，充分利用线上教学的优势，在小组内部讨论合作、组间展示学习、作品评价完善上，产生了比线下教学更高的效率、更多的参与和更好的效果。

（三）发挥优势，转变教学方式

长宁教师不仅竭尽全力弥补线上教学在课堂互动等方面的不足，还充分挖掘线上教学在学习资源共享、学情分析、学习内容呈现等方面的优势，提升线上教学的效果。

"知识胶囊"是长宁教师的一项创举。教师将上课过程录制下来，形成视频，供学生课下根据需要回放学习，同时，教师可根据回放统计分析学习需求，及时跟进指导。

案例 4-10　娄山中学在线个性化教学与辅导应用

有教师使用了希沃白板的小工具——知识胶囊。它操作简单，上课时点击录制胶囊，就可以边上课边实时录制，等到下课后，点击保存即可生成一个二维码或链接，学生识别二维码或点击链接，不仅可以查看视频，还可以控制教师上课的课件，进行翻页查看，"哪页不懂点哪页"，复习核对笔记。课后教师登录自己的账号可以统计看过回放的学生名单、播放次数、学习时长等信息，对于反复观看的学生，教师会在线上主动与其沟通，具体了解他的困惑点，充分实现个性化辅导。当然，知识胶囊不仅能帮助学习上暂时有困难的同学，对那些学有余力的同学来说也是一笔财富。初三 2 班的王秋灏同学在日记里是这么写的："化学老师给我们这些做完作业还有空余时间的学生开了小灶，每天会奖励一道提高题给我们。但是，我们不能像在学校那样随时找老师请教。面对这个难题，老师录制了知识胶囊，有了这个'灵丹妙药'，我们就仿佛随身携带了一位小老师，题目中碰到的问题也就迎刃而解了。"

——上海市娄山中学　刘慧芬

及时进行学情分析也是信息技术带来的优势之一。长宁教师根据线上提交作业的质量，合理规划课堂教学重点；根据线上教学"答题卡"的及时统计功能，把握教学节奏和讲解重点。

虚拟实验是线上教学期间，学生在家不具备实验条件时，长宁理化教师经常使用的工具。这项技术的运用一直延伸到线下教学，用于一些危险的化学实验，增强学生的体验感。

四、提供线上教育教学全方位支持

（一）开展自动化线上测评

上海大多数中小学校的线上学习采用了全市统一的录像课，由观看录像和师生互动两个环节组成。教师的教和学生的学被人为分离，教师无法从学生听课的表情、动作和问答之中及时判断学生的学习情况。也就是说，教师无法从互动的"感觉库""经验库"中选取信息、进行评价、做出教学决策。[①] 没有对学生学习情况的掌握，就不可能开展针对性的高效教学。除了增进课堂互动以外，长宁学校在政策允许的条件下，重视阶段测评所反映的学习情况，并据此调整课堂教学。2022 年 4 月中下旬，为检测阶段性的在线教学质量，全区超过 50% 的初高中学校基于基座顺利完成了近 300 次教学质量在线评估，教研员根据各校评估数据开展针对性教研，在特殊时期保证学生备考状态。

案例 4-11 娄山中学在线个性化教学与辅导应用

开展线上教学以来，为了巩固学生的学习成果，学校先在毕业年级（初三）尝试了随堂练习。学校采用长宁教育数字基座中的线上阅卷系统进行制卷和阅卷，再基于数据进行质量分析，了解和评估学生在线学习的效果，一切都与线下无异。这期间教师们放弃休息时间，克服种种困难，学习新技术，只为了保证初三的复习节奏，对每个初三的学子负责。

在初三年级随堂练习的经验基础上，为更好地保证学生在线学习的效果，以便有针对性地进行个性化教学，学校在区教育局的支持下，决定对八、九年级进行在线教学质量调研。学校使用了长宁教育数字基座中的线上阅卷系统，出台了《娄山中学 2021 学年第二学期线上期中考试实施方案》。在命题安排上，通过背靠背命题，保证测试的公平公正。在考务安排上，通过 ClassIn 平台建设云端考场，建立行政巡考机制，保障测试的平稳进行。在阅卷安排上，通过数字基座中的智学网进行线上组内流水阅卷，保证测试的客观公正。针对这套线上测试系统，学校也编制了相应的操作流程，并且在教师端和学生端提前安排了模拟测试，排除故障，为可能的突发状况做好预案，缓解家长和学生的压力。调研结束后，学校及时安排质量分析，尤其针对毕业年级，做好下阶段线上教学的指导和计划。

实践证明，尽管前期大量的准备工作让教师投入了大量的时间，但效果是可喜的。统一的答题纸，流水的批改，的确能看出线上教学中学生对于知

---

① 熊秋菊.线下学习对接线上学习的几点思考 [J]. 上海教育，2020（13）：60-61.

识点的掌握和落实情况。阅卷完成之后，教师结合班级及年级调研报告，明确了学生对各知识点的掌握程度，找到了学生的薄弱知识点，精准定位了教学起点和教学重难点，避免了课堂教学内容难度过高或过低；在积累足够的数据后，教师可开展差异化教学，在课上进行"举一反三"式的精准讲评，为不同学习进度和学习风格的学生推送符合其认知水平与能力的学习内容，实现因材施教。针对全年级的调研结果，年级组长和备课组长开展了系统化的分析，了解学生的共性困难，更好地指导教师重视教学过程中的发展均衡问题。

与此同时，学校也在平时的教学中活用问卷星配合班级小管家，实时了解学生对于知识技能的掌握情况，反过来调整教学安排。信息技术支持下的全流程师生数据采集是在线教学的独特优势，为教师开展教学反思提供了有力的数据抓手。

——上海市娄山中学 刘慧芬

（二）积累全区共享资源

线上学习资源可储存、可分解、可随时随地随需反复利用。长宁首先整合国家、上海市优质教育资源，将国家智慧教育公共服务平台集成至数字基座，让全区师生可一键链接优质资源。其次，在区域、学校、教师个人层面都开发了优质的学习视频，让学生根据自己的实际情况有选择地观看学习。"名师讲堂"是长宁区 2022 年开展的一项活动，邀请全区的教研员和骨干教师为初三和高三的学生开展线上专题讲座。（见表 4-2）线上教学期间，共举办 41 次"名师讲堂"活动，近 11000 人次观看，受到全区师生好评。这项活动延伸到线下教学，逐渐覆盖了小学、初中和高中的其他年级。截至 2023 年 5 月，已举办 164 次"名师讲堂"活动，共计 16989 人次观看。

表 4-2　长宁"名师讲堂"安排表（2022 年 4 月 16 日至 5 月 28 日）

时间	科目	主讲	单位
4 月 16 日（周六） 上午 9：00 —10：00	高三语文	钱春	长宁区教育学院
4 月 16 日（周六） 下午 2：00 —3：00	初三语文	郁寅寅	长宁区教育学院
4 月 23 日（周六） 上午 9：00 —10：00	高三数学	赵传义	长宁区教育学院
	初三数学	付淑群	长宁区教育学院
4 月 23 日（周六） 下午 2：00 —3：00	高三英语	张珏恩	长宁区教育学院
	初三英语	周群	长宁区教育学院
4 月 30 日（周六） 上午 9：00 —10：00	高三语文	百丽	延安中学
	初三语文	季红	西延安中学
4 月 30 日（周六） 下午 2：00 —3：00	高三数学	于在洋	延安中学
	初三数学	杨欣乐	延安初中
5 月 8 日（周日） 上午 9：00 —10：00	高三英语	朱怡佳	延安中学
	初三英语	何雯雯	延安初中
5 月 8 日（周日） 下午 2：00 —3：00	高三语文	姜丽	上海市第三女子中学
	初三语文	周若菡	娄山中学
5 月 14 日（周六） 上午 9：00 —10：00	高三数学	徐海	长宁区教育学院
	初三数学	李一佳	西延安中学

（三）在线评教为教师反馈教学改进信息

从学生学习反馈的角度促进教师教学工作的调整和改进，一方面看学生的认知结果，线上作业和测评能够很好地记录学生的学习过程与学习结果；另一方面看学生的学习感受，主要通过学生的评教来了解。传统的在线评价，由于工作繁杂、耗时耗力、缺乏深入分析等问题，难以形成评价的闭环。在线教学期间，长宁基于数字基座内置的在线评教应用，轻松发起评教、收集数据，即时生成分析报告，能够让教师教学、学生指导更精准、更有效。

案例 4-12 精准有效，以评促教

2022 年，西延安中学正式使用长宁教育数字基座的在线评教应用开展学生评教活动。借助基座强大的数据融通能力及应用支撑能力，评教负责人快速创建、高效组织、有序推进在线评教活动，配合评教手册指导师生顺利参评，实时生成全校、各年级、各教师三个层级的评教结果分析报告。

1. 评教内容定制化设置

首先，学校评教负责人在基座平台创建评教活动，可一键选用系统推荐的学科教师 / 班主任 / 教学质量评教模板，微调后定时定向发布，大幅度减少了题目设置时间和重复发布次数，减轻了组织负担。在本轮评教活动中，学校也沉淀了校本量表，形成本校专用评教模板并存储在系统中，便于后续重复使用。评教表支持设定多维度分项评价，让评教内容更加细致。

2. 在线评教活动高效管理

在发布评教活动后，评教负责人通过基座的通知公告功能下发评教活动信息，学生根据公告要求使用个人账号登录基座自主完成评教。由于基座组织中心已经完成了班级师生角色的评教关系绑定，评教内容可自动化精准分发至学生账号和家长账号，并根据活动设置的评教对象自动汇总得到教师个人的评价结果。

比起传统评教的问卷统计形式，在线评教应用的智能化数据追踪可实现对评教进度的实时分层呈现，支持评教监督人动态掌握各年级各班的评教进展，还可在系统中一键催促评价人及时完成评教。对于少部分评价人迟迟不参评的情况，可以导出未评名单精准定位，提升过程性参评率，确保评教按计划完成。比如，在 2022 年 6 月进行的学生评教调查中，"评教进度"页面显示：六年级应参与评教人数 299 人，参与率 98.33%；有 5 个学生未参加评教，可以及时提醒。

3. 评教结果精细化呈现

在全校及各年级的评价结果分析报告中，不仅从基础信息、综合评价分析、年级对比分析、教师得分明细等方面进行了综合分析，还展示了每道题

目的逐项分析结果，并生成了每位教师的个人报告，帮助学校管理者掌握评教概况，了解各年级、班级、教师的得分分布与排名，寻找教育教学工作中的共性问题与个性化问题，督导和改进教学工作，为教育质量提升提供精准指导，为教师队伍建设提供决策支持。

同时，评教活动结束后，教师个人也能在系统中查看自己的评价结果分析报告，了解自己任教的班级对自己教学各个方面的感受和反馈，明确自身的优势与不足，接收来自学生和家长的鼓励与建议。每位教师还可以与教师的平均分进行比对，自查改进，调整教学方式和工作重心，逐步提升教育教学能力。

在本轮评教活动中，学校 6—9 年级共 32 个班级的 1178 名学生在 2 天内完成了对 139 名必修课教师的评价，平均每个学生只需 3—5 分钟即可完成评教，学校评教完成率远超以往。

于管理者，在线评教便捷的活动发布、组织、监督流程有效减轻了管理负荷，管理者可以更聚焦于对评教结果的深度分析；于教师，在线评教结果报告详细呈现了其各项得分情况，帮助教师针对性提升，评教成效显著提高；于学生和家长，评教系统的匿名机制高度保护了评价人的真实身份，让评教结果更公正、更真实。

——上海市西延安中学　周毅

第三节　探索线上＋线下教学模式

线上＋线下教学是课堂教学发展的大方向。一方面，它充分发挥线下教学面对面沟通的优势，在教师随时接收学生反馈，师生、生生情感交流，学生社会性培养等多个方面发挥教育意义；另一方面，充分利用数字化工具的支持，在教学内容的生动呈现、学生学习过程数据的及时分析、学习资源的运用等方面支撑更加高效的课堂教学。大规模线上教学为线上＋线下教学提供了良好的心理和技术准备。长宁借由这个契机，在数字化转型推进过程中，着力探索线上＋线下教学方式，提升课堂教学有效性。

一、优质丰富的资源推进自主学习

数字资源由于其可复制性，能够更好地推广辐射，实现优质资源的共享和增值。在课堂教学中，较好地融入优质的数字学习资源，能够更好地满足学生多样化的学习需求，助力自主学习。

（一）合理利用微视频增进学习效益

教学视频是课堂教学的有力帮手。将国家智慧教育公共服务平台、空中课堂上的资源片段嵌入课堂教学之中，已经成为教师的普遍做法。不仅如此，微视频在学生的预习和复习环节也发挥了良好的作用。还有教师做了利用微视频开展针对性学生辅导的研究。

案例 4-13　数字化教育转型实践探索

——基于"微课"的初三物理自主学习个案研究

研究对象：刘同学。首先，物理概念不清晰，导致物理概念题的失分；其次，分析问题的能力和计算能力比较欠缺。

学习内容：（1）计算题：压力与压强的计算。（2）实验题：验证阿基米德原理实验；探究液体内部压强规律实验；测定小灯泡电功率实验。

基本过程：每周观看两个微课视频，每周一次面对面交流，时间14—30分钟不等，每次学习的内容根据实际需求决定。微视频主要是习题讲解。例如，液体压强的计算题，先介绍了几种液体压强的计算方法，然后详细解答了该题的做法以及液体压强的综合运用。后续面对面交流，再根据学生对知识的掌握情况，培养其拓展迁移运用能力。

液体压强的计算题

如下图所示，轻质薄壁圆柱形容器A、B置于同一水平面上。A中盛有密度为 ρ 的液体甲，B中盛有密度为 1.2ρ 的液体乙，且液体甲和液体乙的深度相同。

①若液体甲的密度为 1×10^3 千克／立方米、体积为 5×10^{-3} 立方米，求：液体甲的质量。

②若液体乙的深度为0.1米，求：液体乙对容器底的压强。

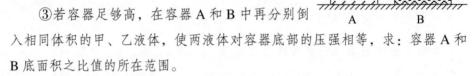

③若容器足够高，在容器A和B中再分别倒入相同体积的甲、乙液体，使两液体对容器底部的压强相等，求：容器A和B底面积之比值的所在范围。

该题以微课视频的方式呈现给刘同学，视频中先是介绍了几种液体压强的计算方法，然后详细解答了该题的做法以及液体压强的综合运用。选择该题是因为这道题是液体压强的综合运用，其知识点涉及密度和压强的综合计算，还重点考察了学生对液体压强计算的掌握情况。学生往往会由于对已知条件选用不当以及不习惯用符号来表达已知条件而失分。随后通过面对面的交流，能让教师更进一步地了解刘同学对该知识点的掌握情况及其对知识的迁移运用能力，以让其有针对地进行巩固提升。

结果： 刘同学物理成绩显著提升。他说："我现在等公交车的时候看一会儿视频，有些遗忘的知识很快就记起来了。遇上不懂的题目我不会再像以前一样慌张，也不会轻易放弃，我发现我喜欢上物理这门学科了。"

——上海市天山第二中学　倪晓婷

微视频是学生查漏补缺非常好的工具，不仅生动有趣，让学生愿意学、愿意看，而且学生可以利用碎片化的时间，实现随时随地随需学习。利用微视频，可以引导学生针对性地弥补学习漏洞，进入良性的学习循环。

（二）充分利用"空中课堂"优化课堂教学

"空中课堂"是目前上海最完备的、成系统的视频教学资源，覆盖小学、初中、高中三个学段。这些视频课均是教研员领衔、骨干教师执教、团队共同开发的优质课。长宁教师充分利用这些资源，优化线下课堂。

案例 4-14　概念课《数轴》

（一）课程引入

1. 自主探究，完成备课

教材的设计中，从回顾数轴的概念入手，用在数轴上描点的方式，让学生理解有理数也可以在数轴上表示出来这个结论。学生在小学已学过数轴的三要素，六年级第一学期也继续巩固过，但因为遗忘规律，还需不断强调。

2. 组内讨论，优化设计

备课组老师们最先讨论的设计方案如下：

请你观察并回答：小明、小丽的家离学校多远？（单位长度表示 1 千米）

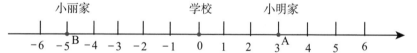

在数轴上点 A、点 B 所表示的数分别是 3 和 −5，它们与原点的距离分别是 3 和 5，我们把 3 叫作 3 的绝对值，5 叫作 −5 的绝对值。

老师们普遍认为，这种引入的方式与实际生活相结合，能使学生产生一定的学习兴趣，但给出现成的数轴，对规范画法的强调不够，使得后续学生自己画数轴时出现各类问题都较多。

3. 观看视频，获得提升

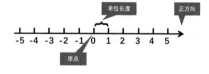

新知讲授

活动1 请同学们在课堂练习本上画一条数轴；
（规定一个单位长度，刻度从 -5 到5）

活动2 在刚刚画好的数轴上表示2和$3\frac{2}{3}$，并说明是如何表示的；

活动3 尝试在数轴上表示-3，$-\frac{2}{3}$和$-2\frac{1}{3}$，并说明是如何表示的。

观看"空中课堂"的教学视频后，备课组调整了课堂教学设计：先结合六年级第一学期学习的正整数的有关特征，回顾数轴的三要素，且只取自然数范围内的整数点；再结合上一课有理数的学习，将数轴上可取的整数点从自然数范围扩展到负整数，从而开展在数轴上表示有理数的教学。

设计的三个活动，把教材中在现成的数轴上表示整数的位置和真分数的位置，提升为自己画数轴，体会数轴的三要素，再在数轴上表示正数范围和负数范围的带分数。虽然难度有所提升，但结合之前所学的有关数的知识，能更好地进行分析。

（二）例题与习题设计

1. 自主探究，完成备课

教材上三个例题涉及的知识点分别为相反数、数轴上表示数、比大小。顺应本课时需要学生掌握的重点，数轴上表示数的问题是学生的薄弱点。对于大于号和小于号的写法，部分学生还不够明确。

2. 组内讨论，优化设计

经备课组讨论，尊重课本例题和习题的编排顺序，符合学生的理解规律。教学中，学生掌握情况符合预期。

3. 观看视频，获得提升

新知讲授

练习1： 请说出下列各数的相反数6，-3.2，0。

$$6 \xrightarrow{\text{相反数}} -6$$

$$-3.2 \xrightarrow{\text{相反数}} 3.2$$

$$0 \xrightarrow{\text{相反数}} 0$$

练习2： 以下叙述中，正确的是 （C）
A.正数与负数互为相反数
B.表示相反意义的量的两个数互为相反数
C.任何有理数都有相反数
D.一个数的相反数是负数

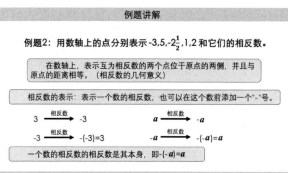

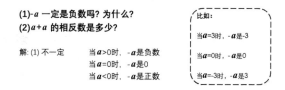

观看"空中课堂"的教学视频后，备课组调整了课堂教学设计：给出相反数概念后，及时巩固练习，精选了书上课后练习中的两道题，练习1选择了三个最有代表性的数，练习2是判断真假命题，巩固相反数的概念。课堂练习精讲精练。

对例题2的分析，从特殊到一般，使学生掌握用字母表示相反数的方法，并逐步渗透字母表示数的概念，为七年级做好准备。

——上海市天山第二中学　王婷

（三）开展人机互动助力个性化学习

以英语口语练习为例，数字化资源不仅可以提供海量的学习资源和生动有趣的学习场景，还可以通过人工智能形成针对性的反馈，甚至指导；让学生不仅能学，而且能根据需要学；不仅帮助教师教，而且为教师提供学情分析，以便更好地教学。

案例4-15　场景化学习在初中生英语听说中的应用研究

在课前或课后，学生可以通过平台进行读记词语、对话跟读、课文跟读、课文背诵、段落朗读等训练。智能教学平台系统通过数据量化学生知识掌握水平，帮助教师分析学生在重点词汇发音上的过关情况，哪些句子读得不好，加以纠正，从而有目的地进行反复操练。教师也可以结合数据以及学生的朗读录音，进行个性化指导。智能化手段能使学生的语音、语调等得到改善，并大大地提高教与学的效率。

"趣味配音"资源根据学生的学段，设置了符合学生认知水平的趣味配音练习，含有精选优质影视原声片段，原汁原味，让孩子为喜欢的影视人物配音，演绎自己最喜欢的影视片段。学生可以根据自己的学段或根据学校的学习进度选择相关话题的练习内容进行配音训练。学生先听后模仿，每一句配音完成后，系统会自动评分，对每一个单词的发音均显示具体评价：绿色表示发音标准，黄色表示发音一般，红色表示发音较差，需要多练习。完成配音提交后，系统会对整段配音从流利度、完整度、准确度三个维度进行整体评价。学生在逐句模仿过程中准确掌握各类英语发音，英语语感也会得到提升。因此，只要坚持下去，学生在发音、节奏和语调方面都会得到不同程度的提高。作品完成后，学生可以把自己的配音作品分享给其他同学，并从中获得鼓励和满足感，从而提升对英语的学习兴趣和积极性。趣味配音让学生置身于真实的语言环境中，在轻松、自然的气氛中输入大量的语言信息，在不知不觉中训练了听、说能力。

——上海市天山第二中学　王翊

（四）利用生成资源形成学习共同体

课堂教学过程中，在学生练习、师生互动中往往会生成一些重要的教学资源，比如学生极具创意的习题解法、典型的做题错误等。这些资源的充分利用，既符合从学生基础出发的需要，又符合知识学习的逻辑，还符合过程评价的规律，是实现高效教学的捷径。但是，如何及时发现这些生成的资源是日常教学的难题。借助数字化工具，课堂生成的教学资源可以完整地展现在学生眼前，让学生在同伴交流中高效学习。

案例 4-16　运用信息技术改进初中生命科学实验教学的实践研究

通过同屏技术有效进行实验指导。我校生命科学学科在教学的过程中以实验教学为主，共有 37 个需要学生做的实验。在实验课上，教师需要不断在各个学生实验小组中走动，指导学生进行实验并展示学生的实验成果。传统的使用电脑播放 PPT 配合实物投影仪辅助教学的方式往往需要教师在讲台、学生、展台之间来回奔波，异常忙碌。但通过同屏技术可以将手机或平板内容投影至大屏幕，教师只需操作手机就可以将手机中的 PPT 进行翻页、圈划，这样教师在操作的过程中就可以随意在教室中走动。教师也可以通过手机拍摄学生的实验结果，发送给微信中的文件传输助手，打开桌面版微信即可将照片、视频投影至大屏幕，学生可以立即看到正确的实验结果。教师也可以对实验过程中存在的问题进行摄影摄像、播放给学生看，及时指出实验中的问题，帮助学生改进实验过程。

在"观察水蚤"一课，教师可利用手机拍摄学生观察到的水蚤的心跳显微图像推送至屏幕进行讲解，学生即可一目了然，避免了以往常发生的将心脏与孵育囊混淆的情况。所以，手机推送技能可以大幅提升观察类实验指导的有效性。

运用无线投影技术实现师生互评。我校生命科学实验室引进了 20 台无线投影显微镜。无线投影显微镜可以清晰地将学生的观察结果投影至屏幕，便于师生共同点评实验结果，帮助学生明确观察对象，提高课堂的效率，减轻教师批阅负担。在显微观察类实验中，以往学生总是不明白在显微镜下要观察到怎样的图像，教师对着图像也很难用文字表达出学生观察的问题在哪。运用了无线投影显微镜后，学生的实验过程及结果可实时展现在屏幕上，学生一目了然，师生也可对实验结果进行点评，大幅提高了显微观察类实验的成功率。

例如，在"苔藓植物"一课中，学生制作葫芦藓叶片的临时装片，将其置于显微镜下进行观察。无线投影显微技术直接将学生的实验结果展示在屏幕上，教师与学生即可对实验结果进行点评——点评学生的临时装片制作是否存在问题，实验结果是否准确，是否观察到叶片中的叶绿体等。

这一方法也可以推广至制作并观察叶片的装片、观察青霉菌和酵母菌等初中生命科学显微类实验课。

——上海市延安初级中学　吴蓓蕾

二、虚拟增强现实让学习内容更加生动

（一）运用多媒体增强学习兴趣

随着 PPT 技术的成熟、电子白板设备的普及，多媒体技术已经普遍运用于当前的课堂教学中。适切的教学内容，通过技术的加持，往往能产生意想不到的效果，解决日常教学中的难题。比如，学前教育的美术活动中，长宁教师通过川剧"变脸"的视频，调动了儿童探究脸谱的兴趣；通过不同脸谱的观察比较，让儿童了解脸谱的特点；通过白板互动容易涂擦的功能，应对儿童畏难的情绪，让儿童充分地尝试。

案例 4-17　运用多媒体优化幼儿美术活动的教育策略

——以美术活动"画脸谱"为例

运用多媒体激发幼儿参与兴趣。大班的主题活动"我是中国人"中，我们开展了"京剧脸谱"美术主题活动。关于脸谱，最神奇的莫过于川剧绝活儿——变脸。当我把变脸的视频播放给孩子们观看时，教室里发出阵阵惊呼声，孩子们的脸上写满了惊讶、诧异、不可思议。为了满足孩子们的好奇心，我又下载了京剧演员化妆的视频，并向幼儿介绍了画脸谱用的工具，让孩子们通过视频直观地了解脸谱的绘画方法和过程。视频的直观展示一下子激发了幼儿参与脸谱主题活动的兴趣。

运用多媒体丰富幼儿的认知。在画脸谱活动中，为了帮助幼儿掌握脸谱的多样性特征，我下载了不同角色的脸谱图片，制作了 PPT，并通过 PPT 动

画帮助幼儿一步一步认识不同脸谱之间的区别。运用 PPT 将八种不同的脸谱集中在一起，方便幼儿通过对比观察发现它们的不同之处。我首先出示了红色、黑色、黄色、蓝色、白色、金色、紫色、绿色八种颜色的脸谱图片，引导幼儿通过观察脸谱的特征分辨其所代表的不同人物。孩子们纷纷说出自己的猜测。于是，我开始播放 PPT，一页一页地仔细讲解不同颜色脸谱的特征。同时，通过放大每一张图片，让幼儿看到脸谱上细节部分的勾勒。在欣赏一张张脸谱的过程中，孩子们兴奋地讲述着自己的发现。根据孩子们的讲述，我及时将他们的发现在 PPT 上圈画出来，让全班都能看到。通过对脸谱创作的动态分割讲解，进一步提升了幼儿对脸谱的认知。

运用多媒体解决教学重难点。在画脸谱的活动中，孩子们充分欣赏了脸谱之后，对自己创作脸谱作品充满了期待，但同时又有一些担心，害怕自己画不好，把脸谱画丑了，缺乏自信而迟迟不肯动笔。于是，我利用游戏时间，首先画出脸谱的轮廓，引导孩子们选择不同的颜色在脸谱上涂色；然后鼓励幼儿轮流在白板上尝试绘画自己喜欢的脸谱。孩子们可以选择现有的图形直接画出脸谱轮廓，也可以自己画出轮廓。有些孩子还尝试了合作创作同一个脸谱。孩子们在白板上玩得不亦乐乎。有了白板绘画的经验，当我把脸谱发给孩子们进行创作时，每个孩子都自信地在脸谱上作画，我再也没听到那些不自信的求助声。

——上海市建青实验学校 张亦秋

（二）数字实验增强代入感

小学科学，中学物理、化学、生物，有很多实验受限于设施设备或实验的危险性，无法在课堂上实际操作完成。还有些实验，显示结果的变化无法用肉眼看到，导致学习效果不佳。为了解决这些问题，长宁教师采用了两种方法。一是运用数字化信息系统传感器（DIS 传感器），让实验结果更加精准、更易观察。数字化信息系统传感器（DIS 传感器）是近几年运用于物理、化学、生物实验中的实验设备，它能够将实验所产生的气压、水温等各种数据变化表示出来。这样，能够给学生更加直观的实验感受。二是运用数字软件，进行虚拟实验。虚拟实验虽然缺少现场感，但它可以实现 360 度无死角，也可以放慢实验过程，还允许学生增减实验条件进行探索，从而进行更加详细的观察，开展更加有趣的研究。

案例 4-18　基于实验探究素养培育的概念转变教学

——以《探究氢氧化钠溶液的变质情况》为例

科学概念的合理构建是核心素养培育的基石。然而，仅靠呈现科学事实组织教学，忽略学生已有的观念，教学效果往往达不到预期。影响学生学习最重要的因素是学生已经获得的知识，只有确认了这一点，才能据此进行教学。

在国家智慧教育公共服务平台"暑期教师研修"专题中的"全国科学教育暑期学校"，沈阳会场李广胜老师介绍了虚拟仿真技术在实验教学中发挥的重要作用，展现了科学技术与教育教学的深度融合。开展虚拟线上实验教学，打造沉浸式的课堂体验，在数字化教学中渗透学生实验探究素养的培育。

一、精准定位，挖掘学生概念认知起点

教学基本要求中"结合化学知识制定检验简单物质的实验方法"，串联了知识运用、技能实践和素养培育。

从学科本体知识来看，学生对"物质的检验"普遍存在前概念，往往混淆"检验"和"鉴别"，尚未将"利用物质的特性开展检验"和"发现物质间差异实施鉴别"区别开来。此外，学生侧重具体物质知识的识记，缺乏按照物质类别梳理和比较物质性质的意识。上述前概念表现正是开展概念转变教学的突破口。

二、因势利导，实施概念转变教学

以"探究久置的氢氧化钠溶液的变质情况"为载体，学生在对混合物的成分分析中，感受物质的特性与物质间性质的差异，辨析"检验"与"鉴别"。概念转变通常会经历"引发认知冲突—解决认知冲突—新概念理解与应用"三个学习过程。

（一）引发认知冲突的学习过程

在"引发认知冲突"环节，由"如何检验氢氧化钠溶液是否变质"开启研讨，学生聚焦碳酸钠的性质设计方案，并借助"虚拟化学实验"进行验证。在直观的实验现象中学生体会到氢氧化钠的存在会给碳酸钠的检验带来干扰，形成了认知冲突，这时就凸显了就物质性质进行比较学习的重要性。

引发认知冲突的概念转变教学片段

环节	教师活动	学生活动	设计意图
如何检验氢氧化钠溶液是否变质	【设问】 氢氧化钠溶液为何会变质？ 如何检验氢氧化钠溶液是否变质？ 【学生虚拟实验】 将酚酞试液分别滴入氢氧化钠溶液、碳酸钠溶液和待测液中，观察现象	思考、讨论 虚拟实验，观察现象 三支试管内现象相同，无法检验。体会现有方法存在局限	发现问题，体验对物质性质进行比较学习的必要性，激发概念转变内驱力

（二）解决认知冲突的学习过程

在"解决认知冲突"环节，由"如何检验氢氧化钠溶液是否变质"向"如何检验氢氧化钠溶液的变质程度"逐层递进，分组讨论辅以虚拟化学实验，学生完善方案、验证想法，进一步感受"利用物质的特性开展检验"和"发现物质间差异实施鉴别"的区别，厘清"检验"和"鉴别"的概念。

解决认知冲突的概念转变教学片段

环节	教师活动	学生活动	设计意图
如何检验氢氧化钠溶液的变质程度	【设问】 1.对不同变质程度的氢氧化钠溶液进行成分分析 2.检验氢氧化钠溶液的变质程度 【学生虚拟实验】 先后将足量的氯化钙溶液、酚酞试液，分别滴入氢氧化钠溶液、碳酸钠溶液和待测液中，观察现象	思考、讨论 虚拟实验，观察现象 三支试管内现象不同，可以检验 实验记录、小组展示与过程性评价	通过对比实验，完善方案设计，发现物质间性质的差异，厘清"检验"和"鉴别"，促成概念转变

（三）新概念理解与应用的学习过程

在"新概念理解与应用"环节，总结久置的氢氧化钠溶液中各成分的定性检验方法，拓展定量探究途径，在实际情境中体会发现、分析和解决问题的科学探究过程，感悟定性与定量结合的研究方法，培育实验探究素养。

新概念理解与应用的概念转变教学片段

环节	教师活动	学生活动	设计意图
总结 拓展	【总结】 归纳久置的氢氧化钠溶液中各成分的定性检验方法 【拓展】 按如下方案分析久置的氢氧化钠溶液的变质情况 200mL溶液 平均分成两份 → ①蒸发 → 10g固体（不含结晶水） ②加过量CaCl₂溶液 过滤、洗涤、干燥 → 0.02mol白色固体	归纳总结 根据化学方程式计算，展开定量探究	有机结合定性实验和定量计算，拓展久置氢氧化钠溶液变质情况的研究方法，培育实验探究素养

三、由点及面，促成实验探究素养培育

本课致力于挖掘线上教学资源，使实验探究素养培育与概念转变融会贯通。

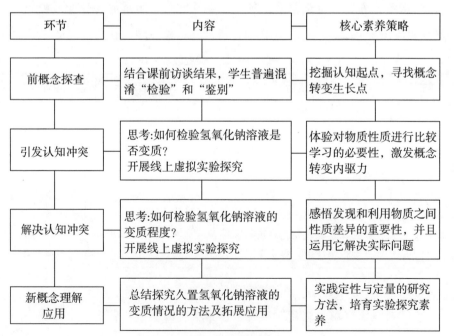

基于实验探究素养培育的概念转变教学流程

总的来说，前概念的转变与学科素养的培育，并非一蹴而就，而是一个长期的过程。运用类似的教学模式，还可以将探究大理石高温煅烧后的固体成分（碳酸钙与氧化钙的混合检验）、探究实验室制备二氧化碳反应后的废液成分（稀盐酸与氯化钙溶液的混合检验）等真实情境串联，由点及面，有利于学生丰富物质知识的内涵与外延，根据物质类别网格化梳理物质性质，感悟发现和利用物质性质差异的重要性，并解决实际问题。由此，体现基于实验探究的概念转变教学在核心素养培育中的重要价值。

四、扬长避短，优化虚拟实验资源应用

将部分虚拟实验融入课堂教学，有利于激发学生的实验探究兴趣，有效提升学习参与度。

（1）实验互动性强，学生体验感好。相比传统课堂的演示实验，虚拟实验解决了部分实验时间长、成功率低的问题。此外，实验界面分区合理，功能清晰明了，对学生的操作及时响应，学生可以近距离观察实验现象，获得良好体验。

（2）虚拟实验资源可"定制""分享"。教师可根据教学实际编辑实验内容，完成后通过系统生成的二维码分享给学生，支持重复实验、课后实验。学生能够不受限于时间与空间，将学习的场所从课堂延伸至课下，充分发展自主探究的积极性。

（3）虚拟化学实验中可视化模型的传递，能促进学生微粒观的构建。化学学习是在宏观、微观和符号三种水平上建立对物质与物质变化的认识，掌握物质间的内在联系，从而形成化学学科特有的思维方式。利用虚拟实验室中的微观模型，帮助学生建立宏观、微观的联系，将宏观实验微观化，能促进学生对化学变化本质的理解。

值得注意的是，理想的实验环境无法替代真实的实践操作。虚拟实验对物质属性的描述仍然存在局限，特别是综合性实验探究。此外，虚拟实验中通过鼠标操作，不具备真实性；理想化的实验环境，回避了真实实验情境中的实验操作技能与实验误差分析等客观实践要素。因此，需要将线上虚拟实验与线下实践操作有机结合，以便扬长避短，通过合理应用数字化教学技术，有的放矢地优化课堂教学。

——上海市复旦初级中学　施昼悦

案例4-19　数字赋能，点亮课堂

传感技术帮助分析数据。DIS 传感器有助于解决实验数据获取不准确的问题。例如，在《温度》一课中，学生要对水温和沙温两组数据进行比较，传统酒精温度计的极限在 100 度，无法满足沙子的温度范围，而且温度计的测量刻度是以 1 度为最小单位，看不出细微变化。使用 DIS 传感器，一是解决了实验操作复杂的问题，使实验过程更加规范；二是测量的范围更广，最小单位更精确且获取数据更方便，过程中可直接从数据显示模块观察数值，再通过电子任务单采集数据，采集的多组数据投屏于大屏幕上，让学生观察，进行比较，经过大组交流后便可得出结果。自动生成的折线图能直观反映数据变化情况，有效进行数据分析，保证实验的真实性、科学性。

虚拟实验室创设应用场景。比如，在《日食与月食》一课中，模拟地球上看到月食现象，通过直播，将固定投影变为 360 度摄像头全方向导播，学生通过投屏清晰地看到了模拟实验中月球表面发生的阴影变化，进而对月食的产生有了初步的认识。再如，日月地三者的距离，通过模型观察只能从宏观的位置来判断三者的关系，并没有形成深入的理解。而 PhET 仿真程序则可让学生位于日月地任意一个位置，并通过拖动、连线、测量，感受天体之间的位置关系。

——上海市长宁实验小学　杨欣

（三）进行云参观开阔学生视野

社会实践、综合学习是育人模式转变的大趋势。博物馆、科技馆、美术馆等社会场馆是非常专业且优质的育人场所，作为学校教育的有益补充，应该充分发挥其作用。但是，学校组织学生到社会场馆进行实地参观学习，受时间、空间、组织等因素影响，要增加很多工作量和学习成本，不宜过于频

繁。如何解决利用优质社会资源与降低学习成本之间的矛盾?云参观是解决路径之一。

案例4-20 数字博物馆的延展性

——以天山二中"博物馆巡礼"探究课程为例

根据我校"博物馆巡礼"实施方案,我们以一个研究专题为基本单位,共安排8课时。其中,第1课时为选题,即任务单制定,第2课时为任务单交流,第3、第4课时为实地参观考察博物馆,第5课时为完成作业,第6课时为作业交流,另外两课时用于课余对研究内容进行完善和补充。两个课时的实地参观考察,仅仅是一种最低限度的保障,显然捉襟见肘。

时空局限的问题在数字博物馆课程中迎刃而解。参观考察的时间可以完全超越2课时的局限,很大程度上可以避免匆匆来去、走马观花、流于形式的问题,在时间上提供了深度探究的可能性,因此也涌现了一批较有研究深度与价值的案例。诸如探究讲述中国电影发展历程的《百年影人,芳华永存》,钻研社会伦理、探究阐释中国传统家教家风的《家和万事兴》,探究上海自然博物馆镇馆之宝的《马门溪龙》,探究比较古今消防差异的《故宫防火》等,都是其中的代表。

互联网的云游模式,使地域限制完全不存在,本区、本市乃至更远的范围,都是参观考察者足迹和目力所至之处,交通、安全等外部因素也无须考虑。在摆脱外部因素制约的情形下,学生更多关注自己的研究兴趣和方向,更多突出了自己的主体性,研究专题的范围也随之扩大了,这是以前无法达到的。

互联网数字博物馆阶段性研究案例部分选题一览

博物馆	研究案例	博物馆	研究案例
上海电影博物馆	百年影人,芳华永存	上海科技馆	人工智能
上海自然博物馆	恐龙遭遇了什么	中国钱币博物馆	纸币会不会消失
上海自然博物馆	夜空中最亮的星	中国剪纸博物馆	十二生肖剪纸
上海自然博物馆	马门溪龙	上海博物馆	青铜器

续表

博物馆	研究案例	博物馆	研究案例
上海自然博物馆	黄河古象	上海博物馆	上博镇馆之宝
苏州博物馆	草书册	上海博物馆	书法起源
苏州博物馆	吴越文化	上海博物馆	唐寅作品鉴赏
上海昆虫博物馆	蝴蝶探秘	故宫博物院	故宫防火
上海昆虫博物馆	丝尾鸟翼凤蝶	故宫博物院	灵沼轩

——上海市天山第二中学　来皓

（四）虚拟空间促进个性化自主学习

虚拟现实（VR）和增强现实（AR）技术实现了从二维到三维的迭代，让场景体验更富现场感。在一些不仅需要知识理解、理性分析，更要实践操控的学习项目上，长宁尝试使用数字技术打破时空限制，构建虚拟学习空间。例如，少年科技指导站的船模项目，由于现场操作船模在时间、空间、损耗上的成本太高，教师与科技公司共同开发了虚拟现实（VR）船模操作软件，让更多学生接触船模项目。

案例 4-21　创新教育场景 赋能教育发展

——融合 AI 技术的 K12 智慧校园

生活中很多问题是无法靠实景重现来教会学生如何处理的。比如，生活中一旦遇上火灾，如何使用灭火器？如何进行火场逃生，让安全教育身临其境？传统的消防宣传教育形式枯燥无趣，要体验真实的消防逃生，不仅花费高还有一定危险。在建青实验学校的安全体验空间中，学校利用 VR 技术进行 360 度 3D 场景的搭建，为学生提供全方位的安全逃生虚拟交互学习体验。学生戴上 VR 眼镜，进入沉浸式训练，体验虚拟环境下的真实起火场景，通过手柄操控实现规范使用灭火器和火场逃生的训练，以此加强对学生的安全教育。虚拟现实技术让学生身临其境地进行体验式学习，很好地掌握了消防灭火器的使用规范，能够独立完成小型起火处的灭火，同时也无须设置真实起火场景和逃生场景。这样的训练在很大程度上帮助学生实现了学科知识以外生活能力的培养。

除此之外，学校也为学生建设了更有吸引力的"元宇宙"学习空间，包含理化生虚拟实验、VR 创想实验、科学实验三大内容的创新实验室。营造学习研究环境，鼓励学生大胆设计、敢于创新，在虚拟系统中不断完善自己的创意和发明，突破有形和无形的限制，彻底激发学生的创造力。提供沉浸式学习的学习空间，加强学生对真实场景的理解，提升学生的综合素养。通过 AI 智能助教辅助学生完成实验，在线实时进行实验分步骤指导、知识讲解、错误提醒等，通过高精度 3D、VR 资源实现拟真操作来达到多维度拟真体验，最大化接近真实实验操作规则，实现视觉、听觉乃至触觉的全方位沉浸式体验。VR 创想实验可以通过时间轴或者逻辑轴进行可视化的事件编辑，享受所见即所得的编辑过程。

——上海市建青实验学校　童葆菁

三、探索随时随地随需的泛在学习

（一）基座内嵌优质资源随时共享

长宁集中骨干教师力量，根据初高中各学科的知识重难点，开发了上万个微视频，包括优质课视频、拓展研究课视频等；以初中各学科教学内容为主线，开发了上万份优质学科作业和综合实践作业。

案例 4-22　融合虚拟实验与微课加强中学化学教学

长宁数字基座中内含微课录制以及虚拟化学实验室等应用，在线上教学期间为学生提供了学习资源，帮助学生自主学习。恢复线下教学后，教师也沿用了数字基座中的功能，利用动态的虚拟化学实验和流畅精巧的微课视频，为学生展示物质发生化学变化的具体现象和结果，带给学生更为直观、深刻的视觉感知，从而激发学生探索化学世界的兴趣，为化学教学助力。

本案例为气体制取复习专题，主要通过分析反应物及二氧化碳的性质设计出反应的装置，进而归纳总结出固液不加热反应的实验装置和固液加热装置。气体制取复习课需要准备的试剂和装置较为烦琐，在课堂上搭建和拆卸装置较为耗时，在课堂上可以采用虚拟化学实验的方式进行多次实验，让学生在课堂上快速组合实验装置，验证装置效果。

教学活动	措施
基于实验室如何制取二氧化碳这一问题展开教学	通过问题化的内容激发学习者持续探究的兴趣与热情
以二氧化碳在自然界中的循环作为导入，以固液不加热法可以制取一般气体的方法	用趣味动态形象代替二氧化碳分子；根据学生提出的方案从虚拟实验室中拖出相应素材，让学生搭建装置，并进行装置的改进
课后复习	在课后结合虚拟化学实验室制作微课，将微课推送给学生，附件中提供学习任务单，在任务一栏提供相关微课的链接
作业的布置	在微课附件中提供两套进阶练习，有选择题和实验题两种题型，并且有详细的答案，在视频最后提示学生自主练习

——上海市天山第二中学　赵佳盈、汤禹晨、何雯洁

（二）充分利用非正式学习空间

学校是学生学习的地方，更是学生成长的空间。学生的成长不仅包括知识的获得，更有交往能力的发展、社会性的增强、价值感归属感的获得以及世界观、人生观、价值观的培养。这些素养的提升，很多情况下更依赖于非正式学习。在非正式学习领域，数字化教学以其连接、共享、及时沟通、易

于调整等优势，发挥着促进学生成长的作用。

案例4-23 教育数字化转型背景下的教学新生态

希沃电子班牌可以帮助建设数字化非正式学习空间，打破学科教学和德育间的壁垒。每班可根据具体需求选择模块组建学习空间，例如，六年级3班的班牌中设计了班级文化栏、课程表、通知栏、气象预告栏、视频展示栏以及图片展示栏。

通知栏中除发布近期校内新闻、参赛通知外，还发布学生获奖名单、每周学习进步名单、劳动小达人名单等以作嘉奖，名单两周一更新，评价角度多元化，给予学生正向刺激，通过榜单争锋勉励学生勤学、乐助。

视频展示栏和图片展示栏发布学生作品、优秀作业、笔记、近期生活写照以及集体性演出等，鼓励学生分享学习心得体会，取长补短，养成善思、乐享的习惯。

此外，在通知栏中进行图文编辑也可进行好书推荐，拓宽学生的阅读面，定期发布阅读小任务进行打卡，激发学生阅读兴趣。

将打理班牌的权限开放给学生，既能培养学生在班集体中的主人翁意识，又能锻炼他们的综合能力，如通过排版布局、拍摄照片提高审美创造力，通过文字编辑提高文学素养，通过团队合作培养协作力等。

——上海市复旦初级中学 丁慧

（三）打造更灵活的线上学习空间

线下学习环境和线上学习空间各具优势。在优化线下学习环境的同时，长宁着手打造与现实孪生的、可充分发挥优势的线上学习空间，使学生获取更加丰富的学习资源，形成数据跟踪的学习过程描述，拥有互动共创的学习交流平台。

案例4-24 数字化转型打破时空壁垒，赋能课堂内外教育教学

我校的少先队云端阵地结合学校的文化特色命名为"小太阳旅社"。"旅社"中设置有二十余个栏目，结合基座中的不同应用功能，将红领巾奖章争章、推优入团、仪式教育等少先队相关教育活动内容进行分类设计与编排。

云课堂积累短视频学习宝库。利用数字基座上的云课堂功能，一方面收集"萌动上海""全国少工委"等官方公众号上的学习资源，为手机管理背景下的学生线上学习活动提供一个集合式的纯净空间，另一方面鼓励学生发挥自己的才能开展创作，将自己的学习成果用视频的形式呈现。例如，将"学习强国"中的学习资源进行改编，围绕党史老物件开展专题研讨，用线上汇报的形式形成丰富的校本化党史学习资源库等。

动态话题打造交互学习场景。动态话题是数字基座上最基础也最具有可塑性的功能。它可以及时发布各类团队活动信息，在动态话题下建立表单，可以直接形成报名通道；学生参与活动获得的荣誉也可以通过建立话题进行展示宣传，同伴之间相互点赞形成良好的交互氛围。在线上学习期间我校还建立了云端"心灵树洞"，学生可以匿名在话题中发布动态、倾吐烦恼，同时也可以为他人的困扰建言献策，在特殊时期相互陪伴。

积分榜提供激励式学习评价。基座中的积分功能会根据使用者浏览、转发、评论等操作自动进行分数的计算，根据激励方向可以提前更改积分规则，结合游戏化的情境还可以设计成具有趣味性的积分榜单。这一激励形式能够大幅度提升学生自主参与云端学习活动的兴趣。

知识库搭建项目式学习空间。知识库文档在线编辑、多组件的特点与少先队项目式学习的特色契合度很高。以少先队仪式筹备为例，围绕该项目师生可以共同组成筹备组，并建立组内的知识库，在知识库中可以插入会议闪记、共同编辑文档、建立临时小组讨论通道、制订任务完成计划表等，在这一过程中教师可以作为协助者，通过知识库中的任务进程关注学生的合作情况，在必要时提供帮助和指导，避免教师一手操办，真正发挥少先队活动的自主性。

　　"云端"的属性大幅度增强了少先队活动阵地建设、更新的时效性和灵活度，也让更多学生能够参与其中，扩大了活动教育的辐射力。

——上海市复旦初级中学　陆雅磊

第 五 章

数字赋能"活力教育"的探索（下）

　　本章将继续探索数字化转型如何激发师生潜能，赋能教育教学。长宁的实践证明，数字技术能够为学生的健康成长提供建议，为教师的高效教学提供技术支持，为学校管理者的决策提供数据支撑，彰显"顺天性而教、循规律而育"的"活力教育"内涵，实现数字赋能学校的高质量发展。

　　教育数字化转型赋能学生健康成长，为学生成长建立起更加科学高效的数字化保障。数字化转型使大规模因材施教成为可能，能够克服传统班级授课制的不足，给教师提供更加精准的学生学习情况数据分析，助力教师科学施教。数字化转型赋能学校管理，使复杂的学校管理流程化、标准化，解放了更多人力，实现了科学管理，提升了管理效率。

第一节　赋能学生的健康成长

教育关系千家万户，孩子的健康成长是家庭幸福的基础。青少年学生的身心健康已经成为国家层面关注的重点，是学校教育的第一要务。在社会发展节奏越来越快、学生的时间分配越来越精细化的背景下，如何让学生充分利用时间，以更加科学的方法提高体质、预防心理问题，是基层教育部门要思考的问题。长宁用数字化的方式，根据每一个学生的数据追踪和分析，辅以算法模型，提出有针对性的反馈建议，并跟进指导，循环往复，实现个性化的陪伴成长。

一、区域基于数据分析的运动处方

1954 年，美国运动生理学家卡波维奇（Karpovich）提出运动处方概念，它基于自然体育和现代科学发展而产生[1]，与身体机能评定以及运动康复治疗的发展密切相关。1969 年，运动处方这一术语被世界卫生组织（WHO）正式采用，标志着该术语得到国际上的认可[2]，加快了世界各国对运动处方的研究。

20 世纪 80 年代初期，运动处方理论引入我国，最早应用于医院康复科对康复期患者的康复治疗和疗养院的跟踪治疗。随着健身运动负荷价值阈、

---

[1] SCHOO A. Motivational Interviewing in the Prevention and Management of Chronic Disease: Improving Physical Activity and Exercise in Line with Choice Theory [J]. International Journal of Reality Therapy, 2008, 27（2）: 26–29.

[2] MAZZEO R S, TANAKA H. Exercise Prescription for the Elderly [J]. Sports Medicine, 2001, 31（11）: 809–818.

健身运动负荷标准实验等理论与实践的发展，关于运动处方的研究取得了长足的进步。《体质评价——原理，实践和应用》[①]等专著的出现，标志着运动处方开始结合体能评价。1995 年国家提出《全民健身计划纲要》，肯定了运动处方在健康领域的重要性，运动处方开始有了更为全面的发展，出现了不同的新型应用领域。随着运动处方在我国的发展，很多体育院校已经开设了与运动处方相关的课程。2001 年我国开始施行体育与健康课程标准，提出运动健康在中学课程中的应用，在"健康第一"的前提下，增加体育健康课程内容的吸引力和趣味性，引导学生培养良好的运动健康意识，提高身心素质。同时有学者对运动处方在教学上的应用进行了相关研究[②]，探索出了一些增强学生身体素质的最佳锻炼处方，为增强学生体质提供了较为科学的依据和方法。

概括而言，运动处方是借用医学的概念，应用到学校体育教学中改善学生体质的个性化建议。长宁教育根据学生体质数据，按照学生的体质状况和体育运动能力水平的差异，采用不同的运动处方形式，为学生提供运动建议，并将其连入上海政务一网通办"随申办"，方便家长查询。

（一）收集体检、体测数据，归入数据池

按照体检表以学生为单位录入体检信息，并通过智能化设备，采集学生平时的体测数据，将来自不同系统和智能化设备的体检与体测数据归集到数据池，统一上传到区域数字基座，为后续进一步分析提供数据基础。数据上传完毕，数字基座上可按照学年、时间段、测试项目、年级、班级、姓名、性别、学籍号等信息分别筛选、查找体测数据信息。

（二）依据身体健康标准，进行个性化比对

按照国家学生体质健康标准，对每名学生的身高、体重、胸围、肺活量、营养状况、发育及血压状况进行评价，形成学生个体的体检和评价报告，

① 谢泼德，赖伐尔.体质评价：原理、实践和应用[M].陈珣，译.北京：文化教育出版社，1983：1.
② 彭仕青，郭鼎文.健身运动处方在普通高校健身课教学中的应用[J].体育学刊，2001（4）：87-89.

得出各指标不同等级的分布情况。以江苏路第五小学申同学为例，他可以在"青少年健康管理个人空间"中查找上次测试和本次测试体质分析对比图，包括力量、爆发力、心肺耐力、柔韧素质、机能五个方面；自己体质在班级、年级、区同年级中的排名；以及在校内和校外的运动行为，包括时间、项目、时长、强度、心率等。申同学还收到新消息提醒：今日高强度运动时间少于60分钟。

（三）运行算法模型，给予运动建议

依据学生体检和体测指标的分析，建立适合区域学生健康数据的算法模型，进行特殊统计处理，计算出各年龄组身体发育形态指标（身高、体重、胸围）的算术平均数、标准差、变异系数、最大值和最小值，为学校、学生和家长提供有针对性的健康干预及运动指导（见图5-1）。

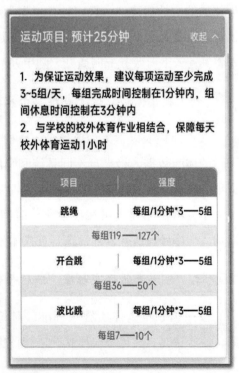

图 5-1 个性化运动建议

（四）分层体质分析，形成区校班体育重点

通过对大数据的整理分析，以报表形式生成学生群体体检报告，报告包括检查内容、检查目的、检查方法、形态机能指标均值、健康检测情况、检查指导意见等，在此基础上形成分层分类区域体育教学的重点（见图 5-2）。

图 5-2　基于数据分析的体育教学

二、学校基于数据分析的运动训练系统

为了提高学生体质，日常锻炼必不可少。以锻炼数据的随时采集、有针对性的教学内容、及时诊断为依据，辅以回家锻炼的跟踪督促，帮助学生养成运动的习惯，不断增强学生的体质健康，使他们受益终身。

（一）数据日常采集

在体育课、课间等时间开展运动，通过锻炼屏、穿戴设备等可自动完成身份识别，伴随式采集运动数据（见图 5-3）。与此同时，有学校还设置了体育测试屏，让学生在体育课自主活动时间、课间都能完成体育测试，以测代练、勤测勤练。通过视频捕捉、AI 算法等技术，无须监考老师，也能对学生的违规行为进行判定和提醒，并播报成绩。测试成绩自动上传整理，作为学生运动数据保存。

图 5-3　学生在体育锻炼屏前锻炼

（二）运动水平及时评估

以体育锻炼日常数据为依据，人工智能可对学生运动水平等进行评估。一方面，可以根据运动和测试的数据进行诊断，比如跑步的速度、跳远的距离等，另一方面，体育屏还可以捕捉学生的运动技能水平。以立定跳远项目为例，能捕捉到摆臂次数、腾空高度等传统人工记录时无法获取的数据。以九年级 1 班的王同学为例，其立定跳远的个性化测试报告显示：测试成绩为 164 厘米，分数 10 分，不及格；摆臂 9 次，预摆幅度 114.5 度，腾起角度 41.8 度，膝关节角度 69.2 度，前伸角度 0 度，腾空时间 0.3 秒，落地角度 0 度，平均速度 4.8 米 / 秒。预摆阶段摆臂幅度适中，与下肢协调，但是次数过多导致体能消耗太大、心理紧张，建议摆臂 2—3 次。起跳阶段腾起角度最佳，能配合两臂上摆力量迅速蹬地，但是膝关节角度过小，容易导致髋膝踝蹬伸不充分，建议加大膝关节角度，分散下肢压力。腾空阶段膝关节角度不足，收腹举腿不积极导致上体前旋，建议重点发展大腿前侧与核心收腹力量。在肌肉锻炼上建议加强股四头肌力量训练，如合掌跳、深蹲、深蹲提踵、蹲马步；加强腹直肌力量训练，如提膝击掌、仰卧起坐、收腹跳、深蹲提膝；加强股后肌群力量训练，如深蹲、弓步跳、开合跳、蹲跳。也就是说，根据两方面的数据评估，学生不仅可以知道自己跳得远不远，还能知道为什么自己跳得不远，有哪些环节可以改进。不仅可以获得个人当前的评估分数，还能知道与该项目相关的身体肌群发展情况，获得锻炼建议。依据数据的评估，再加上教师根据经验和对学生的了解进行的判断，最终形成学生的相关运动的测试报告，给予运动建议。

（三）运动锻炼的督促跟踪

在个性化运动建议的指导下，教师除了督促学生在体育课自由活动时间进行针对性练习，还通过"体育云锻炼"等程序，鼓励学生校外运动。教师可以通过小程序布置作业，学生在家完成作业，手机自动录入并传送至教师手机，实现体育作业的监管。

三、教师基于数据分析的日常教学

（一）运动技术分析促进个性化运动改进

借助移动互联网、大数据、人工智能等现代技术，体育课可以创设全新的教学场景，提供更丰富的运动体验，拓展物理多维的体育新世界；也可以优化学生的学习体验，改变传统的体育教学方式，提供尊重学生不同兴趣和需求的个性化教学设计。

案例 5-1 突破课堂的边界

——数字化技术赋能学生在体育教学中的自适应学习

作为体育教师，我们结合学校所开展的"生态课堂"教学模式，尝试将数字化技术作为教学工具，应用到"生态课堂"教学的各环节中（课前孵化、课中生长、课后反哺），帮助学生提高学习效率，并针对不同学生的能力水平制定不同的学习路径，来提高学生学习的自适应能力。

在课前孵化环节，我们会测试或诊断学生的已有水平，据此提出问题，让学生带着问题从教师的共享资源中寻找答案，并利用"晓黑板"APP回复交流，从而在教学计划中再设计分层任务。在共享资源平台上，我们也开发建立了篮球技术层面的教学资源库、篮球运动知识层面的教育资源库、欣赏层面的演示视频资源库、学生数据层面的成长数据库（包含体质健康数据、青少年技能等级测试评定标准）等。

在课中生长环节中，情境的引入至关重要，我们会用希沃显示器显示定势动作形态或利用慢播放功能。在引导探究和分组探究环节，我们也会利用数字化教学器材：摄像机、摄像头、电脑、投影仪以及 Dartfish 运动分析软件。其中，摄像机在上课之前安装在室内球场两侧最佳拍摄角度，由计算机全程监控拍摄；投影仪及大屏幕等设备都安装在室内球场旁的小型会议室。摄像拍好后，把视频资料存入电脑硬盘，再由 Dartfish 运动分析软件进行动作回放，加上对学生的错误动作和正确动作的对比，以及局部动作放大演示和对关键动作的注释。

对于静态技术动作则使用拍摄设备拍照观看动作的标准程度，对技术动作标准的学生使用拍摄设备进行拍照记录，用作示范模板，既保证正确动作的演示，又避免让优秀的学生一直进行演示。为动作不规范的学生使用拍摄设备进行拍摄，让他们很直观地看出自己的不足之处并进行改正。学生在观看自己错误动作的同时，可以对比标准技术动作，看到自己的不足，并且在脑海里演练正确动作，加深对正确动作的记忆。当技术动作正确时，再进行一次拍摄，让学生看到自己的进步，他们对动作的理解会更加形象，这能让学生提升自信心，记忆也会更深刻。

对于连贯的动态技术动作，使用录制设备录制数字视频，由于完成速度较快，为了让学生们看得更清晰，将视频用合适的倍速慢放，看清动作的每个细节，与标准动作对比分析，在关键地方还可截取图片仔细观看。同样，让做得标准的学生给大家做示范，并从最佳的角度录制该学生示范时的视频，为以后其他学生观摩正确动作提供动态视频资料。对动作不规范的学生进行录制，通过观看视频找出问题、解决问题，帮助学生快速改正。

此类影像数字化技术的应用不仅辅助了学生的合作探究，同时也让生生互评、师生互评等评价反馈有了科学的依据。在课中形成的图片和视频资源会直接传到网络共享，收集和分析学生学习数据，进行数据分析，形成个性化的学生画像，从而为学生提供个性化的学习方案、学习资源和学习路径。

在课后的反哺环节，网络的共享资源库又起到了巩固提升和指导应用的作用，我们将课中形成的图片资源和视频资源用网络资源共享的方式再反馈给学生，加深学生对技术动作的记忆。在后续的教学组织中我们将加强勤练和常赛的实践活动，逐渐提升学生运球创造投篮机会的能力。

——华东师范大学附属天山学校 李晓明 沈华英

案例说明了数字化技术的应用，实现了在合适的时间给合适的学生推荐合适的教学资源，以实现精准教学，赋能学生的自适应学习。

（二）运动强度分析保证课堂运动达标

强度是判断一堂体育课运动量的重要指标，也是一堂体育课学生是否达到运动效果的重要数据表现。体育教师在课堂教学中，在既定的运动时间内，要注重强度，保证课堂运动达标，从而达到理想的锻炼效果，增强学生的体质健康。

案例 5-2 基于数字基座的初中体育数字化教学实践

数字化时代，运用数据来提高课堂教学的时效性，对提高课堂教学效率具有重要意义，也是后疫情时代体育教学转型的必然要求。

以"跨越式跳高"为例，教师通过长宁数字基座进入校信应用，点击"开课评课—我要开课"上报公开课信息，然后进入课的准备阶段。本节课会用到的智能设备是 Polar 心率表。一般而言，Polar 心率表在径赛或体能训练中使用比较多，而本节课使用 Polar 心率表主要是数字化教学的一次探索，通过后台数据反馈判断教学设计是否合理，了解学生的学练情况，便于改进，促进师生共同发展。

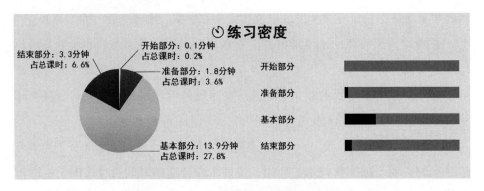

西郊学校七（1）班某节体育课的练习密度

　　课程结束，自动生成体育课报告和个人报告，便于教师了解整节课的练习情况及每个学生的练习情况，从而有针对性地给予指导。就"跨越式跳高"这节课显示的数据而言，还没有达到"运动密度不低于75%，练习密度不低于50%，运动强度达到中高运动强度，班级所有学生平均心率在140—160次/分钟"的要求。跨越式跳高由助跑、起跳、腾空过杆、落地这四个紧密衔接的部分组成，每完成一次跨越式跳高大概要用5秒，要加大运动量则需要增加练习的次数。在教学过程中需要改变组织方式，将5人一组变为2—3人一组，加大练习密度。在体能环节可以加入一些跑跳类练习拉高心率，提高运动强度。

——上海市西郊学校　鲁冬明

四、幼儿园基于数据分析的健康管理

　　在教育数字化转型过程中，幼儿园可以从自身情况出发，聚焦园内保教实践痛点，将健康管理与信息化深度融合，利用数字化工具来完善幼儿园的管理、教育教学、教师专业发展、家园沟通等，为幼儿提供更好的教育服务，促进幼儿健康发展，实现学前教育高质量发展。

案例 5-3 依托数字化转型着力提高儿童健康规范化管理水平

为了提高儿童健康管理水平，发挥儿童健康档案的有效性。依托长宁教育数字化转型的契机，我园通过长宁数字基座低代码工具创建了儿童数字化健康档案。

儿童数字化健康档案通过健康体检数据的统一输入、批量导入、一人一档输出，减少了烦琐、重复的工作，进一步提高了效率。通过数据的积累、保存与归档，最终能完整展示幼儿从入园到毕业整个学前阶段各方面的生长发育情况，包含身高体重测量、视力牙齿检查、血尿化验等各方面的数据。从长时间轴上关注到每个幼儿的变化和发展，将其各类健康数据进行整合评估与管理。

通过建立儿童数字化健康档案，既利于健康数据的保存和查询，又避免了纸张磨损、占用空间大等缺点，还减少了数据记录烦琐、项目众多等问题，避免了因记录步骤烦琐导致的人为数据记录错误的现象，最大限度地发挥了档案的价值。

——上海市长宁实验幼儿园 杨倩 祝聪 顾江萍

上海市长宁区天山幼儿园（简称天山幼儿园）充分利用数字基座，积极探索教育数字化转型在幼儿园的实践，打造了自己的特色品牌——数字化健康管理，园长可以通过专项工作台，看到全园幼儿当天的基本信息、缺勤情况、营养摄入情况、晨午检情况的详细记录和幼儿服药情况、膳食营养的分析等关乎幼儿健康的各方面内容。

案例 5-4 数字基座赋能天山幼儿园数字化健康管理

天山幼儿园建立了包括一个平台、三个服务对象、多个自主开发低代码应用的健康管理体系，呵护幼儿健康成长。一个平台：通过对幼儿基础信息进行采集与分析，为幼儿健康监测和安全监管提供支撑的全方位平台。三个服务对象：服务于幼儿的健康安全，服务于幼儿园对幼儿安全健康的管理，为教育主管部门提供即时监管信息。多个自主开发低代码应用：在基座平台的基础上添加幼儿园保健记录表管理、幼儿健康档案、食品安全记录等。通过平台，家长可以随时了解幼儿在园的饮食、身高、体重等情况，这是掌握幼儿信息最便捷的方式。同时，还开发了"幼儿营养健康"栏目的园本化功能，对健康管理中的膳食营养管理、营养配餐管理以及食谱公示栏目进行重点研究。

——上海市长宁区天山幼儿园

第二节　赋能依据学情分析的大规模因材施教

　　课堂作为教育数字化转型的核心和主阵地，关系教育数字化转型的落地落实。如何基于学习数据的学情诊断，进行因材施教和及时有针对性的评价反馈，保证学生学足学好，是课堂教学的难题。[①] 很多学者认为，信息化技术支持是解决这一难题的突破口，并提出了借助人工智能，围绕学习进行建模，创设智能学习环境、推送个性化学习资源、提供丰富的可供选择的机会等解决方案。[②] 长宁通过教育数字化转型的契机，探索数字技术支持下学情的及时、准确分析，解决因材施教的依据问题。同时，根据教师经验，辅以知识图谱为基础的自适应推送，尝试解决因材施教的跟进指导问题，从而解决群体教学与个性化学习的矛盾，实现大规模因材施教。

[①] 刘邦奇，卓晗，邬诗韵，等.智能技术助力教学减负增效：分析框架与典型场景 [J]. 电化教育研究，2023，（3）：56-62. 刘邦奇. 数据驱动教学数字化转型：机理、场域及路径 [J]. 现代教育技术，2023，33（9）：16-26.

[②] 薛巧巧. 教育人工智能对"因材施教"理想的实现与超越 [J]. 延边大学学报（社会科学版），2021（5）：110-118，143. 杨现民，米桥伟，张瑶，等. 数据智能时代因材施教的新发展：主要特征、现实挑战与未来趋势 [J]. 现代教育技术，2022（5）：5-13. 孙先亮. "数字赋能"使大规模因材施教成为可能 [J]. 人民教育，2022（9）：57-59.

一、纸笔同步课堂系统实现精准教学

纸笔同步课堂系统在不改变学生习惯的前提下，运用点阵笔和铺码纸，将学生的课堂练习过程记录下来，及时批改和统计，为教师调整教学节奏和重点提供学情依据。长宁为全区六、七年级配备纸笔同步课堂系统，并在三所小学进行试点，探索纸笔同步课堂系统中的精准教学。

（一）伴随收集分析数据，及时调整教学重点

纸笔同步课堂系统可以实现学生课堂练习结果数据的伴随式收集和及时分析。教师不再需要设置"对答案，做错的人举手"这一环节来了解学习情况，而是可以通过教师账号进入，查看课堂练习的正确率，从而了解错误率较高的题目所体现的知识薄弱点，并进行有针对性的讲解。

案例 5-5　数字赋能，让教学更智慧

——基于长宁纸笔同步课堂系统的智慧教学实践

有了纸笔同步课堂系统提供的精准数据支撑，教师对学生知识点的掌握情况以及答题过程存在的难点了如指掌，对教学设计和课堂把控更加胸有成竹。

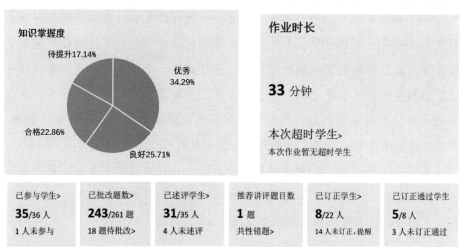

知识掌握度
待提升17.14%
优秀 34.29%
合格22.86%
良好25.71%

作业时长
33 分钟
本次超时学生>
本次作业暂无超时学生

已参与学生>	已批改题数>	已述评学生>	推荐讲评题目数	已订正学生>	已订正通过学生
35/36 人	**243**/261 题	**31**/35 人	**1** 题	**8**/22 人	**5**/8 人
1 人未参与	18 题待批改>	4 人未述评	共性错题>	14 人未订正，提醒	3 人未订正通过

以数学练习题讲评课为例，传统的练习题讲评课需要教师花费大量时间完成数据统计工作，但受限于技术能力等因素还是只能得到一些基础的数据，如平均分、得分率等。授课时，教师往往通过个人经验判断学生的易错点和难点，不能对学生的错误进行全面分析、逐个点拨，练习题讲评的针对性较低。另外，教师日常的人力批阅模式，难以及时发现每一个习题正确率的异常值，不能在第一时间给予学生有效的讲评，也容易错过学生提高巩固的最佳时间。智慧笔的使用，让教师可以直观看到练习题整体以及每道题目的得分情况，能够对学生学情做出快速判断，并指导下一步教学巩固的重点。

——上海市天山第二中学　张静

（二）典型学习过程比较，合理利用生成资源

纸笔同步课堂系统可以收集所有学生的课堂练习情况，并通过同屏展示的方法进行比较。授课过程中，教师可以选择两份或多份练习进行比较。在比较中，引导学生发现不同思路的差异，以及完成练习的亮点做法、典型错误、注意要点，深化学生对知识的理解。

案例5-6　基于数据分析的初中数学单元练习评讲的探索

——《一次方程（不等式）》单元练习评讲

纸笔同步系统可以通过对学生日常作业数据的挖掘，提供学情数据，从而提高教师备课的精准性、个性化，帮助学生制定更加具有针对性的高效学习方案，从而实现教育的高阶目标——因材施教。不仅如此，这一系统还可以帮助教师改变传统课堂单一的讲评方式，丰富课堂讲评形式，比如，典型错误讲评、不同错误的对比讲评、不同解法的对比讲评、优秀作答的讲评、及时生成性评价等。以不同错误的对比讲评为例：

可以选取两个学生的错误进行对比讲评，一般选取学生在解方程时最容易出现的错误。也可以同时选取四个学生的错误进行对比，如果显示字迹过小，可以每次展示一个学生的作答情况。

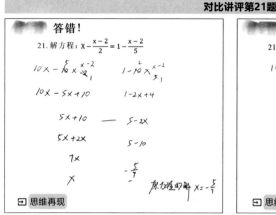

对比讲评第21题

——上海市西延安中学　侯玉娜

（三）回放学习过程，形成课堂学习共同体

纸笔同步课堂系统可以伴随式收集学生完成课堂练习的过程，然后通过回放的方式重现学生的学习过程。尤其是初中几何教学中需要添加辅助线段的练习，通过学习过程的回放，可以更加清晰地了解学生的思考过程。当教师发现某个难题的创新性解法时，可以运用过程回放功能，与全班同学共同思考解题思路，充分利用课堂生成资源，形成学习共同体。

> **案例 5-7　基于纸笔同步课堂系统的复习课教学案例**

基于数字基座上的纸笔同步课堂系统，可以实时传输作答笔迹，提升学生的课堂专注度。学生的优秀作答可以实时投屏，作为优秀案例展示，投屏的同时也对学生起到监督作用，让学生更加专注于课堂。当然，如果投屏时发现学生的共性错误，也可以将其设置成"典型错误"案例，起到警醒学生的作用。

当遇到一题多解的题目时，学生会出现各种各样的解答，利用"对比讲评"功能就能同屏展示学生的精彩解答，一屏最多展示 4 名学生的作答过程，培养学生的发散性思维，激发学生的思维火花。

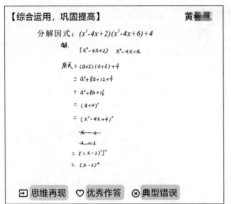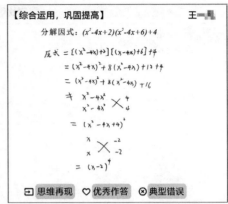

纸笔同步课堂支持教师实施循证教学，让教师的"教"与学生的"学"都更加智慧。

——上海市延安实验初级中学　吴君

（四）开展学习跟踪评估，跟进个性化辅导

纸笔同步课堂系统为每个学生建立账号，学习数据收集、分析、反馈既可以以班级、年级、学校等为单位，也可以具体到每一个学生。经过一段时间的数据积累，每一个学生将形成个性化错题集；教师可以根据学生个体的知识掌握情况给予针对性指导；对于表现异常的学生，及时跟进分析原因，解决问题。

案例5-8　基于数据分析下的初中数学单元练习评讲的探索

以一次方程（不等式）单元练习的讲评为例。根据题目的难易程度，设置好知识掌握度的区间：优秀（85分及以上），良好（75分至84分），合格（60分至74分），待提升（60分以下）。通过扇形统计图可以了解班级的整体情况，同时通过和另外几个班级进行对比，可以看出班级各个层次分布比较正常。试卷完成平均时间可以让学生关注自己的做题速度。此外，各题得分率、薄弱知识点分析、学生作答表现、用时分析等数据也非常详细。

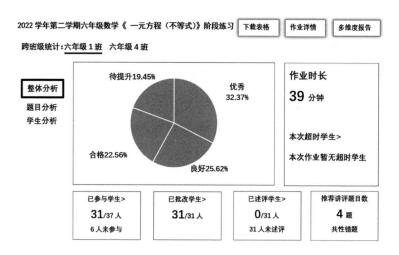

从数据分析来看，一次方程（不等式）单元练习中班级学生存在的共性错题是 13、16、18、25，这四道题成为备课的重点内容，也是课堂评讲最先要解决的问题。其次是 10、11、21、22、24 这五道题，做错的人数较多，作为课堂评讲的第二部分内容。对于以上题目，以 11、13、16、18、21、22 题为突破口，举一反三，从多个侧面、多个角度进行发散。备课时在题库中选取或者自编相同知识点应用的题目，进行提交保存，便于课堂上学生进行有针对性的训练，加深对知识的掌握。对于错误率较低的题目只需蜻蜓点水或在课后进行个别指导。

——上海市西延安中学　侯玉娜

因此，可以通过对学生日常练习数据的挖掘，制定更加具有针对性的高效学习方案，从而实现教育的高阶目标——因材施教。

二、数字作业实现个性化辅导

数字作业的特点是运用技术支持，优化作业布置、分析和反馈的效果，使作业作为教学的重要环节，更好地发挥练习、巩固、反哺教学的作用。具体来说，可以实现作业完成过程和结果的伴随式收集，易于批改和统计，减轻教师负担；实现个性化数据跟踪，精准推送针对性作业，减轻学生负担；

科学诊断学生学习品质，助力育人指导。长宁在初中学段以数学学科为试点，用点阵笔和铺码纸布置、完成作业。在其他学段和学科也进行不同形式的数字作业探索和试点。

（一）教师自主开发作业内容

数字作业是数字技术支持下的一种作业设计、布置、反馈的新型作业形式。作业本身的质量是活水之源、巨木之本，是数字技术赋能的关键。因此，长宁首先关注作业的设计。以全区铺开的数学数字作业为例，作业内容是集聚骨干教师力量根据初中教学内容所开发的上万份优质作业，具有以下特点。

第一，严格按照课程标准要求，按照教学进程编排，让每一项教学内容都有相应的练习；除了每节课知识的训练，还强调单元甚至更大范围内的知识链接；除了基础性练习，还强调学科知识在生活实践中的运用。

第二，基于课标学习要求进行难度分层。分为基础巩固类作业、提高拓展类作业、实践探究类作业三个层次，基础巩固类作业让学生有学业的自信力，提高拓展类作业让学生有学习的成就感，实践探究类作业让学生有学科的挑战欲。

第三，题型多样。根据知识掌握程度和能力发展程度的不同要求，设置选择题、填空题、简答题、操作题等不同题型，同时通过单点知识、多点知识等体现练习的强度。

第四，基于课标标明学习目标、要求和知识点，简单明了地告知学生要掌握的内容，便于提前预习和课后复习，一些科目设置"作业完成时间"，培养学生自我调节学习策略，主动反思学习结果。

第五，作业两侧留白，为学生个性化学习和教师个性化指导提供空间。留白根据学生需要，具有多种用途：可以用于具体题目的深入拓展；可以记录错题对应的学习目标和解题思路；可以进行变式练习；可以一题多解；也可以用于教师点评等。

除了全区共享的优质区本作业，长宁各学校根据学情特点，关注校本优质作业的开发。以高中数学为例，学校教师根据简化的双向细目表编制既符合学科学习要求，又符合学生认知水平的作业。

案例 5-9　校企合作助力高中数学个性化作业研究初探

在设置常规性训练选题时，要选择符合教学实际要求，同时与学生认知水平相匹配的习题，避免随意性。根据教学情况选择合适的知识点，再根据学生的实际情况确定难易度，从而确定练习的题目。

题号	考察的知识与方法	难度		
		简单	中等	较难
1	终边相同角的集合的表示	√		
2	任意角的正余弦符号与角的象限的关系	√		
3	弧度制的应用	√		
4	特殊角的正弦值	√		
5	任意角的正余弦的定义	√		
6	同角三角的基本关系和诱导公式	√		
7	辅助角公式		√	
8	二倍角的余弦公式以及角的正余弦在各个象限中的符号		√	
9	两角差的余弦公式		√	
10	二倍角公式化简		√	
11	诱导公式的应用			√
12	同角三角的基本关系式的应用，二倍角正弦公式			√
13	三角的正余弦、正切求法	√		
14	运用同角三角的基本关系式的能力		√	
15	任意角的正余弦，两角和与差的正余弦公式			√

——上海市建青实验学校　徐海锋

（二）数据分析优化作业质量

数字技术对作业的赋能一方面受到作业质量的制约，另一方面受到作业形式与学情数据收集的契合程度的影响。因此，长宁教师除了一直以来对作业质量精益求精的精神，还在作业设计时就思考怎样才能更有助于学习过程数据的收集和分析；同时利用数据分析的方法反观作业质量，优化作业设计。

数字作业的概念在长宁教师中得到普遍认可，很多教师将数据分析的元素考虑进作业设计之中，实现对数字作业推进的一体化思考。以"智慧阅读"这一数字作业为例，为了提升整本书阅读的效果，上海市第三女子初中计划借用数字化的方法，引入诊断与评价机制，根据不同任务阶段所反馈的大数据，把握学生阅读进程，调整教学策略，给予学生适切的指导。根据这一目标，在设计整本书阅读作业时，学校进行问题链设计，以收集学生完成不同阶段、不同方面任务的学习过程数据。

案例5-10 "智慧阅读"项目案例

上海市第三女子初中语文组教师以备课组为单位，在研读2022年版课标的基础上，对《朝花夕拾》《骆驼祥子》《海底两万里》等名著进行系统性的问题构建和试题设计。围绕2022年版课标要求，根据相应的阅读目标，为每本书确立一个核心问题，再将该核心问题分解为若干子问题，形成问题链，最终让学生在阅读过程中通过递进式的问题链，实现对整本书的深度理解。

必读书目	
《童年》	
总目标	通过对阿廖沙童年"铅样沉重的丑事"的了解，理解作者对苦难的认识和对社会人生的独特见解。
核心问题	阿廖沙如何在童年时期暗无天日的社会环境里寻找光明，并最终成为坚强、善良的人？
分目标1	了解阿廖沙的成长经历，明白文中外祖父、外祖母、母亲对阿廖沙成长产生的影响。
分问题1	对阿廖沙产生正面和负面影响的事件分别有哪些？这些事件对阿廖沙产生了哪些具体的影响？
分目标2	理解作者对童年往事的不同的情感态度。
分问题2	请你选择外祖父、外祖母、母亲其中一位人物，具体谈谈你所解读到的该人物的性格特征。作者如何表达自己对他们这些性格的情感态度？
分目标3	结合时代背景，阿廖沙的家庭环境，思考环境对个人成长的影响。
分问题3	《童年》向读者展示了十九世纪七八十年代俄国社会下层人民怎样的生存状态？结合书中人物、事件、作者对他们的评价等进行分析解读。

——上海市第三女子初级中学

作业的数据分析在长宁学校得到普遍实施，不仅有助于了解学情，而且能够通过信度、区分度等指标评估作业难度、适切度等，帮助教师总结经验，持续优化作业质量。

案例 5-11　教育数字化转型背景下的教学新生态

借助箱型图可以将学生的答题情况（如平均值、最值、分数段排布情况等）直观地呈现出来，亦可判断学生均分是否受最值影响，如中位数低于平均分则提示下位学生多，就应考虑作业难度是否过高。

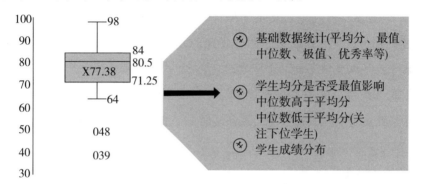

—— 上海市复旦初级中学　丁慧

（三）长期跟踪形成学习品质的多元诊断

数字作业最大的优势在于对学情的精准分析。长宁所理解的学情绝不仅仅是学生是否掌握知识，还有掌握知识的熟练程度，更有认知之外学习动力、情感调节、社会性合作、创造性素养等丰富的学习品质。为了更大程度发挥数字作业对学习品质的诊断和发展作用，长宁以"学习品质"为关键词，收集和分析相关研究成果对学习品质的描述，梳理公认的"学习品质"要素，对"学习品质"要素进行归类分析，梳理对应不同学习品质的作业表现，厘清对应不同作业表现的可收集的数字作业数据。

案例5-12　数字作业数据与学习品质对应表

　　在学习品质评估研究中，首先综合国内外教育机构和学者的相关研究，将学习品质分为学习动力、情感调节、认知调节、社会性和创造性五大方面，又分别分解为相关要素，比如情感调节包括坚持、抗挫、专注三项要素。其次，以学生练习和作业的过程性数据与结果数据为分析对象，运用德尔菲法确定不同学习品质的作业表现共28项，其中同一个作业表现，可以反映多项学习品质。比如，"对作业顺序、时间等能根据情况调整"这一表现不仅反映"灵活"的品质，而且可以反映学生对学习进行自我"监控"的品质。最后，挖掘纸笔作业系统可能收集的学习数据，与作业表现进行对应。同一个纸笔作业数据，可以反映不同的作业表现。比如，"完成作业的平均时长"既能发现学生是否能按时完成并提交作业，反映"主动"的学习品质，还能发现学生面对作业是否有拖延的问题，反映"信念、抗挫"等学习品质。

领域	子领域	要素	作业表现	纸笔作业数据
动力	学习动力	兴趣	1.愿意将作业做到尽善尽美（兴趣、主动、坚持）	1.作业检查和修改：笔迹
			2.自己设计作业（兴趣、主动、创造）	
			3.愿意将作业展示给同伴和老师（兴趣）	
		主动	4.第一时间完成作业，无须家长和老师督促（主动、兴趣）	2.作业开始时间
			5.对作业布置有疑问时，主动询问（主动）	
			6.能按时完成并提交作业（主动）	4.完成作业的平均时长

续表

领域	子领域	要素	作业表现	纸笔作业数据
动力	学习动力	信念	7. 尽力完成作业（认为应该完成作业）（信念、坚持、抗挫）	3. 在难题作业上的停留时长（有效作答时长） 13. 不同难度的题目的完成比例
			8. 可能的情况下尽量做好（认为应该好好做作业）（信念、坚持、抗挫）	1. 作业检查和修改：笔迹 3. 在难题作业上的停留时长
			9. 面对作业一般没有焦虑和拖延（自信）（信念、抗挫）	2. 作业开始时间 4. 完成作业的平均时长 5. 在不会的作业上发呆的时长
意志力	情感调节	坚持	10. 坚持完成教师布置的各项作业（坚持）	15. 作业完成率
			11. 较多作业一气呵成不中断（坚持、专注、兴趣）	6. 是否有在某一题上过长的停滞：中断答题
		抗挫	12. 为解决一个问题反复尝试（抗挫、坚持、专注）	3. 在难题作业上的停留时长 7. 在难题作业上的笔迹
			13. 难题之后的作业仍保持正常水准（抗挫、专注）	8. 难题之后的正确率与平时成绩的对比
		专注	14. 在有干扰的情况下，仍正常完成作业（专注、坚持）	
			15. 作业顺序不多次反反复复（专注、计划）	9. 作业笔迹
			16. 能保持较高的作业完成效率（专注、信念）	16. 作业作答效率 17. 有效作业时长均值和标准差
解决力	认知调节	计划	17. 对作业完成顺序、时间等有计划，一般能按照计划完成（计划、坚持）	

续表

领域	子领域	要素	作业表现	纸笔作业数据
解决力	认知调节	灵活	18. 对作业顺序、时间等能根据情况调整（灵活、监控）	10. 答题顺序
			19. 解题的思维较为敏捷（灵活）	18. 解题的速度 17. 有效做题时长均值和标准差
		监控	20. 检查作业（监控、主动）	1. 作业检查和修改：笔迹
			21. 有重点地回顾作业（监控、主动、灵活）	1. 作业检查和修改：笔迹
			22. 能对错题进行反思和订正（反思、主动）	14. 错题订正次数 12. 错题订正的正确性
	社会性	合作	23. 面对难题，主动寻求帮助（合作、主动）	
			24. 小组合作中，能完成自己的任务（合作、独立）	
			25. 小组合作中，愿意为他人提供建议（合作）	
		独立	26. 能完成的任务，自己完成（独立、坚持）	
	创造性	创造	27. 独辟蹊径解决难题（创造、兴趣、主动）	11. 作业结果（比如数学，笔画数或行数与正常值有较大出入，再具体分析）
		想象	28. 尝试不同寻常的方案（想象、兴趣、主动）	11. 作业结果（比如数学，笔画数或行数与正常值有较大出入，再具体分析）

到目前为止，数学数字作业已实现作业起止时间、作答时长、停顿时长、异常笔画数量、异常笔画书写时间、作答跳题信息、题目作答顺序等学习数据的收集，从点上开始探索学习品质分析。在下面这个案例（见图5-4）中，第六题的难度系数较高，有个学生先对第六题进行了思考，做完第七题后，又重做第六

题,共用时 12 分左右,约占整份作业用时的三分之一,最终做对了。同时,做题时学生总笔画数较多,说明不是在停顿发呆。因此,可以说明,这个学生比较有毅力,面对难题能够坚持思考、持续探索。

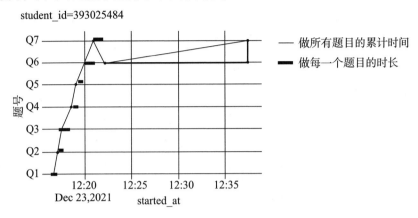

图 5-4 某学生数字作业时间分析

其他学科也在尝试对学生的学科综合素养进行评估。以美术学科为例,从欣赏评述、造型表现、设计应用、综合探索四个方面,设置不同的评价指标,形成美术综合素养的雷达图,既能呈现不同学生之间的对比,还能呈现不同维度之间的对比(见图 5-5)。

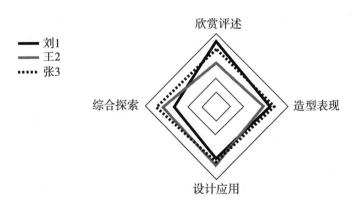

图 5-5 学生美术学习的个性化诊断

虽然数字作业所收集的学习过程和结果数据不能完全反映学生的学习品质,但是如果有长期数据的跟踪,就能够推断学生较为稳定的学习风格,再加上教师经验的判断,基本可以做出较为准确的诊断,为学生指导提供依据。

（四）推送个性化学习材料和指导

通过数字作业全面了解学生的学习情况不是最终目的，其目的在于更好地教与学。科学地解读数字作业所呈现的群体和个体学情，精准地推送学习材料，有针对性地进行学习指导，是数字化转型背景下教师的必备能力。长宁教师已经充分认可并习惯数字作业的支持，在数字资源的协助下开展因材施教和个性化学习辅导。

以语文文言文学习为例，有教师利用数字化工具，从古诗文背诵的完整度、流畅度、准确度、用时等方面进行综合评估，并基于此从日积月累的校本文言文阅读分层习题库中，有针对性地为学生布置分层作业练习、微课讲评，对确有需要的学生通过语音留言进行个性化指导。

案例 5-13　基于"中学作业"的高中语文精准教学实践与探索

针对学生文言文阅读能力较弱的问题，建设校本化的文言文阅读能力分层习题库，并通过个别分发的方式指导学生开展分层作业训练。教师可以在移动终端上打开"布置练习"，选择"题库作业"，其中包括同步题库、校本题库、精品卷库和我的题库，再选择"校本题库"，则会跳出一些文言文阅读作业，每一项作业都会有预计作答时间、已使用次数、既有得分率等信息。教师可以选择不同的作业有针对性地发布给不同的学生。

教师不仅可以发布分层作业，还可以通过语音文本点评、微课讲评等方式，对学生的问题进行个别化、个性化指导，并利用数字基座实现教师个性化资料的无感化采集，富集教学资源，方便教师随时推送相关讲评微课资源给有同样需求的学生，实现"有类而教"。在此基础上，教师还可以通过阶段性学情数据的可视化分析，灵活调整教学策略，依托数字基座培养学生的数字学习素养。

——上海市第三女子中学　秦岭

无独有偶，基于学情数据的收集和统计，长宁一些高中的数学也实现了作业的精准化推送和个性化辅导。

案例5-14　校企合作助力高中数学个性化作业研究初探

高中数学个性化作业是建立在大数据基础上，利用 AI 技术选题，生成的符合学生认知水平的数学学习材料。数据统计分析比较详细到位，包括需要重点关注的学生、高频错题以及对应的知识点、学生对于知识掌握不同程度的划分等。教师在教学设计和对学生进行个性化辅导时，要利用好数据，发挥个性化作业的优势，完善学生的知识体系。同时在授课过程中要提高效率，侧重典型例题的分析。对于推荐给部分学生的巩固题，可以根据学生的答题情况进行个性化辅导。

变式练习

9.1【巩固题——推给全体学生】【典例精讲 1】

已知 $\tan\alpha = 3$，α 是第三象限角，则 $\sin\left(\alpha - \dfrac{\pi}{4}\right) =$ _____.

【参考答案】$\dfrac{\sqrt{5}}{5}$

【试题解析】【分析】　本题考查同角三角的基本关系和两角差的正弦公式，属于基础题。

由同角三角基本关系分别求出 $\sin\alpha$，$\cos\alpha$ 的值，代入 $\sin\left(\alpha - \dfrac{\pi}{4}\right)$ $=\sin\alpha\cos\dfrac{\pi}{4} - \cos\alpha\sin\dfrac{\pi}{4}$，运算即可。

【解答】解：因为 α 是第三象限角，$\tan\alpha = 3$，且 α 是第三象限角。

所以 $\cos\alpha = -\sqrt{\dfrac{1}{1+\tan^2\alpha}} = \sqrt{\dfrac{10}{10}}$，$\sin\alpha = -\dfrac{3\sqrt{10}}{10}$，

则 $\sin\left(\alpha - \dfrac{\pi}{4}\right) = \sin\alpha\cos\dfrac{\pi}{4} - \cos\alpha\sin\dfrac{\pi}{4} = -\dfrac{3\sqrt{10}}{10} \times \dfrac{\sqrt{2}}{2} - \left(-\dfrac{\sqrt{10}}{10}\right)$

$\times \dfrac{\sqrt{2}}{2} = -\dfrac{\sqrt{5}}{5}$.

> 变式练习

15.1.【巩固题——推给本班 4 个学生】

推荐学生名单：（略）。

如图，在平面直角坐标系中，以 x 轴的非负半轴为始边的锐角 α 的终边与单位圆相交于 A 点，已知 A 的横坐标为 $\dfrac{4}{5}$。

（1）求 $\sin\alpha$ 的值；

（2）求 $\cos\left(\alpha+\dfrac{\pi}{4}\right)$ 的值。

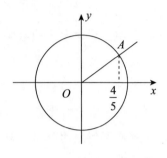

——上海市建青实验学校　徐海锋

三、过程性监测支持教学全要素

伴随式学习数据的收集和分析，为实现大规模因材施教提供基础。长宁将因材施教作为系统工程，在全过程教学、精准化教研、班校区各级教学管理等各方面，都以数据分析为依据，提升工作效率，促进个性化学习。

（一）数据伴随教学全程优化

课堂教学是育人主渠道，几十分钟课堂的前后亦有重要的育人价值。在长宁，课前、课中、课后的学习均受到关注，相关学习数据得到深入分析，在此基础上，预习、学习、练习的整个学习流程得以优化。

案例 5-15　利用数据驱动，系统分析支持个性成长

教学样态发生了哪些变化呢？

课前进行前测。借助无感采集＋笔迹再现，展现学生的思维过程，让教师可以高效、准确地"抓典型"，包括抓典型错题、抓典型错答、抓典型的思

维偏差等。

课堂查看看板。教学过程中，教师通过"课堂报告看板"查看课堂活跃度、课堂投入度、课堂掌握度，根据数据反馈，把握"学生自己能学会的，教师不教""学生教了也不会的，教师也不教"的内容，把时间用在刀刃上，把精力放在攻破"典型"上，"共性问题当堂学，个性问题课后学"。

课后推送"定制作业"。基于前测和课堂学习的数据反馈，尝试结合"知识图谱"，推送"私人订制"的课后作业。从作业也是学习的一部分来看，这就是学生进行个别化学习的第二学堂。

——上海市长宁区天山第一小学

（二）数据赋能教研方式变革

区域和学校教研制度是富有中国特色、得到国际认可的教学质量保障制度。以往学校的教研，或是根据新的政策要求，或是根据教师的经验判断确定教研的内容。但是，教师了解自己的班级，对其他班级却不太了解，教研活动难免有偏差。在大数据分析的支持下，全年级学生的课堂练习、日常作业、常错试题等信息一目了然，有助于精准确定教研的重点。

数字化转型还改变了教研活动的方式，实现线上线下相结合的教研。长宁数字基座专门开设智慧教研平台，实现了活动的预告发布、实时记录、在线研讨、线上备课、资源共享等功能。高中艺术学科通过数字基座低代码工具，自主开发了"长宁高中艺术教研专题工作台"，对问卷、工具及反馈表等进行发放、收集，并进行相应数据反馈，拓宽教研场景，让数字能够真正赋能教研。

案例 5-16　基于学校文化特色的大单元教学设计与实施

——以《艺术与生活》为例

高中艺术学科主题教研活动策划方案

整体构想：数字化赋能教研活动。

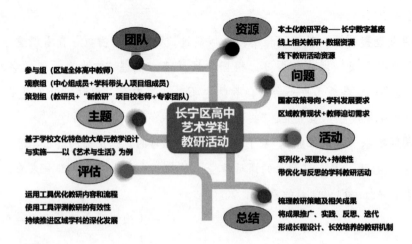

线上调研：长宁高中艺术学科现状。

针对高中"双新"政策的落地，高中艺术学科利用数字基座首先进行了学科教学现状的摸排和调研。

通过问卷调查，发现大部分教师对新课程理解较为到位、大部分学校都能频次稳定地进行校本教研活动，且有主题、有序列。问卷调查结果也反映了部分教师心声："真实情境的创设""指向素养的作业设计"以及"指向目标进行有关联的单元课时设计"比较困难。

线上备课教研：方便教师、积累资源。

本次系列教研的教学实践展示环节由一位学科教研员、一位执教高一《艺术与生活》的教师与一位执教高二《艺术与文化（下）》的教师共同完成，他们利用数字基座平台，协同备课、全程展示。三位教师的备课过程通过 AI 教研平台的"集体备课"向区内所有高中艺术教师全程公开，打破时空界限，在平台上形成"互鉴互助共研"的教研新样态。所有资源共享，让区域学科教师能够在线跟踪开课教师备课、上课、反思的教学全过程，共享本轮集体备课的全部资源，包括学校特色及育人目标梳理、单元素养目标与单元任务确立、单元教学内容及相关问题链梳理、单元任务及相关评价表、单元教学资源、课时教案、课时教学 PPT、课后反思等内容。

在实践过程中形成了线上教研的一套完整路径：课前，各位教师自主备课，并将相关资料提交平台，随后通过在线研讨完善方案；课中，进行课例实践，并在平台上传视频，区域所有教师均可在线观课，通过扫码填写课例研修记录单，由平台收集、整理信息，集中分析，再由学校教研组及本次课例实践的备课组教师协同诊断，然后通过下一轮课例实践进行实践反思，达到共同提升的效果。

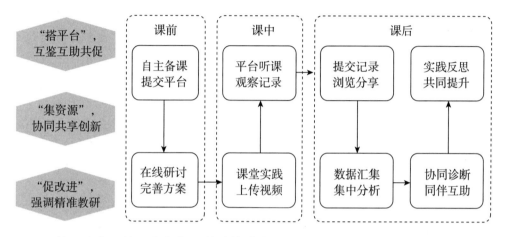

教研迭代：基于数字化工具的持续优化。

利用长宁数字基座上的低代码工具设计了 "长宁高中艺术工具组"。将教师团队分成参与组、观察组、策划组，分别使用不同类型和功能的工具表单对教研活动的有效性进行评价。将工具反馈的信息变成本次活动的反思要点以及下次活动的改进支点，形成不断优化、反思、总结的系列教研活动。

——长宁区教育学院 程珊

（三）数据贯通支持各级教学管理

大数据分析的优势不仅在于为每位教师提供本班级的准确学情，更在于进行班级之间、年级之间、学校之间甚至学段之间的相关情况比较，从而在更大范围内明确优势和劣势，进行督促和指导。在长宁，一些学校借助信息技术支持的学习过程性数据的收集和分析，进行班级之间的数据比较，建立了动态化的教与学质量监测和反馈机制，及时为教师提供教学建议。

案例5-17　基于精准化教学平台的大数据诊断教学与学情分析

——上海市建青实验学校数字化平台使用介绍

系统会形成学校报告、学科报告、班级报告、学生报告等多层级分析报告，满足不同教学、教研场景的需要。同时，根据不同地区的评价模型，结合学校特色需求，提供不同类型的分析报表。

班级报告主要为教师展示班级学生整体的考试情况，对学生整体情况进行了统计分析。教师可直接在页面上下载报表。学科评价分析报告，主要为教师展示班级学生整体的单学科考试情况。选课走班模式下，采用行政班＋教学班评价，双重评价使评价更准确。

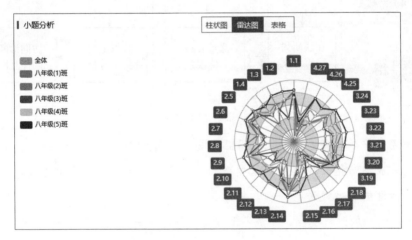

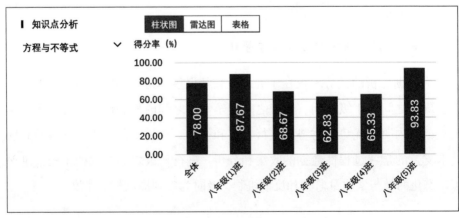

校级评价分析报告，主要为学校展示学生整体的考试情况，对学生整体情况和学生单科情况进行了统计分析，可以展示同一学科不同班级的成绩趋势以及知识点掌握情况，对相同教师所带不同班级进行比较，从而更好地评估教师的教学水平。

——上海市建青实验学校 童葆菁

（四）过程数据优化学习管理

抄袭和作弊是困扰教师教育教学的两大难点。这不仅涉及数据是否可以反映真实学情，从而推进因材施教的问题，而且涉及学生道德品质养成、立德树人根本任务达成的问题。数字化技术能够帮助教师有效甄别学生的个别偏差行为，进而及时进行教育指导，纠正不当行为。

案例5-18 "纸笔同步课堂系统"在教学中的应用案例

实例二：图形与几何——七年级第二学期第13章

在相交线与平行线中，对于证明过程中需要用到并且要用三个字母表示的角一般会选择标记$\angle 1$、$\angle 2$、$\angle 3$……，之前通过学生是否标记可以发现一部分抄袭作业的学生，但对于部分"聪明的"（不遗漏标注）的学生就难以发现。而现在利用纸笔同步课堂系统，可以清楚地看到学生是何时标注角或边的，如果是一开始根据题目顺序标注角或边的，或者在过程中证明到某一步需要用到该角再进行标注，则能说明该生一定是独立完成的；如果是在证明过程书写完成后再标注，则说明该生可能存在抄袭现象。此外，学生的证明过程书写很难是"匀速的"，即使学生在充分思考后能够做出题目，但解题过程一定也存在难易差距：有些步骤即使在之前的思考过程中想通了，但在书写过程中还是要再想一下的，而有些简单的步骤则可以很顺畅地书写下去。通过学生的书写过程也可以判断学生完成题目的独立性和思考性。

使用纸笔同步课堂系统，学生书写作业后就能直接上传至系统，可以直接对比，方便高效。学生思维再现功能在数学中尤其好用，该功能可以将学生思考的部分过程实体化，从而帮助教师检测学生是否真的弄懂了其中的原理，而不是简单地"依葫芦画瓢"。

——上海市天山第二中学　陆天驰

四、全要素诊断实现综合素养提升

将学生作为完整的人来培育，是教育发展的重要趋势。从国家教育政策到百姓对孩子的期望，学生的综合素养越来越受到重视。相较于学科知识掌握的教学和诊断，综合素养的培育和评估既缺乏经验，也缺乏经过科学论证的成熟结论。长宁学校在数字化的支持下，开始对学生在校各方面的学习、锻炼情况进行综合评估，并跟进针对性指导。

（一）探索校本化学生成长评估模型

长宁教育坚持将学校作为学生学习成长的地方，帮助学生全面发展。对学生成长情况的综合评估是促进学生全面发展的重要一环，构建校本化学生成长评估模型成为首先要解决的问题。长宁一些学校在这个方面进行了良好的探索。

案例 5-19　依托智慧评价，智绘紫藤画像

一、五育评价板块

根据德智体美劳五项一级指标思考和设置二级指标，各位负责人、"掌门人"可以从基础指标、学业指标、发展指标中选择一个维度，设立二级指标，少先队争章、体质数据是基础指标，学科练习是学业指标，画作、劳动则是发展指标。

二、五项管理板块

这个板块可以充分放手让家长参与评价。教导处可以根据需求设置评价

内容，每个学期设置 1—2 次，既体现了家校共育，又加大了宣传和管理的力度，还可以关联紫藤章的发放，让家长也有了极强的参与感。

三、学园活动板块

每月一节："每月一节"活动已深入江五孩子们的内心，每个人心中都有自己最期待、最喜欢的活动。不同的孩子分别喜欢不同的活动，将来参加各项比赛的好苗子就可以在这里被发掘。例如"读书节"，活动负责人可以设置每项活动的二级指标，通过不同时间、不同地点、不同评价人，丰富每个学生的画像。

专项活动：紫藤学园的活动丰富多彩，也可以进行随时随地的设置。例如"紫藤小宁"活动，大队部设置了基础章和超星加章。参加"紫藤小宁"道德讲堂，了解苏州河的历史故事；走进苏州河沿岸，进行一项合适的实践活动——做到这两点，学生就可以获得基础章。秉承"建筑可阅读"的理念，参观苏州河沿岸的建筑，并了解建筑背后的故事；来到苏州河边给游客讲述苏州河的故事，宣传爱河护河理念——做到这两点，学生就可以得到阅读星加章。采访苏州河建筑者，了解他们的日常工作，领略劳动者的魅力，并将采访报告递交中队；了解上海美食，结合传统节日制作粽子等食物，慰问护河劳动者——做到这两点，学生就可以得到劳动星加章。各项活动都可以关联到紫藤章的发放，也可以提供专项奖章，体现学生发展趋势，可以为学生画出一个更智慧、更全面的成长画像。

——上海市长宁区江苏路第五小学　沈琦

（二）系统收集多源数据支持评估

在构建学生综合素养评估维度的基础上，长宁学校利用信息技术工具的伴随式数据收集优势，收集学生在校学习的各方面信息，作为综合素养发展评估的重要依据。

案例 5-20　教育数字化转型助力学校一体化发展

在学校"德行好、基础实、能力强、特长显、视野阔"的十五字育人目标基础上，就学生的品格、能力、特长、技能等各方面细化解读，明确培养子目标和分任务，确定相应数据观察点。将学校原有的各类信息化应用场景获取的数据进行有机整合，打通各系统之间的数据共享，面向学生的发展，以教育为目的，充分发挥数据处理的优势，利用信息化工具跟踪学生的成长，采集学生学业成绩、过程性评价、综合实践活动等数据，综合学生学习偏好、兴趣爱好等数据绘制学生成长地图，形成十五年一贯制学校学生评价体系。

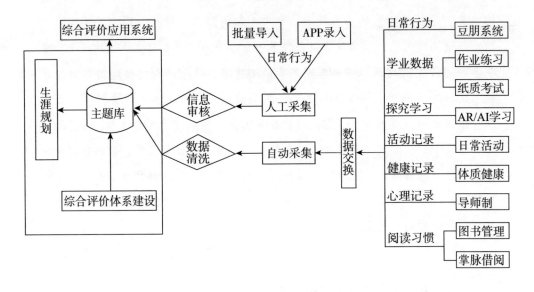

——上海市建青实验学校

（三）家校合作助力学生综合素养培育

以基于数据的学生综合素养评估为基础，综合班主任、任课教师、导师等相关人员对学生成长的经验判断，形成学生在校成长报告，以此作为家校沟通的重要内容。同时整合家校社的力量，尽可能提供更加丰富优质的教育环境，为综合素养发展提供良好条件。

案例 5-21　智慧学习　活力成长

在信息技术的支持下，学校建立了多维度的数字评价体系，对学生进行更客观、更深入的综合评价。利用班级优化大师，建立学生个性化档案，不仅每一位学科教师都能即时点评学生课堂表现，家长也可以通过教师发布的家庭小活动，对学生居家表现进行评价反馈。这些评价记录留存在班级优化大师中，逐步生成学生个性化发展报告，更好地实现因材施教，为全员导师制等德育工作的开展提供便利。

——上海市娄山中学

第三节　赋能重塑管理流程的数字治理

数字治理是数字化时代下治理理论应用的新发展，是数字技术与治理理论、治理实践相结合而产生的新型治理范式。广义而言，数字治理就是数字时代的治理，治理要符合数字时代的要求；狭义而言，数字治理是指基于数字技术的治理，在治理中创新应用数字技术。[①]"数字治理"是"数字"层面的技术性、程序性与"治理"层面的多元性、开放性的有机融合。[②]长宁将数字治理作为教育数字化转型的重要组成，构建以数据为依据的决策机制，形成更加扁平化的管理流程，更加高效地利用和分配家校社优质教育资源，提供更加优质的教育公共服务，在提高管理效率和效益的同时，减轻教师负担。

[①] 张新红.关于数字化与治理能力发展的几个判断 [J].财政科学，2021（11）：16-19.

[②] 董石桃，董秀芳.技术执行的拼凑应对偏差：数字治理形式主义的发生逻辑分析 [J].中国行政管理，2022（6）：66-73.

一、大数据优化区域教育资源配置

资源配置是教育管理的重要杠杆，需求评估是资源配置的前提和基础。长宁推进教育数字化转型，将班级、学校、集团等不同层面的教育需求，以数据的形式跟踪和记录，从而更加科学地进行优质资源布局决策。

（一）区域层面：优化教育资源布局

长宁数字基座充分利用数联能力，通过权威资源接入及实地核验，完成全区单位基础数据、任教关系等基础信息维护，构建了学校微信、设备配置、教师信息等方面的"一张表"服务。这些数据的积累和比较，为区域层面优化教育投入、师资配备等方面的资源布局提供决策依据。

长宁建设全区 106 所单位的电子地图。每所学校电子地图涵盖数据有：近 10 年招生变化趋势、预测未来 3 年到 5 年人口变化情况、学校校舍面积、教室数、辅助用房、体育场所等。以数据支撑区域教育资源设点布局、统筹规划。充分考虑基础教育、职业教育、终身教育等联动发展，集约、合理地综合使用土地。

（二）集团层面：优化教育资源共享

学区化集团化办学是实现优质教育资源辐射共享，促进教育优质均衡发展的重要途径。长宁义务教育阶段已实现集团化办学全覆盖。数字化转型对集团内优质资源共享、增强集团凝聚力、教育服务一体化发展起到良好的促进作用。

案例 5-22　延安初中教育集团数字化转型目标

延安初中教育集团于 2017 年正式成立。经过几年的探索与实践，集团校通过凝练集团文化、塑造集团愿景，建立集团内教育资源配置机制，逐步完善教师流动、教学管理、课程共享、教师研训、考核评价等制度，探索学校管理、教师发展、学生成长、质量提升等方面行之有效的策略，让集团学校每个孩子享受平等优质的教育，实现集团内办学质量的提升。集团通过数字化转型，第一，促进教师参与集团化办学实践，提升教师对教育集团的认同感；第二，增进社会对集团化办学的支持，通过数字化沟通平台，形成三位一体的集团化办学监督与评价机制，通过家委会、社校联合会议、学校民主测评、社区督导、校园开放等形式，宣传集团化办学的理念，展示工作成果，发挥家长与社区的监督作用，促进社会对教育集团的理解与认可；第三，建立优质课程共享机制，打造集团精品课程库，建设慕课云平台，实现课程异地共享；第四，建立教研一体化机制，建立数字化备课平台，统一各校教研组、备课组活动时间，开展每月一次的教研组联合教研和每月一到两次的备课组集体备课，辐射备课模式、研讨方法；第五，建立评价一体化机制，通过大数据让我们更懂学生，更好地聚焦学生成长；第六，打造服务一体化机制，与校级数字基座（区端）对接，进行统一身份认证管理和应用系统整合，做好基础支撑服务，智能生成师生个人活动图像集锦和关联业务数据集锦，为打造个性化数字档案提供技术服务；第七，打造一体化数字环境，建设班级交互式电子班牌，提升班级管理效率，展示班级文化成果，提升班级学习氛围；第八，打造一体化体质健康管理，客观记录学生日常体育参与情况和体质健康监测结果，定期向家长反馈。

——上海市延安初级中学教育集团

（三）学校层面：优化教育资源运用

长宁学校不仅关注数字化转型对教育教学改革的支撑作用，也关注大数据赋能学校管理，支持优质资源的校内共享，提高利用效率。

案例 5-23 延安初中教育数字化转型总结

学校通过教育数字化转型推进研训一体化。第一，构建线上线下混合教研系统。线下教研中教研活动无留存，教研资料无沉淀，教研活动的管控急需加强。通过教研活动管理系统的建设，备课资料统一化管理，同时将优秀备课资源推荐到课程体系中，充分发挥备课资源的价值；听评课流程化、量表化和数字化实施，教研活动线上提交任务资料，线下二维码扫码签到，提升管理效率。第二，构建线上线下混合培训系统。线下培训中培训学分无积累，培训活动无留存，培训资料无沉淀，培训活动的管控急需加强。通过教师培训管理系统，建设培训在线学习平台，将优秀培训资料上传至系统供教师学习，线下学分激励、扫码签到，提升教师参与度。

——上海市延安初级中学数字

二、数字化完善学校管理流程

学校管理纷繁复杂，理顺流程是提高管理效率的重要途径。长宁运用数字化手段，通过进度透明化、登记无纸化、过程留痕化，破解原来人工填表、错误更正费时费力、责任人难以查证等管理中的难点、堵点，减轻学校管理负担。

（一）进度透明，即时反馈

运用长宁教育数字基座上相关管理应用，实现管理全流程上网。管理的每个环节情况、进度都在网上清晰呈现，参与人一目了然。若前一环节材料提交不完整、要求不明确，后一环节可留言并退回。应用开通提醒功能，提示相关责任人及时处理。这样解决了管理材料冗杂、错误处理浪费时间等问题。

案例5-24　基于长宁教育数字基座的幼儿园数字化管理机制探索

海贝幼儿园设计了一套有针对性的幼儿园数字化管理机制。在设备维修方面，系统会在教师提报维修申请时要求上传相关图片，并填写简短的说明，便于维修人员查阅和判断，这样能大幅度减轻维修人员在维修时的工作难度，不必多次联系班级教师进行沟通；在教师提报班级设备报修事项后，系统会即时提醒相应的专职教师进行工作反馈，让教师实时了解报修的进度；幼儿园的管理者也能够快速、全面地收集园内教师提报的维修信息，并汇聚成表格，形成阶段性的设备管理信息报告。

从数字基座上进入设备维修页面，申请报修包括三个步骤：类别选择、填写信息、完成。类别包括厨房设备、电子设备、户外设施、五金水电、校园电器、桌椅橱柜等，以便将报修信息分别推送给不同的维修人员。

——上海市长宁区海贝幼儿园

（二）整体记录，随时盘点

通过物联网设置，将学校人财物信息上传至数字基座，录入完毕后就可以对整体情况进行分析，随时掌握动态信息，做到一目了然。还可以通过开发应用小程序，解决学校日常管理中的痛点问题。

案例5-25　数字化转型下幼儿园"点名单"小程序的使用

针对许多班主任无法按时点名将幼儿的情况上报给保健老师，长华幼儿园开发了"点名单"小程序，有效解决了幼儿园日常工作中的难点问题。幼儿园没有再出现9：30以后老师还没有进行点名并填写缺勤记录表的情况。保健老师不用每天跑上跑下挨个班级去询问老师，甚至当场点名。保健老师可以打开数字基座"点名单"程序的网页或者在手机界面将"全园班级当日点名单"及"全园当日午餐、早点情况统计表"直接以 Excel 的形式导出，可以非常便捷地知晓当天的这些信息。财务老师无须在每个月初发放纸质点名单，月底回收后逐一计算每名幼儿的当月早午点、午餐顿数。以往经常发生因有些班级的点名单发生了破损、水滴到纸上模糊字迹等无法分辨幼儿是否来园的情况，还需要再次询问班主任老师，非常费力。现在可以直接一键导出所需的内容，一来时效性更强，二来也不会出现各个幼儿早午点、午餐的顿数出错的问题。

——上海市长宁区长华幼儿园　吴嘉欣

（三）过程监管，及时调整

利用现代信息技术支持教育在育人方式、办学模式、管理体制、保障机制等方面的创新，推动教育流程再造、结构重组和文化重构。通过区域基座上的平台，针对重难点问题进行实时监控，便于及时处理。

案例5-26　数字化建设，赋能校园安全管理工作

威宁路幼儿园以低代码应用"校园安全上报"专项研究为抓手，积极探索，教师可在此应用上分园区上报物品损坏情况和安全隐患。为了便于了解损坏情况和具体地点，可以在应用中上传影像资料和文字描述。

搭建工作流，设置站内通知，将教职工安全上报内容及时通知到校内安全工作组成员，园长、安全干部能随时查看安全隐患信息，待审核后对风险区域、损坏物品进行维修和安全隐患治理；利用工作流，安全工作组成员可及时更新安全上报结果和维修进展，并以站内通知的形式反馈给上报人；利用自定义页面创建，设置统计图表，清晰地呈现上报数量、故障地点和报修类别。

管理人员可在数字基座上调出上报记录表，包括上报人、上报时间、故障地点、上报类型（如水电等），报修类别（如电子设备等）、隐患图片或视频、安全隐患描述、隐患等级、维修进展、问题解决是否及时、报修物品是否已正常、对维修是否满意、金点子等维度。通过上报记录表，管理人员不仅能够了解幼儿园哪里发生了什么故障，而且可以监察解决故障的进程，征求今后发展的建议和注意事项。选择不同的时间单位，管理人员可登录数字基座，查看校园安全上报统计。到2023年11月为止，共上报113起故障，其中已维修100项，维修中5项，8项还未开始；发生在南楼的有20项，北楼的有29项，户外的有16项；报修类别中排名前三的是户外设施25项，五

金水电 20 项，桌椅橱柜 20 项。

——上海市长宁区威宁路幼儿园 姚红梅 刘旻瑒

（四）风险监测，形成预警

通过数字基座，可以突破时间与空间的限制，解决以往存在的一些风险问题。例如，学生食品卫生安全是学校保证学生健康安全的重要环节，以往不能第一时间记录问题（时效性差），无法用图片形式形象记录（描述性差）等问题，都可以通过信息技术得到有效解决，让学校食品安全管理更高效、更及时、更全面。

案例 5-27 数字化转型助力学校食品卫生安全监管

上海市建青实验学校充分利用长宁教育数字基座，数字赋能落实"食品安全风险日管控、周排查、月调度"管理制度。

日管控中，食品安全员每日对学校食堂进行检查，排查加工、消毒等各环节可能存在的食品安全风险隐患，利用数字基座实时记录并对重点风险隐患拍照留存，上传后食品安全总监可通过数字基座及时查看风险隐患。未发现问题，也予以记录，实行零风险报告。对于日管控检查中发现的食品安全风险隐患，明确责任人，即知即改，不能立即整改的，明确整改期限，在后续日管控检查中跟踪验证整改落实情况。

周排查中，食品安全员每周至少组织一次风险隐患排查，结合日管控情况、自查情况、其他各渠道收集的食品安全信息等，分析学校的食品安全管理情况，对于频繁发生或存在较高食品安全风险的问题，督促相关人员落实整改并跟踪验证整改结果，形成《每周食品安全排查治理报告》。

月调度中，由食品安全总监负责月调度具体工作的落实，召开月调度会议，听取食品安全员关于食品安全管理工作的情况汇报。根据当月食品安全管理工作情况、会议讨论决议，制订下月食品安全管理重点工作计划，并形成《每月食品安全调度会议纪要》。

——上海市建青实验学校 肖敏

三、数字应用优化教师研修管理

（一）低代码应用搭建校本教师研修系统

长宁教育数字基座内置了低代码应用，其开放共享、交互可用的特征有效降低了开发运维成本。有学校借助基座的成熟模板搭建起"校本研修培训资源库"，在盘活原有资源的同时实现培训需求与培训内容的双向对接，以提升教师研训的有效性，高效助力教师专业能力的提升。还有学校在区域数字基座的开放环境中，主动寻找数字应用资源，自主开发线上教研备课模式，提高工作效率和效果。

案例 5-28　基于数字基座的高中混合式线上教研备课的实践与探索

一线教师迫切需要借助区级数字基座来打破时空限制，无感化沉淀教研资源，对多种教学资源进行批注交流，并对线上备课流程进行指导。经过考察，决定将"希沃信鸽"作为校级数字基座应用接入区级数字基座，支持学校教师通过数字基座探索线上"主备式"教研备课的新模式。

在研究过程中，我们边实践边思考，先后经历了三个探索阶段。

1. 从无到有，建立机制

我们首先明确了线上教研教师的三种身份：主备人、参备人和管理者。由备课组组长或教学骨干作为备课教研的主备人，其他教师以参备人的身份参与教学资源的讨论与评点，而教研组长或教学主任则以管理者的身份对整个线上教研过程进行管理。

同时，基于"希沃信鸽"集体备课功能，我们提出了线上备课教研 1.0 版方案：由主备人发起集体备课活动，参备人通过移动端或 PC 端对课件、教案进行批注回复，反馈建议，主备人收集整理备课团队的意见并更新第二稿备课资料包，开展下一轮线上备课讨论，直至形成终稿，由主备人定稿后分享到备课团队的希沃云空间。在此过程中，学校管理者能够实时掌握各个备课组的备课情况，可以同步参与集体备课进行评价指导，可在后台查看并一键导出备课数据，进行多维度统计分析，从而优化集体备课过程。

2. 实践反思，优化流程

在实践过程中，我们发现线上集体备课教研要顺利开展，主备人不能只是资源的发布者和整理者，更要有效调动参备人的热情，还要考虑线上同步和异步沟通如何形成混合式线上教研的实际需求，并进一步优化线上教研流程。

有鉴于此，我们提出线上教研 2.0 版方案，明确主备人在发起线上备课教研时要以问题驱动的方式吸引参备人参与，以评论或是批注的方式设定每一次集体备课的核心问题，让参备人围绕这一核心问题对备课材料进行讨论，例如，第一版重点关注教学目标的确立，第二版则关注教学活动的设计等；同时，积极运用集体备课中的视频集备功能，以语音交流、屏幕共享的方式同步沟通解决备课中的关键点与难点，并以会后评论的方式对线上会议中的讨论进行补充，探索混合式线上教学的新样态。

3. 拓展应用，助力青年教师

在优化流程的同时，我们也积极发掘"希沃白板"与"希沃信鸽"联动的应用场景，探索运用集体备课功能，助力青年教师教学能力提升。在青年教师线上教学公开展示的磨课过程中，我们鼓励青年教师成为主备人，运用"希沃白板"录制试讲课的知识胶囊（即视频课）。带教教师与校外专家则以参备人的身份对其教学设计与视频课进行点评，并利用版本比较功能发现教学设计不同版本与试教过程中的不同，可视化、多维度指导青年教师磨课，并通过过程性数据沉淀，分析青年教师在备课、磨课中的成长规律，以便更好地研究青年教师的专业培养路径。

使用"希沃信鸽"开展线上教研备课，对于学校管理来说具有以下三个创新之处。

一是极简上手，大大减轻了教研数字化转型给老师带来的学习压力。学校管理者只需要通过数字基座登录"希沃信鸽"服务即可了解全校教学教研情况，实现"一键晓学情、一屏观校园"。相关功能模块可以自动推送到教师的"希沃白板"之中，教师也几乎不需要额外的技术学习成本，只需要点击"希沃白板"内的相应功能模块就能完成线上教研备课的基本操作。

二是深度融合，充分整合了学校与教师现有的数字教学工具。"希沃信鸽"集体备课功能模块与"希沃白板"备授课软件深度整合，教师可以直接调用数字基座等云端的各类教学资源进行线上集体教研讨论，无须额外转存上传，同时备课研讨的相关成果也可以一键同步推送到整个教研团队。

三是无感富集，有力支持学校对教研的管理与校本教学资源的沉淀。基于数字基座的"希沃信鸽"应用会无感化采集集体备课与线上研讨中的各类数据，并沉淀在校本教学资源库之中。学校管理者可以通过管理后台直观了解各备课团队的线上教研情况，并及时针对线上教研中的问题进行反馈与指导，展现数字赋能教育教研的强大力量。

——上海市第三女子中学　秦岭

（二）线上教研助力学校跨学科合作研讨

借助数字基座，长宁很多学校开通了线上教研专区，不仅能助力学科内教师的常态教研，而且能让多学科教师打破时空限制进行交流研讨，合作解决难题，共同促进学生综合素养的提升。

案例5-29　AI教研打通跨学科教研有效性路径的实践研究

围绕真实问题，根据学科教材梳理内容，进行跨学科分组，组建解决真实问题的项目小组，针对项目问题链细化学科课时及内容，利用AI教研平台开设项目设计研究组，各学科在设计表中备注问题链解决的关联学科实施设计。

在每次课前，会在AI教研平台上根据前次课的学生学习情况将备课PPT予以细微的调整，对项目实施有精准的支持与接管，把握项目大概念，趋于靶心操作。促使教师能对照单元教学基本要求，找到现实教学中的问题症结，并遵循学生的认知规律，设计合理的教学活动，从而解决教育教学中的真实问题。

古北路小学通过AI教研成功孵化了近30个项目。跨学科项目化学习设计案例分别获得全国二等奖和上海市一等奖、二等奖;跨学科项目化学习探究课获得上海市说课评比二等奖;跨学科项目化学习论文分获市、区评比奖项 8 次,其中《聚焦项目化研训新样态,提升教师专业能力》获得长宁区指向专业发展的教师学习新样态征文一等奖、上海市指向专业发展的教师学习新样态征文三等奖,多次在市、区层面进行交流。

——上海市长宁区古北路小学 金仁杰

四、自动化减轻师生负担

通过打造教育数字基座,实现了全区人员、数据、应用、软硬件资源、智能化设备的连接与联通,实现了过程性数据的采集,各级各类信息数据得以融汇,形成数据"驾驶舱",有效减轻了师生的工作和学习负担。

(一)方便图书借阅

数字化图书馆借阅系统,可以为图书馆做好图书的编码,帮助借阅者查询、借阅图书,提高了图书的借阅效率。如娄山中学各楼层设置"流动图书馆",学生通过人脸识别技术实现书籍的自动借还,让阅读更加畅通无阻。

案例5-30 图书借阅的变化——数字基座的便利

上海市长宁区北新泾第三幼儿园借助长宁数字基座的低代码"轻"应用工具,快速开发自己的"轻"应用——"图书借阅"小程序。打开手机 APP 后同样先用自己的账号和密码登录进去,然后在最下面找到应用,并且找到图书借阅这个小图标。

进入"教师图书借阅"后点击"图书借阅首页",接着点击"我要借书"。进入借书系统后,填写借书者姓名以及借书日期,再根据图书的类别找到书本并点击,借书就完成了。看完书以后,还是同样的界面,在"我要借书"的下面选择"我要还书",根据步骤,填写姓名和还书时间,最后点击提交,还书就完成了。同样，在提交借书或者还书申请后，图书管理员就能看到老师们的申请了，如果有相应的书籍，就审批通过，如书籍已借出，则审批不通过。最后不管通过还是不通过，都会有站内通知发送给借阅者。

——上海市长宁区北新泾第三幼儿园　杨培蔚

（二）流程化财产管理

借助数字基座对财务管理制度进行规范和流程化，可以使学校内部财务管理流程更加透明，防范学校财务管理中存在的风险，提高学校资产运行效率。

案例5-31　运用低代码应用架构幼儿园班级财产管理数字化流程

上海市建青实验学校设计了"幼儿园班级财产管理"低代码应用，通过分设不同班级的方式对相应的财产进行分班展示，大大提高了管理员的工作效率。

运用低代码工具设计相应的应用项，形成班级财产管理分类记录表，其中包含名称、班级、品类、序号、发放时间、数量、单位、照片、类别、财产状态、报废理由、3C认证信息、供应渠道等，涉及多方检查管理资料信息，班主任和财务等相关负责人可以随时查询记录表中的内容，教室中财产数量的种类一目了然。财产登记可以通过直接添加记录和批量上传的方式来进行，原始记录用Excel表格整理后可一次性上传，提高信息录入的效率。在用Excel表格一次性上传时，在基座上首先打开"幼儿园班级财产管理"，点击"全部"，寻找"从Excel导入数据"，然后建立字段映射，点击"开始导入"，即可完成。

——上海市建青实验学校　许士瑾

（三）便捷的教师请假管理

学校可以充分利用教育基座，将其作为开发助手，满足学校管理数字化转型中的个性化需求和定制开发。比如，在数字教育基座上快速搭建请假管理应用系统,规避以往教师请假中的痛点问题。

案例 5-32 教师请假管理

针对学校请假制度烦琐、费时费力等问题,上海市第三女子初级中学开发了基于数字基座的请假管理应用。"教师请假管理"应用分为"请假管理"和"弹性请假"。

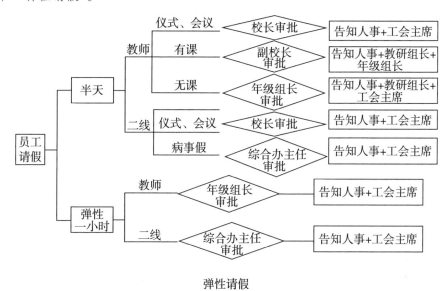

弹性请假

请假管理

在请假管理应用的使用过程中，教师能够快速完成申请，实现请假的无纸化。学校管理人员除了具有请假申请的审批权限外，还能够在后台查看、统计全校所有的请假记录，方便后续管理工作的开展。系统管理员拥有该应用的完整权限，可以更加方便快捷地完成对应用的调整完善。在弹性请假方面，通过工作流的设置可以将请假申请人与审批人绑定，避免通知推送给无关人员，同时在用户使用上尽可能做到界面简洁化，减少教师使用的操作负担。

——上海市第三女子初级中学　卢鹏翔

（四）助力班级自主管理

借助数字基座，不仅有助于学校管理，同时也有助于班级学生自主管理。延安实验初级中学依据"借助长宁教育数字基座，把班级还给学生"的宗旨，打造智慧班级信息平台。通过平台，班主任可以发布学生考勤情况、学生作业情况、班级通知等信息，以便日后更好地进行管理。同时，学生也可以在系统中查询自己的作业情况、考勤情况、班级通知等信息，达到信息化交流与共享。班级各"团体"之间使用平台开展线上、线下混合发展模式，借助平台展示各"团体"的风采和发展历程，铸牢集体共同体意识。"团体式"班级自主管理实现了班级管理的精细化，支持学生自主学习，促进了班队建设和活动的开展。

案例5-33　数字教育基座赋能"团体式"班级自主管理建设

（一）建立实体和"虚拟"班级分组

基于"组间同质、组内异质"的基本原则，班主任将学生按照个性特点和学科需求进行分组，每个小组人数控制在7—8人。每组内的学生学习成绩和学习兴趣相对异质，保证组间同质、组内异质。分组后，班主任邀请各团队在基座上建立虚拟小组，打造混合制团队，各团队在"数字班级"中公示团队成员和团队制度，展示团队风采。

（二）使用数字工具打造"智"慧团队

针对团队建设，班主任邀请学生参与"队委会""纪委会"和"学科带头人"组。学生可以根据自己的兴趣和才能选择参与哪个小组，并且根据对应的岗位职责和工作流程来开展工作。比如，队委会负责组织班级文艺演出、体育比赛等活动，纪委会则负责班级常规管理和安全巡查等工作，而学科带头人组则负责为同组同学们制订学科学习计划和学习辅导方案等。在团队建设完成后，班主任可以利用长宁教育数字基座的在线协作工具 ClassIn 来实现小组之间的信息共享和协同工作。学生相互之间可以通过平台同步查看班级通知、项目化学习任务等信息。各团队可推送特色活动的报道和科研报告等供师生点评，促进各团队的凝聚力和实践研究能力的提升。

在各团队发展成熟后，班主任可以使用低代码工具设计的"班级团队建设情况"问卷，快速收集各团队建设的方略、困惑以及对班级建设的建议等。班主任可根据问卷反馈，在基座平台上使用 ClassIn 开设云小班十分钟班会，让学生充分酝酿团队建设和班级建设问题的解决方案，并通过在线投票功能，实现团队建设助力班级建设的全过程民主。

团队建设的成果自然离不开团队评价，班主任可在每学期期中、期末阶段开展各团队的民主述职，亦可通过基座平台中的艾威亚直播系统向家长、校领导、其他班级学生等实况直播各团队的汇报和展示，宣传班级特色，锻炼学生领导力。班主任也可把直播结束后生成的回放二维码发送到家校共育群，留存全员成长的重要时刻。

——上海市延安实验初级中学　王伟

五、家校共育

党的二十大报告强调，要深化教育领域综合改革，健全学校、家庭、社会育人机制。信息化时代，数字技术渗透到生活的方方面面，数字化无限互联、动态协同的特点为学校、家庭、社会协同育人提供了契机。利用数字化赋能学校、家庭、社会协同育人，重点在"协同"，构建学校、家庭、社会等多元主体能够共同融入的空间和平台，方便各方主体相互联动、相互作用，形成互补、协同与合作的"合力效应"。

（一）数字化助力家校共育课程建设

借助基座上的学习资源，学校、社会、家庭共同开发课程，形成协调育人的良好氛围。例如，学校会同社区、妇联等部门，以文字加视频、音频的方式呈现通识性课程、专题课程、个性咨询课程、亲子活动课程等课程形态，以满足各类家庭家长的需求。

案例5-34 数字基座助力下家校共育课程数字化转型的实践和探索

上海市建青实验学校的家校共育课程"一起玩建筑"，基于数字基座，利用数字化平台和媒介，联动教育伙伴团队一起共建，并为"小建筑师"们打开了一扇通向未来的数字化大门。课程团队利用数字云科技，收集和整理建筑相关的资料建立信息库，并将信息汇总进行数字化转换。课程团队把建筑绘本、纸质资料、视频信息进行归纳整理，进行数字化转换，建立了一个几十 GB 的课题信息资料库，设置了信息资料库的共建共享机制，使电子信息平台化。通过检索、查询建筑课题的资料库的相关资料，组建数字化课件；通过多媒体手段，呈现了一堂生动有趣、不乏科学性的建筑课程，在多媒体教室里，实现了数字与建筑的融合。

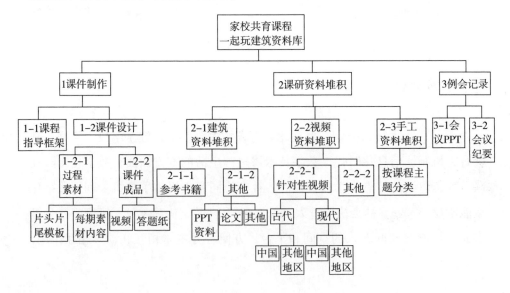

通过数字化家校共育课程的创建，不仅积极探索了利用数字化媒介来实现较为抽象的建筑学科的教育教学，落实了"小建筑大未来"的教育理念，而且为培养更多能更好地适应大数字时代的未来少年做出了尝试。

——上海市建青实验学校　王春燕

（二）电子班牌方便家校沟通

电子班牌可以展示班校文化的内容，让学校的通知、公告、新闻等信息得以快速传达，保证了信息的及时性和准确性。通过数字班牌系统，信息的发布不再局限于传统的纸质板报或海报，内容更加多样丰富，形式更加吸引人。更为重要的是，电子班牌实现了家校互联，家长通过系统能够随时随地了解孩子的课程、班级、成绩和档案等信息，方便家校之间的沟通和管理。

案例5-35　电子班牌凝聚合力 数字基座联通大家

学校经常有同学因为忘记带作业或者口风琴等学习用品，家长送到校门口后再请班主任老师通知学生去拿，有时候会因为老师们因为连着上课或者在外教研导致信息传递不及时。经常有家长和孩子约好了放学接的时间，但是因为家长单位临时有事或者路上堵车等情况不能及时到达，导致孩子在校门口长时间等待。

为了解决这个问题，学校在电子班牌上深入挖掘，打通家长手机端的校信应用与班牌的连接，家长在手机端的"校信APP"上操作发送信息，学生在班牌上通过学生证认证后不仅可以读取具体信息，还可以发送文字信息反馈给家长，家长与在校的孩子即时沟通联系，不仅减少了班级教师的工作量，也让家校联系更高效。

目前学校4个年级35个班都安装了电子班牌，全校1300余名学生、家长和他们的任课老师通过电子班牌和校信APP，共同参与孩子的学习成长过程。家长可以通过电子班牌随时查看孩子在校的学习和行为表现。通过班牌家长可以及时与在校的孩子联系，提升接送效率，为孩子的安全保驾护航；

通过校信 APP 家长还可以与任课老师及时沟通，了解孩子的课堂表现，家校合力共同引导学生健康成长。

——上海市娄山中学　徐斌

第 六 章
教师数字素养培育

　　教师数字素养的不断提升，是整区推进教育数字化转型的关键支撑，也是教育数字化转型能够取得实效，并在实践中持续推进的不竭动力。从一定意义上说，没有伴随数字化转型的教师数字素养培育，教育数字化转型的推进就是一句空话。

　　长宁在整区推进数字化转型过程中，始终把教师数字素养的提升作为中心工作来抓。在"走向卓越"教师培养体系中，将数字素养作为长宁教师重点培育的四大素养（育德素养、教学素养、科研素养、数字素养）之一，进行全体教师的数字化课程培训，为教育数字化全面转型奠定扎实的基础。鼓励教师深度参与应用场景开发，解决教育教学中的实际问题，在这一过程中提升数字素养。通过项目化研究，组建教师共同体，促进经验的交流共享，形成可供推广的数字化转型实践成果。多层级、多类别的教师数字素养培育，为整区推进教育数字化转型提供了基础保障。

第一节　教师数字素养是教育数字化转型的
关键支撑

教师数字素养提升是教育数字化转型的基础和依托，是整区推进数字转型取得成效的关键。随着社会不断进步，信息技术不断发展，数字素养已经成为国际社会关注的热点话题。

一、教师数字素养的主要内容

数字素养概念最早由以色列学者约拉姆·艾希特－阿尔卡莱（Yoram Eshet-Alkalai）教授于1994年提出，他认为数字素养包含五个方面，即图片—图像素养（理解视觉表征的能力）、再创造素养（对数字信息复制与再造的能力）、分支素养（通过非线性超文本导航建构知识的能力）、信息素养（对信息加以批判性思考的能力）、社会—情感素养（以数字化形式进行情感交流的能力）[①]，这一概念框架被认为是数字素养最全面的模式之一。

许多组织机构也深化和拓展了数字素养的概念与内容。联合国教科文组织将数字素养定义为"面向就业、获得体面工作及创业，使用数字技术安全且合理地访问、管理、理解、整合、呈现、评估和创建信息的能力"，并提出了由设备与软件操作、信息与数据素养、沟通与协作、数字内容创建、数字安全、问题解决、职业相关能力等七个数字能力域和26个具体能力构成的全

[①] ESHET-ALKALAI Y. Digital literacy: A Conceptual Framework for Survival Skills in the Digital Era [J]. Journal of Educational Multimedia and Hypermedia, 2004（1）: 93-106.

球数字素养框架。①

数字技术在教育领域应用的不断深入，人工智能、大数据、云计算等新兴技术不断赋能教育教学，使得教师数字素养逐渐成为近年来国际组织和相关国家关注的重点。欧盟于 2017 年发布的《欧盟教育工作者数字胜任力框架》，包含专业参与、数字资源、教与学、评估、赋能学习者、提升学习者数字素养六大数字素养域及 22 项具体能力，为教育者数字素养发展提供了一个通用的参考模型。② 在我国，2022 年 11 月，在教育部发布的《教师数字素养》教育行业标准中，将教师数字素养定义为"教师适当利用数字技术获取、加工、使用、管理和评价数字信息和资源，发现、分析和解决教育教学问题，优化、创新和变革教育教学活动而具有的意识、能力和责任"，包含数字化意识、数字技术知识与技能、数字化应用、数字社会责任、专业发展五个维度。③

综上所述，本书认为教师数字素养应包含以下几方面内容。

（一）数字化意识

数字化意识是教师在数字时代开展教育教学工作应具备的基本意识，包括数字化认识、数字化意愿、数字化意志三个二级维度。

数字化认识，一方面要求教师理解数字技术在国家发展、教育创新变革中的重要价值，例如数字技术的发展对教育数字化转型有积极推动作用；另一方面，要求教师能够认识到数字技术的快速发展给教育教学带来的影响与挑战，例如，数字技术与教育教学的深度融合可能会产生教学理论、教学方法、教学模式等方面的创新要求，也可能会产生伦理道德方面的问题。

数字化意愿，一方面要求教师具备主动学习与使用数字技术资源的意愿，如主动了解数字技术资源的功能作用，愿意在教育教学中使用数字技术资源；

---

① LAW N, WOO D, TORRE J, et al., A Global Framework of Reference on Digital Literacy Skills for Indicator 4.4.2[R]. Montreal：UNESCO Institute for Statistics，2018.

② 杨艺媛.《欧盟教育工作者数字胜任力框架》述评 [J]. 中国教育信息化，2022，28（5）：21-31.

③ 教育部发布《教师数字素养》行业标准 [EB/OL].（2022-12-19）[2022-12-24]. https：//mp.weixin. qq.com/s/oXwYk3zsHOI45HY13U4VwQ.

另一方面，要求教师具有开展教育数字化实践探索和创新的能动性，如主动开展数字化教育教学的理论探索与实践创新。

数字化意志，要求教师面临数字化教育教学的困难和挑战时，应具备勇于战胜困难和挑战的信心和决心。例如，教师在开展教育数字化实践过程中，面临数字技术资源使用、教学方法创新等方面的困难与挑战时，能够克服困难并持续开展数字化教育教学实践。

（二）数字技术知识与技能

数字技术知识与技能是数字技术与教育教学深度融合的坚实基础，包括数字技术知识和数字技术技能两个二级维度。

数字技术知识，主要要求教师了解一些常见数字技术的概念及基本原理，具备基础的数字技术知识。例如，了解大数据、人工智能、虚拟现实等数字技术的内涵特征及其在解决问题时用的程序和方法。

数字技术技能，一方面要求教师掌握在教育教学过程中合理选用数字化设备、软件、平台等数字技术资源的原则与方法，例如，根据教育教学应用场景和教学需求，选择合适的数字化教学设备、软件或平台；另一方面，要求教师能够熟练使用教育教学中常用的数字化设备、软件和平台开展教育教学活动，并能解决常见的基本技术问题，例如，熟练使用国家智慧教育公共服务平台、数字化教学平台、智能助教等教育服务平台开展教学。

（三）数字化应用

数字化应用体现的是教师开展各类数字化教学活动的综合能力，它是教师数字素养的核心内容，包括数字化教学设计、数字化教学实施、数字化学业评价和数字化协同育人四个二级维度。

数字化教学设计，一是要求教师能够选用数字技术资源开展学生学习情况分析，例如，运用智能测评系统综合分析学生知识基础、学习习惯等方面；二是要求教师能够根据学生情况和教学需要，有效获取、管理与制作数字教育资源，例如，利用搜索引擎、专业数据库、知识社区等多个渠道收集数字资源，并依据教学需求选择、管理并制作所需的资源；三是要求教师能够依据教学目标，设计数字化教学活动，例如，在教学活动中合理运用平板开展活动等；四是要求教师能够创设虚拟学习空间与物理学习空间融合的学习环境，例如，利用 VR、AR、MR 等技术突破时空限制，为学生创设沉浸式的混合学习环境。

数字化教学实施，一是要求教师能够利用数字技术资源支持教学活动有序开展，例如，合理运用平板等智能终端支持教学活动的有效组织和管理，提升学生的参与度和交流的主动性；二是要求教师能够利用数字技术资源整体调控和优化教学流程，例如，在线教学活动中基于学生反馈改进教学环节等；三是要求教师利用数字技术支持个别化教学，例如，通过在线作业测试了解学生在知识点掌握上的差异，灵活调整教学策略，开展针对性的指导。

数字化学业评价，首先教师要能够合理选择和使用评价数据采集工具，例如，合理选择并运用教室录播系统、在线调查平台等数字工具采集学生课堂表现、课后作业和测试考试等多模态学业数据；其次，在采集数据的基础上，教师要能够选择与应用合适的数据分析模型开展学业数据分析，挖掘学业数据特征；最后，对于数据分析结果，教师要能够借助数字工具对学业数据分析结果进行可视化呈现与解释，例如，利用柱状图、饼状图等可视化形式对学业数据分析结果进行直观呈现，并能对可视化结果进行解释。

数字化协同育人，一是要求教师在教育教学过程中注重对学生数字素养的培养，例如，引导学生开展数字化学习、提升学生数字社会责任感；二是希望教师能够利用数字技术资源开展德育，例如，借助国家智慧教育公共服务平台拓宽德育途径；三是希望教师能够利用数字技术资源开展心理健康教育，如心理训练、健康诊断等；四是希望教师能够利用数字技术资源实现更有效的协同育人，例如，利用数字技术资源主动争取社会资源，拓宽育人途径。

（四）数字社会责任

数字社会责任是对教师在数字社会的基本道德品质要求，也是数字教育可持续发展的必要前提，包括法治道德规范和数字安全保护两个二级维度。

法治道德规范，一是要求教师能够依法规范上网，自觉规范自身的上网行为，例如，遵守《中华人民共和国网络安全法》《信息网络传播权保护条例》等互联网法律法规；二是要求教师健康合理使用数字产品和服务，例如，将新技术应用于教育教学领域时，应注意遵循教育规律、符合相关伦理规范等；三是要求教师能够遵守网络传播秩序，共同维护积极健康的网络环境，例如，利用网络传播正能量，同时坚决抵制虚假信息、不良信息和有害言论等。

数字安全保护，要求教师具备一定的数字安全意识，一方面能管理并保护个人信息和隐私信息，例如，收集、存储、使用和传播个人、学生、家长及其他人群数据时，加强数据安全管理、避免数据泄露；另一方面也能在工作中保护好工作数据的安全，例如，对于重要的教学资源和文件，注意定期多处备份。此外，还要求教师能够做好网络安全防范，例如，注意防范电脑病毒与网络攻击，注意辨别、防范和处置网络谣言、网络暴力、电信诈骗、信息窃取行为等。

（五）专业发展

专业发展是指教师借助数字技术与资源促进个体持续发展和群体共同成长的能力，包括数字化学习与研修、数字化教学研究与创新两个二级维度。

数字化学习与研修，一是要求教师能够根据个人发展需要，利用数字技术资源开展持续性学习，例如，利用数字教育资源进行学科知识、教学法知识、技术知识、教育教学管理知识的学习；二是要求教师能够利用数字技术资源对自身教学实践进行分析、反思与改进，例如，借助智能评教系统对课堂录像进行诊断与分析，精准发现教学问题，促进教学反思与改进；三是要求教师能够积极参与或主持网络研修，例如，参与网络名师工作室组织的主题研讨、经验分享、课堂观摩等各项研修活动。

数字化教学研究与创新，一方面要求教师能够积极开展数字化教学研究，例如，瞄准数字化教学中的关键问题，积极探索解决问题的方式方法，开展相关课题研究；另一方面，要求教师能够积极开展数字化教学模式和学生学习方式的创新探索，例如，探索数字技术支持下的混合式教学、跨学科融合等以学生为中心的教学模式，促进学生学习方式的转变。

二、教师数字素养与教师专业发展的关系

教师是教育数字化战略得以落地的核心和关键。教师的数字素养水平直接关乎教育数字化转型进程以及人才的培养质量，关乎我国教育现代化和教育强国战略的实现。因此，提升教师数字素养不仅可以促进教师适应数字时代发展和教育创新变革，也对培育学生数字素养、培养高素质人才起到关键性作用。

（一）数字素养是新时代教师专业发展的核心

1.数字素养是教育数字化转型背景下教师专业发展的必然要求

数字化、信息化已逐渐成为人类生存与实践的主导方式。[①]在瞬息变化的世界格局、教育变革的内在需要等因素的综合作用下，全球教育都面临着数字化转型的挑战。因此，教师数字素养的培育在实现数字化战略计划、完成教育数字化转型、深化教育数字化变革等方面具有不可替代的价值。第一，提升教师数字素养，是教育数字化战略计划实现的重要条件。世界各国及组织（如英国、欧盟、澳大利亚、韩国、新加坡等）在制订教育数字化转型战略计划过程中，均将教师数字素养的发展与提升放到了突出位置。第二，提升教师数字素养，是推进教育数字化转型的重要动力。数字化课程体系的落地、

---

① 祝智庭，胡姣.教育数字化转型的本质探析与研究展望[J].中国电化教育，2022（4）：1-8，25.

教育教学工作的推进、教学模式的转变、评价体系的变革等，都需要具备一定数字素养的教师来承担重要的具体实施工作。第三，提升教师数字素养，是深化数字化教育变革的重要保障。教师只有具备较高的数字素养，才能培养更多高数字素养的学生，产出并推广一批数字化教育优秀经验成果，推动和形成可持续性的教育数字化发展生态圈。

2. 数字素养为教育数字化转型背景下教师专业发展注入新的动能

数字素养对教师专业发展的价值是显而易见的。首先，数字素养的提升有助于教师优化课堂教学模式与学习环境。对于中小学课堂来说，数字技术的引入可以在情境创设、抽象过程、概念理解等各个方面发挥重要作用，将使学生的学习更加直观化、个性化，促进学生的概念学习、策略掌握与问题解决。信息技术手段可以辅助教学管理、教学评价，使教学更加精准化、智能化。其次，在培养高数字素养人才的过程中，核心环节之一是对其数字化创新力的培养，即在数字化体系下对新问题、新知识、新规律的发现与探索。[①]教师必须不断提升自身数字素养，为学生数字化创新力的培养搭建平台。最后，从长远看，数字素养的培养还将有助于教师适应教育生态新变革。数字化时代带给教育的冲击必然使得未来教育的培养模式、教育范式，甚至知识观、价值观都发生转变与重塑，而良好的数字素养可以使教师敏锐地感知教育的转变趋势、正确地认识教育的新样态，从而更从容地应对新挑战。

3. 数字素养符合未来教育对教师专业素质的高要求

党的二十大报告指出，"高质量发展是全面建设社会主义现代化国家的首要任务"。高质量的教育，归根到底，是以全面育人为根本任务的，公平、健康、植根于智能技术的教育。[②]换言之，教育高质量发展除了需要建立高质量的公共教育体系，形成健康的教育生态系统外，还需要数字化技术赋能学校教与学的全过程。培育教师的数字素养，大有裨益。第一，教师数字素养中

---

① 刘宝存，岑宇.世界教育数字化转型的动因、趋势及镜鉴[J].现代远程教育研究，2022，34（6）：12-23.

② 蒋敏娟，翟云.数字化转型背景下的公民数字素养：框架、挑战与应对方略[J].电子政务，2022（1）：54-65.

的意识责任维度，可促进教育公平的实现。高质量的公共教育应尊重每一个学生接受公平教育、个性化发展的需求。以学生均衡健康发展为己任、积极用数字技术支撑公平教育、主动探索教学创新实践的高素质教师，对高质量教育的发展具有至关重要的意义。第二，教师数字素养中的知识技能维度，可以助力健康生态的形成。各向融通、合作互补、促进学习者终身学习和内涵发展，是健康教育生态的关键组成因素。拥有数字化知识和技能的教师，能在整个生态形成和发展中充分发挥协调统一的作用。第三，教师数字素养中的应用发展维度，可成就智能技术的深度融合。智能技术融入教育，可助力线上线下混合学习、自适应学习、深度学习等学习形式的常态化，具备数字素养的教师对数字技术的应用、反思与改进能力，有利于确保智能技术与教育的深度融合、持续发展。

（二）培育教师数字素养的宏观路径

1. 观念先行：提升教师数字素养的价值认知与主体意识

想要提高教师数字素养，首要问题便是提升教师对数字素养重要性的认识，充分意识到数字化时代的教师如果没有良好的数字素养将无法适应新阶段教师岗位的要求。我们应树立高度重视教师数字素养的意识，深刻把握提升教师数字素养的时代背景与现实需求，加强组织领导，健全教师数字素养发展工作机制。

2. 系统培育：完善教师数字素养培育的培训体系

当前，我国持续推进教师应用技术开展教学、教研的培训工作，但教师在数字素养发展过程中所面临的问题与挑战仍不尽相同。因此，要着力打造精准化教师数字素养培训模式，分析挖掘教师发展现状与培训需求，以数字技术与学科融合为主题打造新型课程体系，全面提升课程质量和培训效果，以真实应用场景为依托开展基于数字化应用的教学研究与活动，持续推进教师数字素养提升，以点带面，形成有利于教师数字素养发展的新机制、新场景、新模式。

3. 环境升级：构建教师数字素养培育的优质数字化氛围

教育数字化转型，有赖于与外界空间进行信息和资源的交换，是一个开放的、动态发展的过程。[①] 在"三通两平台"（宽带网络校校通、优质资源班班通、网络学习空间人人通）全面深化应用的当下，全国中小学互联网接入率已达 100%，但技术生态系统不和谐和软硬件基础设施不完善的问题仍然大量存在，这就对数字化基础设施的优化、数字化教学空间的构建以及数字化教学氛围的营造提出新的要求：依托数字技术不断丰富各类教育应用场景，营造出数字化教学环境，从而为教师数字素养的培育提供优质土壤；优化数字化基础设施建设，搭建教师数字素养培育的教学空间；注重数字化文化环境建设，营造教师数字素养培育的人文氛围。

4. 体系保障：持续监测的教师数字素养追踪评价

开展持续监测的教师数字素养追踪评价，有助于跟踪分析教师数字素养发展轨迹，为开展精准化、适应性的教师数字素养研修与培训提供有效支撑。为健全教师数字素养评价与发展机制，助力教师数字素养可持续发展，可围绕《教师数字素养》标准，建立各月度、学期、学年等周期的动态发展追踪监测机制，通过对比分析教师在数字素养各维度表现的差异性变化，绘制教师数字素养的个体发展曲线和群体发展态势曲线，实现对教师数字素养的长期追踪和深度全面的分析，为教育管理者建设高质量教师队伍提供决策支持。

第二节　指向数字素养的分层分类培训

教师数字素养培养是一项复杂的系统工程，需要建立多方协同的培育机制，多措并举探究全方位素养培养的新路径。长宁区作为上海市首个教育数

[①] 胡姣，彭红超，祝智庭. 教育数字化转型的现实困境与突破路径 [J]. 现代远程教育研究，2022，34（5）：72-81.

字化转型实验区，推进过程中把教师数字素养的提升作为中心工作来抓，为整区推进教育数字化转型提供重要保障。

一、长宁区教师数字素养现状

教育数字化转型，给教师专业发展搭建了新的平台，拓展了新的舞台。为了更好地了解教师数字素养，促进教师专业发展，长宁在全区开展了专门针对教师数字素养的调查。

（一）教师的数字素养认知

如图 6-1 所示，在使用数字基座的过程中，69.84% 的教师表示会根据实际工作向校方或相关方提出自己的改进方法或意见，12.62% 的教师表示有改进建议但不知道向谁提出，17.54% 的教师表示没有思考过如何改进。总体来看，绝大部分教师在使用数字基座的过程中都能进行思考并提出自己的想法与意见。

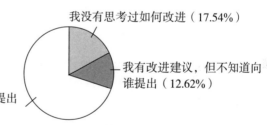

图 6-1　教师在使用数字基座中的自我认识

（二）教师参加数字基座培训

如图 6-2 所示，54.48% 的教师表示参加过数字基座校级培训，31.62% 的教师表示参加过数字基座区级培训，10% 的教师表示参加过数字基座市级培训，3.9% 的教师表示没有参与过数字基座相关培训。总体来看，绝大部分教师都参与过数字基座相关培训，但仍有少数教师未曾参与过相关培训。

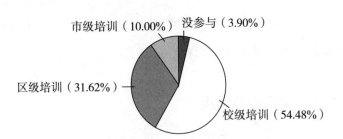

图 6-2　教师参加数字基座培训的情况

（三）教师期望的培训内容

对于未使用过数字基座的 560 位教师来说，如果可以使用数字基座，336 位教师希望数字基座能够提供教学管理方面的帮助，330 位教师希望数字基座能够提供课堂教学方面的帮助，321 位教师希望数字基座能够提供线上教学方面的帮助，306 位教师希望数字基座能够提供备课方面的帮助，302 位教师希望数字基座能够提供资源管理方面的帮助，286 位教师希望数字基座能够提供教研方面的帮助，254 位教师希望数字基座能够提供校园管理方面的帮助，219 位教师希望数字基座能够提供在线测评方面的帮助，198 位教师希望数字基座能够提供作业支持方面的帮助，84 位教师希望数字基座能够提供智慧体育方面的帮助（见图 6-3）。

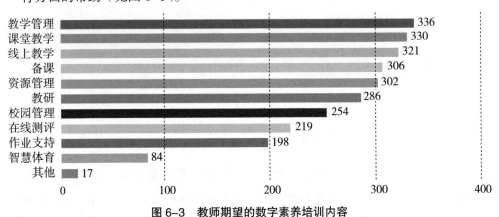

图 6-3　教师期望的数字素养培训内容

（四）教师提升自我信息技术应用能力途径

如图 6-4 所示，2268 位教师通过在工作中经常使用信息化工具与应用提升自我信息技术应用能力，2065 位教师通过身边同事的交流与分享提升自我信息技术应用能力，1970 位教师通过参加相关培训提升自我信息技术应用能力，1174 位教师通过参与学校相关课题或项目的学习提升自我信息技术应用能力，443 位教师通过企业相关宣讲活动提升自我信息技术应用能力。

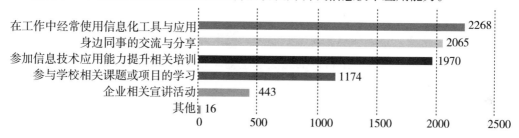

图6-4　教师提升自我信息技术应用能力的途径

（五）教师对教育数字化作用的认识

如图 6-5 所示，1970 位教师认为教育数字化能够改变传统思维，树立数字化意识；1736 位教师认为教育数字化能够促进师生数字化能力的培养；1454 位教师认为教育数字化能够为教育的改革创新构建良好环境；930 位教师认为教育数字化能够建立有效的沟通渠道；706 位教师认为教育数字化能够促进教育教学资源的平衡；582 位教师认为教育数字化能够提高教育管理水平；504 位教师认为教育数字化能够优化教学内容；351 位教师认为教育数字化能够提升课堂教学的效用；232 位教师认为教育数字化能够提升教师教学能力；90 位教师认为教育数字化能够提高学生培养质量。

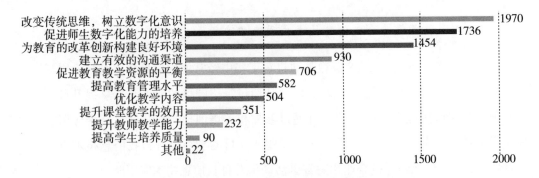

图 6-5　教育数字化具备的支撑作用

综上所述，在教师数字化素养方面，绝大部分教师在使用数字基座的过程中都能进行思考并提出自己的想法与意见，并且大部分教师都参与过数字基座的相关培训。教师们认为提升自我信息技术应用能力最常见的三种途径是"在工作中经常使用信息化工具与应用""与身边同事的交流与分享"和"参加相关培训"。

二、培评结合的区域教师数字素养培育

近年来，长宁区以教师信息技术 2.0 培训项目为基础，以项目化研讨为依托，以教师专业发展数字画像为驱动，全面推进教师数字化素养提升。

根据长宁区教师数字素养的现状，通过"以点带面、分类实施、整校推进、学用融合"的推进策略，全部完成长宁区中小学教师信息技术应用能力培训。具体而言就是：提升校长应用信息技术治理学校的能力，以学校为单位设计并推进教师信息技术应用能力培训。开展教师新一代信息技术应用能力提升的全员培训，提升教师数据支持下因材施教的能力。打造应用新一代信息技术进行教学创新的引领发展团队，引领教育信息化的加速发展。

充分利用新一代信息技术构建持续发展创新机制，提高支持服务体系的精准服务能力，开展基于数据采集和分析的因材施教能力提升专项培训，开展人工智能与教师能力建构深度融合的项目实践活动，开展以实战为主的学

校信息化管理团队项目化学习活动，开展以校为本的教师信息素养和应用能力提升全员培训，整合优质资源组建跨领域信息化教学创新的引领团队，建立开放的教师信息技术应用学习空间和培训课程体系，构建结果导向、全程监测的教师信息技术应用评价体系。

开展区域整体推进教师信息技术 2.0 能力培训

围绕教育综合改革，全面实施教育信息化 2.0 行动计划，与"活力教育"综合改革方案有机结合，长宁区发布《长宁区中小学（幼儿园）教师信息技术应用能力提升工程 2.0 实施方案》。方案构架包括指导思想、工作目标、推进措施、进度安排、保障措施等六个部分，整校制定推进教师信息技术培训方案。长宁区各学校围绕信息技术 2.0 培训的培训目标、主要任务、培训内容、实施策略、考核办法、保障机制等关键要素，结合校（园）实际情况及办学特色，形成校级信息技术 2.0 整校推进方案。区域统筹专家评审完善学校推进方案。教育学院师训部编制整校推进方案和校级课程的评审标准与说明，专家分学段进行评审。师训部向各校反馈专家评审意见，学校修改提交整校推进方案并申报校级课程。通过这种双向反馈，保证整校推进方案和校级课程顺利通过评审并有序实施。

基于区域信息技术 2.0 整校推进工作全面启动，各校（园）借"教育数字化转型实验区"的东风，在 2.0 工程整校推进中，进一步助推长宁区"教育数字化转型"生态的建立。通过邀请市级专家开设培训讲座，各校获得了专业指导。在经验交流分享、优秀案例分享、课程资源共享、主题征文等系列活动中，进一步发掘整校推进工作中的经验与特色亮点，形成典型应用案例，进行经验辐射。在上海市中小学教师信息技术应用能力提升工程整校推进方案征集活动中，延安初级中学、复旦初级中学的整校推进方案获评"优秀方案"，市三女中、天山学校的整校推进方案获评"入围方案"。通过经验分享会，鼓励学校及时总结提炼经验，并进行区域辐射。选送 5 所学校报送的典型案例，参加 2021 年上海市中小学教师信息技术应用能力提升工程典型案例，市三女中、复旦初级中学、虹桥机场小学获评"入围案例"。3 个案例中有学校案例也有教师个人案例，从中可见教育教学及学校管理中信息技术应用能力的提升。

建立了开放的教师信息技术应用学习空间和培训课程体系。长宁区教育学院师训、信息部门策划，构建了智能、务实的个性化培训服务平台，通过购买服务、引进资源、委托开发等方式，建设灵活、开放的教师个性化学习空间。构建了结果导向、全程监测的教师信息技术应用评价体系。通过评价促进技术的应用，借助数字化技术促进教育转型。以教育数字化应用为核心，以教育实践应用案例开发、交流、研讨为导向，促进教育数字化成果更多实践应用。

1. 中学教师信息技术 2.0 培训项目实施概况

【培训目标】

通过对中学教师进行培训，使参训教师能够主动应用互联网、大数据、虚拟现实等现代信息技术，促进信息技术与学科教学的深度融合，推动学科教学改进与创新，注重中学生的自主创生和合作探究，帮助实现中学教学基于技术与数据的理论性呈现、分析性演示与精准性测评，进而打造长宁区中学信息化教学团队，引领未来教育方向。

【培训方式及课程】

结合培训需求，培训采取网络研修模式，参训学员登录学习平台完成课程学习等培训任务。区域优选了涉及技术提升和教学场景应用方面的 27 门课程，供中学教师根据自己的学科和教学需求进行选择性学习。课程目录见表6-1（节选）。

表 6-1　上海市长宁区信息技术 2.0 课程目录（中学段）

课程名称	主讲专家	工作单位	学时
智慧环境下跨学科学习活动设计的核心理念	杨××	华东××大学	1
四象限教学模式在精准教学中的深度应用	施××	苏州市第×中学	5
数字教育资源的获取与评价	樊××	华东××大学开放教育学院	1
应用数据分析模型	汪××	华东××大学教育信息技术学系	2

【培训考核】

为引导学员积极参与培训学习与研讨交流，保障培训质量和效果，此次培训拟采取过程性考核和终结性考核相结合的方法，对学员进行考评（见表6-2）。

表 6-2 培训考核课

考核类别	考评项目	远程培训考评标准	满分
过程性考核	网络课程学习	每位学员完成 15 课时的课程学习，课程总学习时间大于等于 300 分钟时，记 50 分。若实际学习时间小于 300 分钟，则此项考核成绩 = 实际学习时间 /300 分钟 × 50 分。此项考核满分为 50 分。	50 分
	主题研讨	主题研讨：关爱学生、控制情绪，我的妙招分享。每发 1 个主题帖记 3 分，回复帖记 1 分，此项总分不超过 10 分。	10 分
终结性考核	作业提交	提交 1 份个人的"专业发展与职业规划"计划，不少于 500 字。每提交 1 篇作业得 10 分，被辅导老师评为合格 20 分，良好 30 分，优秀 40 分，该项总分不超过 40 分。	40 分
备注	满分 100 分，60 分及以上即为合格。		

【项目管理制度建设】

（1）制定培训工作制度。成立项目领导小组，制定培训工作制度，出台有关决策和实施办法，全程领导项目实施。

（2）统计信息表。项目领导小组及时组织学员报名，并在培训正式实施前及时将区管理人员信息表、班级统计信息表、项目学校信息表等材料提供给项目组。

（3）做好组织与协调工作。项目领导小组在培训实施过程中能够积极配合项目组协调与培训学员、辅导教师、项目学校等关系。领导小组和项目小组之间密切沟通协作，及时发现问题，确保项目的顺利实施。

（4）做好项目检查与评估工作。项目领导小组和相关部门做好项目评估工作。

【项目培训机制】

为保证培训质量，建立了四项研修过程监测机制：一是学习过程信息化，组织学员在培训平台登录并完善信息，然后开展学习、交流、主题研讨、专题活动，实现培训过程的信息化跟踪；二是沟通渠道多样化，搭建平台公告、QQ 群、微信群等多样化沟通渠道；三是问题解决实时化，通过电话、邮箱、反馈问题并及时解决；四是学情分析常态化，定期进行学情统计，督促学员注册学习（见图 6-6）。

图 6-6　研修过程监测机制

【项目考评成果】

本次培训的考核项包括课程学习、研修作业、论坛交流。学员提交研修作业 2456 篇，论坛研讨发帖及回帖 2531 个（见表 6-3）。

表 6-3　项目考核情况

类别	数量
总学习时间（分钟）	1199657.00
研修作业提交数（篇）	2456
发帖及回帖数（个）	2531
平均学时（分钟）	470.63
学习率（%）	97.00
合格率（%）	97.00

从以上学习数据可以看出，本次培训以教师有效促进学生学习的策略与方法为主题，提高了学生的学习效率，达到了本次培训的预期目标。

2. 小学、幼儿园教师信息技术 2.0 培训项目实施概况

为积极响应教育部发布的《教育信息化 2.0 行动计划》和《关于实施全国中小学教师信息技术应用能力提升工程 2.0 的意见》，上海市教委于 2020 年 12 月编制《上海市幼儿园信息化建设与应用指南（试行）》，贯彻落实《上海市教育信息化 2.0 行动计划（2018—2022）》与《关于实施中小学教师信息技术应用能力提升工程 2.0 的通知》，帮助教师主动适应信息化、人工智能等新技术变革，全面提升长宁区教师的信息化教学能力，通过设计区级 15 课时的专业课程网络研修，培养参训教师的技术应用能力和信息思维素质，帮助教师适应信息社会发展的要求，积极有效地开展教育教学，从而推进长宁区构建新时代"以校为本、基于课堂、应用驱动、注重创新、精准测评"的教师信息素养培育长效机制，全面推进信息技术与教育教学的融合创新发展。

【培训目标】

通过对小学、幼儿园教师进行培训，使参训教师能够主动应用互联网、大数据、虚拟现实等现代信息技术，促进信息技术与学科教学的深度融合，推动学科教学改进与创新，注重学生的自主创新与合作探究，帮助实现教师教学基于技术与数据的理论性呈现、分析性演示与精准性测评，进而打造长宁区信息化教学团队，引领未来教育方向。

（1）推动学科教学改进。使参训教师了解信息技术与学科课程融合创新发展的新趋势，掌握信息技术与教育教学应用融合创新的方法思路，应用技术推进学科教学仿真模拟展现及融合创新。

（2）促进自主协作探究。使参训教师能够利用信息技术，引导与促进学生进行自主的互动学习，推动学生的合作探究学习、小组学习、项目式学习。

（3）助力精准考核评价。使参训教师能够在技术与数据的支持下，对教学进行评价和反思，并能够对标各学科的课程标准，对学生的学业情况进行精准测评。

【培训内容】

（1）小学课程

本次培训围绕信息技术的 30 项微能力，提供共计 50 课时的通识类课程，供长宁区的小学教师选学，教师从中选修不少于 15 课时的课程（见表 6-4）。

表 6-4 上海市长宁区信息技术 2.0 课程目录（部分）（小学段）

序号	课程名称	主讲专家	工作单位	学时
1	教师处理视频的 7 个小技巧	支×	北京××学院	3.5
2	技术支持的探究学习任务设计	李××	北京××大学教育技术学院	2
3	信息化教育对教师提出了挑战	祝××	华东××大学	1.4
4	教育变革需要技术支撑	祝××	华东××大学	0.5

（2）幼儿园课程

本次线上培训提供共计 50 课时的课程，教师从中选修不少于 15 课时的课程。具体课程配置见表 6-5。

表 6-5 上海市长宁区信息技术 2.0 课程目录（部分）（幼儿园）

序号	课程名称	主讲老师	单位	课时
1	技术支持下的美术区域幼儿自主学习活动	徐××	北京市××区第二幼儿园	1.6
2	观《我爸爸》学数字绘本在幼儿教育活动中的应用	徐××	北京市××区第二幼儿园	1.6
3	新技术让幼儿表演类游戏活动"生动"起来	张××	北京市××区第二幼儿园	1.7
4	观《安全标志我知道》学技术如何支持幼儿教育活动	初××	北京××学院	2
5	技术支持下的阅读区域幼儿自主学习活动	张×	北京市××区第二幼儿园	1.8
6	信息技术构建智慧幼儿园	赵××	北京市××区第二幼儿园	1.1

续表

序号	课程名称	主讲老师	单位	课时
7	"大数据"让你的幼儿保育管理不烦恼	田××	南京××大学	2
8	游戏APP、iPad、VR助力课堂问题解决——《大班综合领域活动 Magic寻宝记》案例赏析	胡××	北京市××区第二幼儿园	1
9	"APP万花筒"助力幼儿个性化学习与表达——《大班科学领域活动：千姿百变的万花筒》案例赏析	李××	北京市××区第二幼儿园	1

【考核评价】

为引导学员积极参与培训学习与研讨交流，保障培训质量和效果，此次培训拟采取过程性考核和终结性考核相结合的方法，对学员进行考评（见表6-6）。

表6-6　培训考核

评价内容	评价标准	分值
网络课程学习	每位学员完成15课时的课程学习，课程总学习时间大于等于300分钟时，记50分。若实际学习时间小于300分钟，则此项考核成绩＝实际学习时间/300分钟×50分。 此项考核满分为50分	50
主题研讨	主题：请谈一谈自己在日常教学中有哪些将信息技术与教学相结合的做法，欢迎大家分享和交流。 发表一篇主题帖记3分，每回一个帖记1分。本项满分10分	10
作业提交	作业：提交1份信息化教学课例或者案例。 每提交1篇作业得10分，被辅导老师评为合格20分，良好30分，优秀40分，该项总分不超过40分	40
每门课程考核满分为100分，60分及以上即为合格。		

【组织管理】

通过多层级的组织管理和及时有效的培训保障，切实加强培训过程的支持和管理力度，确保培训项目顺利实施。培训期间提供平台实时监控服务，保证系统运行稳定；提供专业系统的各层次技术培训，保证各角色顺利使用平台；制定专门的应急预案，对突发情况做到快速有效应对，确保培训的顺利实施。30名咨询服务专员组成呼叫中心，通过热线电话、在线客服、邮箱、QQ等多种咨询渠道，全年无休提供24小时全天候咨询服务。实行"首问责任制"，及时解决学员在培训过程中的各种问题，保证培训质量。

【项目考评成果】

本次培训网络课程数据大致汇总如下：本次培训的考核项包括课程学习、研修作业、论坛交流。论坛研讨发帖及回帖3862个（见表6-7）。

表6-7　项目考核情况

类别	数量
总学习时间（分钟）	1838324.00
研修作业提交数（份）	2661
发帖及回帖数（个）	3862
平均学时（分钟）	574.47
学习率（%）	98.00
合格率（%）	96.00

根据以上学习数据可以看出，本次培训以教师有效促进学生学习的策略与方法为主题，提高学生的学习效率，达到了本次培训的预期目标。

三、实践中提升教师数字素养培育

教育实践是教师数字化素养提升的主阵地，长宁教师立足于课堂实践，在数字化转型中不断提升自身的教育实践能力，运用数字化工具，提升教育教学成效。下面以具体案例为例，揭示长宁教师数字素养提升的路径与策略。

案例6-1 基于学习本平台 运用学情数据开展精准教学

一、案例背景

（一）基于数字化教学环境的现实问题

"互联网+"引起的教育革命，使教育发生了重大的变革。它改变着教育生态、教育环境、教育方式以及师生关系。教师要引导学生，充分发挥他们的主体性和自主性，改变单向传授知识的方式。学生通过自我学习发现问题、提出问题，自主探索，或者与同伴合作，交流探讨。教师可以利用人工智能和大数据等技术优势，设计科学的、合理的学习方案，随时了解学生的学习情况，帮助学生解决困难，批改作业，帮助学生实现个性化学习。

1.传统教学需教师重复许多机械、复杂、低效的工作

随着信息技术与教育的深度融合，初中数学的日常教学已不满足于以课堂上教师讲授、课后学生自主完成作业、教师延时批改检测教学成果为主的教学模式。依靠低技术手段的传统课堂存在一些明显的局限性，因此教师需要优化传统的课堂教学模式，改变现行低效的信息传递和数据统计，减少教学中重复机械式的操练，融入数字化教学及数据化教学评价，提高教学的有效性。

2.传统课堂教师对学生的行为分析不够精确、全面

在传统教学中，教师往往是通过教学目标和教学内容来做教学准备，凭经验对面授学生的班级整体情况做一个大致判断和定位后，适当调整练习题的难度和深度。课前，学生自主预习教材内容，课堂上，教师把提前准备好的学习内容呈现给学生，学生面对教师的提问做出反应。教师根据学生在课堂上的表现、练习题完成情况等学生的反应进行判断和评价，了解学生学得如何，对知识点内容掌握了多少，然后反馈给学生。

此外，在传统课堂中，教师会根据预设的节奏向学生抛出一个预定问题，某个学生会接住这个问题，回答并将问题抛还给教师，教师再将问题抛给下一个

学生，如此往复。在同一堂课中，这样的情况会重复若干次，给人一种师生热烈讨论的感觉，但实际上，只有三五个积极的学生获得了回答问题的机会，绝大多数学生只是作为旁观者，是否真正参与问题的思考与讨论教师不得而知。

3.海量的学情数据需得到合理的开发和运用

随着学校信息化系统的持续建设，各类信息化系统，尤其是在线教学系统积累了海量的学情数据，面对这些学情数据，教师不能只凭主观经验对学生做出评价，而应该进行深入分析和挖掘，形成学生画像，利用学生的画像数据掌握学生的学习状态，为提高教师的学生管理水平和教学水平提供数据支撑。

（二）数字平台背景介绍——学习本

学习本是一套将教育教学软件、学生管控软件和平台资源应用内嵌于课堂教学的平板系统，分为教师端、学生端（水墨屏）、管理端和家长端。教学常态评估系统按功能划分为题库模块、作业模块、考试模块、错题集、数据统计与分析模块、个性化辅导模块、微课辅导与推送模块、自主学习模块、家校互动模块等。学习端采用水墨屏，可用于学生同步课堂、作业练习、兴趣阅读、错题收集，教师端可用于考试、作业辅导、知识讲解、课堂互动等。教师端融合云计算、移动端等多项技术，是一台集"课堂工具、作业工具、辅导工具"于一体的应用工具。硬件、资源、系统的有力结合，形成了课前、课中、课后教学闭环，实现了全场景常态化应用的同时，数据自动采集，学情实时分析，为学生、老师、家长和教育管理者提供客观学情报告。

本案例研究认为，学习本及其他相类似的平板教学会成为教师与学生主要的课堂教学辅助工具和教学媒体终端。在教学过程中，教师通过学习本后台和资源库向学生实时发送课堂测验、课件、师生互动等内容开展教学活动，基于"互联网+"的思维方式和大数据、云计算等新一代信息技术，以教育资源建设与共享为基础，以教育数据的汇聚、分析和动态评价为核心，为学生打造网络化、智能化、泛在化的学习环境，为教师提供精准、便捷、高效、稳定的数据支持，实现"教、学、评、测、研"一体化，满足现代化课堂的个性化教学，促进学生个性化成长和智慧发展，提升教学效果。

二、应用过程及措施

阶段一：寻找学习本与教学工作的融合点

这一阶段主要是畅想学习本的使用场景，尽可能寻找、挖掘和规划未来学习本与教学工作所有可能的融合点。从教学五环节的实际需要，学生课堂作业、课后作业的学习需求以及学习本功能这三方面着手思考，我分别锁定了在学习本与教学实践初期、中期以及后期所能融合使用的场景，并在使用时间、使用时长、数据反馈、数据分析等方面进行了详细规划。

阶段二：学习本起到支持、辅助作业批改的作用

（1）优化批改，减轻作业负担。

实践初期，在尽量不改变学生作业习惯和教师教学习惯的初衷下，学习本只是为教师分担一些复杂且重复的工作。因此，我会在早自习、午自习时间布置一些计算练习，要求学生在规定时间内完成提交，客观题可交由学习本系统自动批改，主观题教师可以选择"同题批改"，加快批改速度。这段实践过程的主要目的是让学生慢慢适应学习本的使用。在适应了两周时间后，我开始设计一些开放性作业、考试作业、单元长作业等，增加作业的趣味性和个性化，并且在这一实践阶段尽可能去尝试、验证阶段一所预想的学习本与教学工作有可能的融合点是否切实可行。

经过这一阶段的实践和探索，我发现了学习本基于学情分析的作业批改及作业完成的诸多优势。首先，学习本平台有许多作业批改相关的便捷功能，充分支持在线考试和自动化作业批改，可以为教师减轻作业批改方面的工作量。其次，平台有许多功能性的数据分析手段，可供教师在作业分析以及作业讲评时弹性选择。对于学生而言，学习本平台能为学生提供丰富的课后学习资源，同时还能起到督促学生完成作业订正的作用。学生在课堂上没有消化的知识点或是在作业过程中遇到了问题可以看教师上传在学习本平台中的课件、微课或是其他课外教学资源。学生如果没有在教师规定时间内完成某项作业的订正，平台会发出消息推送，提醒该学生尽早上传相关作业。

（2）有效分析，抓取高需数据。

对单次作业、班级阶段情况和学生个人阶段情况的影响因素、结果数据

进行研究，并结合专家意见，我设计了"单次作业学情数据分析模型""班情数据分析模型"以及"个人学情数据分析模型"。通过模型的使用和渗透，希望能抓取每次系统反馈的有效数据，快速掌握每份作业的完成情况、正确率，了解每道题的正确率、做错的同学等。作业中的客观题分析可以帮助教师了解错误比例，透析学生易错点。

阶段三：学习本起到为课堂增色的作用

（1）创新课堂组织模式，建立有效的学情分析模型。

为达到线上线下教学的自然融合，在第三阶段的教学实验课上我穿插使用学习本，并借助学习本平台功能对学生进行"课前导学—随堂检测—课后作业"三次链条式的检测以采集三次连续的学情数据，系统可以拟合出"学生个人—班级平均"成绩数据变化折线图，了解学生的答题思路及知识点掌握情况。通过数据采集学生的答题情况、用时、分数、完成度，教师可以分析学生课前、课中、课后的三次答题表现，并结合自身的教学经验和课堂观察，判断学生在哪一环节可能出现了知识断档、学习漏洞，在哪一环节有了知识点学习的质性飞跃，在课前预习、听课质量、课后作业等环节是否表现良好等，判断课堂教学是否达到预期的教学目标，及时发现、锁定教学中产生的问题，并以此来指导自己该如何开展下一步的课后辅导工作，及时调整习题讲解或是下一堂课的教学进度。

（2）探索精准教学的实施方法，开展个性化辅导，布置分层作业。

在日常课堂中，我们多是凭借教学经验和零散的数据记录对学生进行直观评价与分析，缺少有针对性的、完整的、阶段性的数据统计。因此我希望通过对学习本统计得出的教学测评数据的分析应用，实现数据的自动化记录并对结果进行可视化呈现，从学生的成绩、知识点掌握程度、错题分布情况等方面进行横向与纵向比较，让问题导学的实施更方便。

在这一实践阶段，我通过持续观察学生某一阶段的学习表现布置分层作业，并及时给予个性化辅导与关怀，这样既规避了师生可能不在同一教学空间的弊端，让其互通更为紧密、有效，也实现了平台资源的合理开发与时间优化。

（3）健全多课型教学操作方案，与传统教学进行分类比较。

2022年版课标对初中数学课程教学内容结构尤其是学科核心素养进行了调整，除了坚持"数学是研究数量关系和空间形式的科学"的观点之外，还明确提出，"数学源于对现实世界的抽象"，数学不仅是运算和推理的工具，还是表达和交流的语言"。

新要求和新导向，是设计与实施数学课程的基本遵循，也明确提出了初中数学课程教学任务。因此，按照教学任务的不同，我将初中数学课程分为新授课（概念课和命题课）、习题课和复习课，分别探索、得出了学习本应用于三种课型的基本操作方案，并从课前、课中、课后将其与传统教学进行了比较。

阶段四：学习本起到洞察教学的作用

在案例研究的中后期阶段，我开始反思最初在教学中发现的问题：是否能尽早发现学生学习的异常状况，进行初期干预？是否能连续采集教学过程中产生的数据，达到追踪学情的目的？是否能精准定位班集体及个人的学习情况，做到以学定教，靶向教学？因此，在这一阶段我不断积累教学案例，并利用学情分析数据模型对几次作业和考试情况进行了详细分析。

1. 评价反馈：构建绿色指标，建立合理有效的在线教学师生评价机制

评价反馈分为学生学习情况反馈和教师教学情况反馈。在实际教学过程中，合理的、非绝对指标化的、具有人情味的评价反馈机制可以真实反映基于学习本平台初中数学在线教学模式的应用效果，为学生学习及教师课堂教学的优化与调整提供支持，有效刺激学生的学习兴趣，促进教师的专业成长。

（1）学生学习情况反馈机制——"链条式教学评价"。

学生学习情况反馈机制包括数据动态评价及多元化科学评价机制。其中，

数据动态评价有机结合形成性评价与终结性评价，在每一单元、每一学期结束后，从学生的考试成绩分析出学生总体上对知识点的掌握情况，并与同期采用传统授课方式的平行班学生终结性考试成绩进行横向比较与分析。基于长期学习过程数据生成动态分析报告，师生通过这份报告，合理调整教学策略和内容，甚至是调整教学工作的重心和方向。

另外，多元化科学评价机制指的是在实际教学工作中，在每一课时结束后，教师结合学生的课堂表现、作业情况进行阶段性学习效果评价。这一评价指标多结合学生的学习状态、学习态度、与教师的互动反馈等，不拘泥于作业和课堂练习的完成情况。在线课堂应更多关注学生的形成性评价，构建绿色评价指标。

（2）教师教学情况反馈机制——"点状式教学评价"。

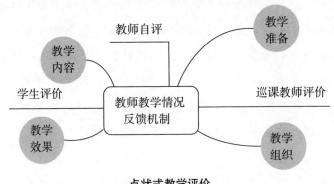

点状式教学评价

教师的点状式教学评价主要是通过教师的教学准备（包括技术应用）、教学内容、教学组织、教学效果四个评价指标，同时参考教师自评、学生评价和巡课教师评价对教师的教学情况做一个总体性评价。评价反馈可以帮助教师：通过对学生每个知识点掌握情况的数据统计及时调整教学，通过在线作业交流互动（文字或语音）记录课堂内外学生对不同教学内容的掌握情况，通过巡课教师的描述性评价及时纠正教学中存在的问题，继续保持教学中的个人优势。同时，教师可以阶段性给出综合分析评价结果，为学习本系统支持下的初中数学教学策略的迭代和完善提供依据。

2. 家校共育：密切家校联系，找到合作共育的着力点和交互性

学习本的使用可以通过家长端构建家校共育的连接点。一方面家长可以随时查看学生的学习情况，另一方面，也为其与教师沟通提供了依据和途径。教学终端的使用、教学活动的开展、教学过程的监督都需要家长更深入和广泛地参与到家校合作中，帮助学生更好地适应和参与学习。尤其是学校在开展在线教学时需要与学生家长进行密切联系和沟通，在了解和掌握学生居家学习条件的基础上与家长就教学任务、教学时间安排等达成一致意见，通过家校联系软件或社交媒体建立在线教学的家校联动机制。

同时，智能教育的开展也凸显了家庭教育能力建设的重要性。虽然目前大部分家长都比较重视教育，但面向未来的智能教育，家庭教育理念、教育方法都需要进行相应调整和改变，家长的信息素养也需要进一步加强。因此，社会层面需协同多方力量，积极探索建立家庭教育能力指导和培训机制，组建有关专家队伍，为学生家长提供咨询服务与专业指导。

三、应用成效及创新点

（一）应用成效

一是实现了跨时空教学，让学习的发生更具灵活性。开展基于学习本平台的在线教学不仅可以同时组织不同地点的学生进行在线课堂教学和讨论，教师也可以在不同的时间对学生进行有针对性的辅导。二是扩大了学生自主学习的选择性。学习本在线教学平台能为学生提供不同学科的优质教学资源，实现优质资源共享。三是通过学情数据的运用让教师和学生的定向辅导更具有针对性。每位学生都可以根据自己的需要在学习本教学平台上随时就自己不懂的问题向教师求教，还可以与教师在课后进行探讨，直到把不懂的问题理解清楚为止。四是学情数据的可视化分析能让教师对每位学生学习情况的定位更清晰、更科学。教师可以从平台上调取任意学生一段时间的数据情况进行观察和分析，及时锁定教学中发现的问题，捕捉学生的知识盲点，也能对某一阶段学习状态不好的学生进行及时的询问和关怀，让学生感受到来自课堂和教师的温暖，进而提高其学习兴趣与学习的主动性。五是学生的知识性错误及心理性错误在一定程度上有了改善。学习本的"错题本"及"举一

反三"功能可以为学生推送更多个性化服务，平台所呈现的学情数据分析也可以帮助学生快速定位到自己平时作业中产生的问题，从而更好、更科学地避免一些因知识点记忆不熟练而导致的知识性错误，或是因答题不规范或做题习惯不佳而导致的心理性错误。六是增进了家校合作。平台数据的互联互通让家庭、学校、社会合力为学生的在线学习创设更优质的条件。

（二）创新点

1.基于单次作业、班级情况、学生个人情况的学情数据分析模型

本案例根据研究需要对学情数据重新进行操作性定义，具体包括学生在答题过程中，由学习本在线教学系统采集到的学生平均用时、正确率、订正率、高频错题等。

单次作业学情数据分析模型主要对基础数据、成绩汇总以及逐题正确率进行了考量。教师根据提交率和未提交人数可以了解单次作业的完成情况；根据作业分数柱状图教师可以直观了解每位学生的作业分数，并与内心期望进行比较，快速判断学生作业所反映的学生学习情况波动；根据逐题正确率教师可以锁定新课教学后，大部分学生出现的知识薄弱点，在讲评过程中，对正确率在 60% 以下的题目进行详细且有针对性的讲解，对正确率在 60% 及以上的题目可以采取生生互助的方式促使学生找到正解，完成订正。

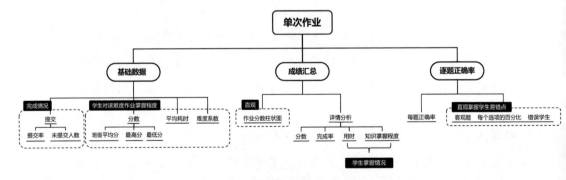

单次作业学情数据分析模型

班情数据分析模型主要对基础数据和特性数据进行了考量。教师根据正确率和用时时长走势可以分析学生在经过一段时间的学习后，对哪一类题目的解答更有方法、更加自信；根据作业详情分析可以评估自己的教学能力

和教学态度,是不是做到每题都有订正,订正都有效果;根据高频错题可以分析学生的错题资源,错题资源包括知识性错误、心理性错误和方法性错误(或解决问题策略性错误),根据学生错误类型的不同,教师给予相应的矫正策略和方法。

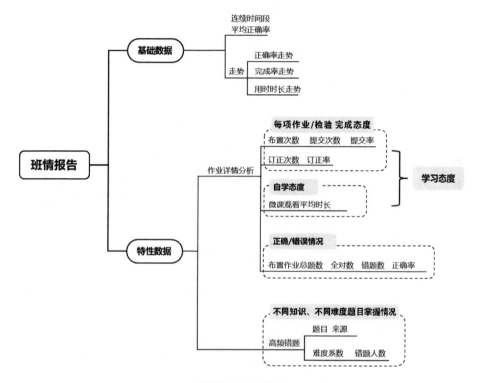

班情数据分析模型

个人学情数据分析模型建立在单次作业学情数据分析模型和班情数据分析模型的基础之上,对学生个人进行的个性化分析。在学习本的技术支持下,学生的作业记录可以达到追踪学生学习情况的程度。在连续采集学生的错题资源积累到一定程度后,学生可以通过"错题本"功能对错题进行整理和二次订正,也可以在教师的指导下对自己的错误根源进行剖析。

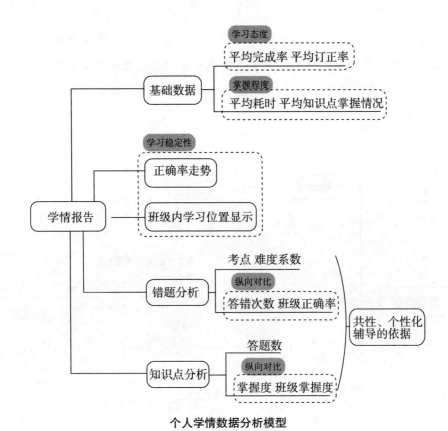

个人学情数据分析模型

2. 错题资源分析及应对策略

　　学生的错题是非常好的学习资源，在本案例的实施过程中，学生以单元学习为一个阶段，在一个学习阶段后对自己的错题进行整理和归类。我将所有错题归为三类：知识性错误、心理性错误和方法性错误。

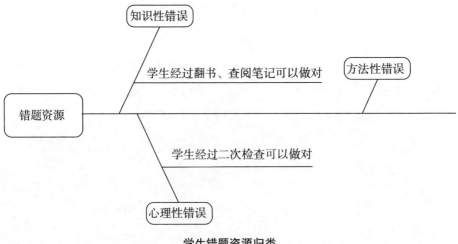

学生错题资源归类

（1）知识性错误。

学生的知识性错误常见于作业难度较低、知识点较为单一、班级准确率普遍较高、可以直接从书上的公式定理等推理得出答案的题目。应对知识性错误，学生需熟记书上概念、公式、定理，可以每隔一个学习阶段就到"错题本"中对同类错题进行反复操练。

（2）心理性错误。

学生的心理性错误常见于作业难度较低、学生通过二次检查或是订正在不经由教师指导或帮助的情况下可以自行得出正解的题目类型。例如，计算题中因粗心导致的错误，或是学生会做而没有做对的题。应对心理性错误，学生可以在教师帮助下追根溯源，找到错误原因究竟是答题习惯不好还是经常性粗心、马虎。教师可以帮助学生从答题时长、同类题正确率、做题习惯等方面入手寻找原因。

（3）方法性错误。

学生的方法性错误包括做题找不到思路和正确方法，不明白考点在哪里，不知道几何图形中是否有基本结构、基本图形，或是漏解、错解等。出现方法性错误的题目往往有多维度的知识点标签，需要综合运用不同知识点。应对方法性错误，学生可以灵活运用学习本的"错题本"功能和"举一反三"功能，在同类知识标签的问题中对知识进行迁移运用，自主找到合理的解决方法，归纳答题策略。

3.学习本应用初中数学教学实践操作框架

（1）操作框架设计原则。

一要立足初中数学学科核心素养；二要立足课程内容与知识结构，帮助学生完成知识内化并构建自己关于学科认识的知识框架；三要坚持以学生为本，为学生提供个性化学习环境，实施精准教学。

（2）操作框架。

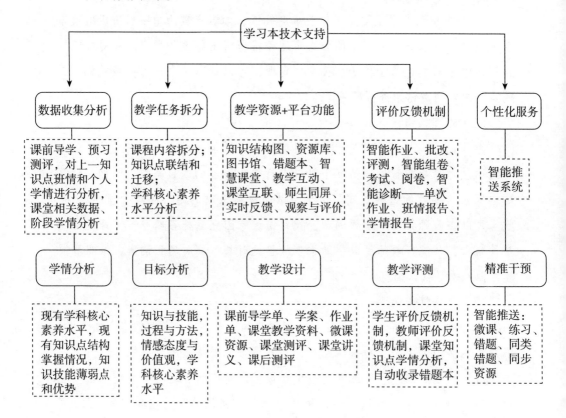

学习本应用于初中数学的一般教学流程

4.制定不同课型下运用学习本开展教学的具体操作方案

概念课、命题课教学的具体操作方案及优势

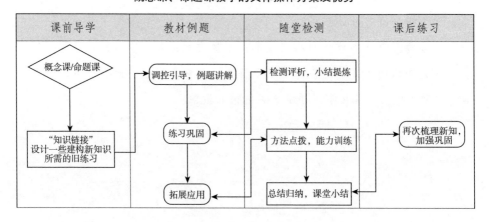

在线教学较之传统教学的优势			
可以从题库中快速选取旧知中与新知相关的习题，生成导学练习	可以将教材中的例题和练习无纸化呈现在学习本上，而不是像教科书上那样原题和解析过程一道呈现	课堂练习中学生的正确率、完成时间等做题情况可以通过自动批改直接反馈，教师可以根据学生错误率比较高的题目实时把握教学情况，并做出及时调整	无纸化课后练习可以让学习实时发生

复习课教学的具体操作方案及优势表

课前导学	教材例题	随堂检测	课后练习

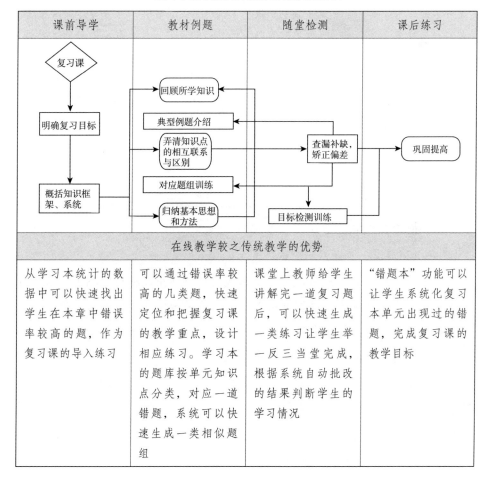

在线教学较之传统教学的优势			
从学习本统计的数据中可以快速找出学生在本章中错误率较高的题，作为复习课的导入练习	可以通过错误率较高的几类题，快速定位和把握复习课的教学重点，设计相应练习。学习本的题库按单元知识点分类，对应一道错题，系统可以快速生成一类相似题组	课堂上教师给学生讲解完一道复习题后，可以快速生成一类练习让学生举一反三当堂完成，根据系统自动批改的结果判断学生的学习情况	"错题本"功能可以让学生系统化复习本单元出现过的错题，完成复习课的教学目标

习题课教学的具体操作方案及优势表

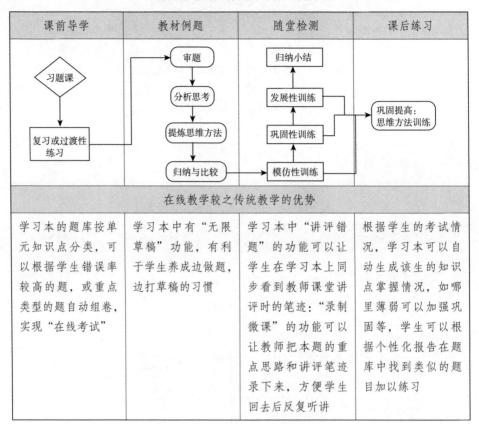

课前导学	教材例题	随堂检测	课后练习
在线教学较之传统教学的优势			
学习本的题库按单元知识点分类，可以根据学生错误率较高的题，或重点类型的题自动组卷，实现"在线考试"	学习本中有"无限草稿"功能，有利于学生养成边做题、边打草稿的习惯	学习本中"讲评错题"的功能可以让学生在学习本上同步看到教师课堂讲评时的笔迹；"录制微课"的功能可以让教师把本题的重点思路和讲评笔迹录下来，方便学生回去后反复听讲	根据学生的考试情况，学习本可以自动生成该生的知识点掌握情况，如哪里薄弱可以加强巩固等，学生可以根据个性化报告在题库中找到类似的题目加以练习

四、反思与构想

（一）需要进一步深入研究的问题

该案例研究进行了一年，形成了系统的理论体系，在教师运用学情数据开展精准教学，制定不同课型下运用学习本开展教学的具体操作方案，设定学情数据分析模型，创新学习方式等方面做了有益的探索，但还有许多实际问题亟待解决。例如，怎么更大力度地挖掘学情数据的作用，怎样在更大程度上吸引学生培养更加自主的学习方式，怎样打破在线教学的空间限制，促进学生由获取知识到形成能力的转化，怎样建立和提炼出在其他学科可推广的模式或者评价标准，怎样实现更加自动化和高效率的个性化教学辅导等，都是我们今后要继续研究的问题。

（二）案例研究的展望

数学教学的逻辑性和直观性，教育科学的研究和探索、一般性和个别性，互联网技术的有效性和实践性，都让教师对教学工作有了更明确和深刻的思考。在我国不断加大人工智能教育政策的供给，加快建设高质量教育体系的新形势下，"互联网＋"数学教学模式的发展不断深入。本案例以初中数学学科为切入点，进行了信息技术嵌入数学教学的实践探究，从顶层设计、实施过程等方面进行了思考和设计。但目前，本案例研究还处于起步摸索阶段，教师需要学习和借鉴大量已有的信息技术与教学手段深度融合的科研案例，以及各校发展的成功路径，并结合自身特点、学科特点，做到勤读、善思，日以躬耕。

智能教育视域下的学科教学在一定程度上发挥了教师主观能动性与信息技术的优势，其关注点是学科教学的创新。大数据的采集与信息技术的合理利用，可以在很大程度上帮助教师快速定位在教学中产生的普遍问题，及时调整下一步教学计划。学情数据的量化对于学科教学而言具有重要意义，教师可以根据教学盲点、共性薄弱点开展精准教学，也能够通过平台技术提供的多维度报表自动生成多角度分析，从而更好、更科学地调整教学策略。教师运用学情数据开展教学的最终目的，不是为了在教学中生成新的数据，而是为了在数据中寻找新的教学生长点，帮助教师读懂数据，让数据反哺教学。在具体的教学实践中，教师需合理分析教学平台筛选出的学生学习行为的所有数据，并对其进行正确、全面的评价。同时，教师也要能正确解读教学平台反馈的学情报告，为学生制定个性化学习策略，推送不同学生所需的学习资源，开展精准教学。

教育要求适应与超越，这是教育的本质目的。它要求教育在社会环境有所变动、教育环境发生变化时能马上产生效应。"教育贵于熏习，风气赖于浸染"，因此无论教学场景、教学环境如何改变，教师的初心不变。眼下我们走在线上、线下融合教学的最前线，在教育为本、技术赋能的背景下，兼具长足的眼光和全面的思考，才可能有理性、稳健的突破、创新和发展。

——选自上海市复旦初级中学 李小林

案例6-2 "添翼云课堂"驱动教师信息素养提升

"添翼云课堂"具有应用场景多元、课堂学习交互频繁、海量数据分析支持决策、以生为本因材施教、学习体验高度还原、学习评价科学且精准的特点。其中，"添翼"，取"天一"学校简称的谐音，且寓意技术赋能在线课堂教学，"如虎添翼"。

综合教师专业发展规律、教师职业素养能力维度等，学校明确将三大关键问题的解决作为突破口。

问题一：如何转变教师在线教学的观念，坚持学习者为中心，因材施教？

问题二：如何基于数据转变教学行为，生成多样互动学习场景，提质增效？

问题三：如何依托联合教研，提高分析问题和解决问题的能力，创新共学共研模式？

这三个关键问题各有侧重，又相互联系。上承实现在线教学高质量的目标，下启数字技术在课堂实践中的灵活运用，横联教师依托校本培训提升信息素养的关键。

一、突破平台打造及校本研训难题，驱动教师信息素养提升

基于在线教学的前期经验及上海市教委的最新要求，结合《教育信息化2.0行动计划》中"大力提升教师信息素养"的政策要求，学校对"如何以平台打造和教师研训为抓手，有效驱动教师信息素养的提升，构建教学高质量的'添翼云课堂'"做出了全面部署。

转变教师观念：通过学习习近平总书记在全国教师发展大会上的重要讲话精神、重磅文件等，通过读书会等共同研修形式，引导教师主动适应人工智能、信息技术等教育信息化变革；明确"双核素养"培育目标，强化教师信息素养与学科素养的同步提升；提升教师的信息技术应用能力，推动个性化、适应性教学的开展，帮助学生获得更丰富、更深刻的学习体验。

技术赋能教学：通过打造教学、学习、评价等多种应用场景，加之对教学动态数据的实时分析，打造学生专属数据中心，精确掌握学生在线学习的

投入兴趣、学习态度、学业成就等，为教师提供决策支持，助力精细化课堂教学的生成，构建全新的智慧教学环境。

具体方法和策略如下：

（一）点位教师先行先试，多级培训层层推进，技术操控力显著提升

1. 借助横向比照，集优选择 ClassIn

在对上一轮在线教学进行经验总结和成果提炼的过程中，学校发现，教师对平台的选择较为多元，腾讯会议操作便捷，晓黑板共享资源丰富……，但始终缺少能最大限度上集优的教学平台，满足教师在教学设计、实施、评价等方面的多种需求。这也催生了这种教学现象：一节课上，教师要频繁地在各种平台间来回切换，无形中提高了教师应用信息技术的门槛，令不少中老年教师望而却步。

为此，学校征集了教师的意见，咨询了专业技术人员，通过民主投票，确定全面使用 ClassIn 开展在线教学。通过 ClassIn 专业的音视频和黑板互动教学系统，营造身临其境的教学体验，借助平台提供的丰富且专业的教学工具，教师能够充分发挥自己的特长，让课堂更加高效和有趣，实现真正的线上互动式教学。将教师、学生、知识和数据连接在一起，赋予教学更多可能。

2. 借助点位先行，培训突破技术难点

在知识经济和信息时代，面对爆炸式增长的网络知识和不断更新的数字技术，教师原有的知识能力已经无法满足自身生存和发展的需求，在线教育要求教师必须具有较高的信息素养、较强的整合能力和高度反思性实践能力。为确保 ClassIn 平台在线教学的平稳有序，学校遵循由"点"向"面"、由"实验"向"常态"、由"突破"到"普及"的研训宗旨，选取部分班级，将语文、数学、英语作为点位学科先试先行。每天教学"试水"后，进行经验分享，梳理出亟待突破的技术重难点，校企合作，不断对平台进行调整优化。

点位先试先行后，在全校全学科全面铺开前，学校先后面向 104 位老师开展了两次校本研修，对平台的使用进行细致的辅导，每次培训历时 3 个多小时。在集体培训了解平台基本操作后，再以学科教研组为单位，组建学习共同体，展开实操演练。

与此同时，充分发挥校企合作的功能，组建技术支持交流群，短短三天，教师的在线咨询量高达 1300 余条。后台技术部门针对提问快速响应，及时优化。其中，教师提出的 20 余条平台完善建议被采纳，如"平台在对学生单课进行及时评价的同时，需据此留存周期性评价数据，以便进行精准的终结性评价"。

据后台数据分析所得，104 名教师对全校 32 个行政班，1295 名学生实施在线教学，语文、数学、英语、音乐等 12 门学科全覆盖。参与在线教学的教师平均年龄达 43 周岁，平台的使用率达 95.2%。

3. 借助多级研训，营造数字化教学新生态

新一轮在线教学启动之初，在市教委的统筹规划下，构建了新型双线混融教学平台，统一信息、数据管理和共享，支持"空中课堂""名师面对面"多场景互联教与学。同时，长宁区教育学院多部门积极响应，以"提升教师信息素养，驱动在线教学高质量"为目标，联结市级、区级和区内各所学校的优质资源，充分发挥名师优势，创建全面、丰富的多级研训平台。为教师在线教学设计、实施、评价、研究提供服务和支持，更好地发挥培训对教师专业能力提升的作用。

市级每周一次的"教师信息技术应用能力提升工程 2.0"专项培训，区级每两周一次基于学科、分学段、分年级的全区教研，校级每周一次基于学科的大组教研及年级组教研等，围绕"树立在线教学'新导向'"（转变教师在线教学价值观）、"拓展智能学习'新场域'"（打造多样态数字化学习应用场景）、"探索课堂转型'新路径'"（强调学科素养导向下教与学方式的转型）等，通过专家讲座、个案分析、经验分享、团队共学、自主探究等形式，有效提高教师在教学"实战"中的信息素养，营造常态的区域数字化教学新生态。

（二）构建多种学习共同体，丰富教师培训形式，过程性指导显著增强

1. 依托虚拟教室，延展自主研修时空

"互联网＋教育"不仅是传统教育形式的在线化，更代表的是将互联网作为一种创新要素，深入融合在教育活动的各个环节中。学校遵循了"实践—反思—再实践"的学习规律，充分发挥 ClassIn 平台内"虚拟教室"的作用，

为教师创生出个人用以进行在线教学实战训练的空间，延展其自主研修的时空，旨在让教师更快地了解平台的常规操作，更好地理顺在线教学的一般流程，更有效地发挥平台"小工具"赋能教学实施的作用，更多地为教师提供自主研修后再反思、再实践的机会，有效地提升了教师对 ClassIn 的接受度和适应度，为专业指导下的素养提升奠定了基础。

2. 依托学科教研，增强研修的专业属性

学校始终坚持"教师作为学校最宝贵的资源，能基于平台的灵活使用，为在线教学提质增效。教师的学科专业性、学术研究力等，相较于技术平台而言，对在线教学高质量至关重要"。学校教研组是最基层的教师专业组织，对教师专业发展具有重要的作用，为此，在延展教师自主研修时空的同时，学校借助每周一次的学科教研，为教师构建起基于学科的学习共同体。通过学科内部的教研学习，形成了在线教学期间有效的做法，即"提出问题—交流经验—提出设想—交互辩驳—优化做法—评价反馈"。学习共同体的建设，强化了研修的专业属性，基于学科，又优于学科。如，"如何基于学科设计阶段性练习，利用 ClassIn 开展面向人人的学业诊断""如何利用 ClassIn 平台小工具开展在线分组讨论"等，皆为各学科组织在线教研时曾经热议的主题，在教师的集思广益下，问题得到了有效解决，教师的信息素养也在反复教研中得到了有效的提升。

3. 依托校企合作，为信息素养提升增效

为有效解决教师在 ClassIn 实时教学过程中遇到的技术问题，学校联合 ClassIn 相关技术人员，于平台推行第一天，组建了一支由 50 名计算机顾问组成的技术支持团队，以微信群聊的形式，每天从早上 7 点开始为教师提供在线技术问题解决。从刚开始时只有几位活跃的教师线上提问，到越来越多的教师加入互动交流的队伍；从仅仅为解决平台使用过程中遇到的困难，到基于个人教学经验向平台提出完善修改意见……

平台试用一周，在线视频 / 直播辅导五次，50 余名技术顾问在线，104 名教师全程参与，1300 余条技术反馈，20 余条平台完善建设性意见被采纳……。在这场兼顾培训与实战的研修中，在这次教育与计算机领域的合作中，从以上这组数据可以看出，教师成了培训的主人，成了个人信息素养提升的主导者，其成长速度、发展效益成倍增长。

（三）后台随堂采集数据，基于实证解读课堂，教学品质显著提高

1. 实行全程录课，实时调控教学行为

ClassIn 在线教学采用全程录制，方便教师课后回看教学过程，进行总结反思，并及时跟进矫正优化。同时，它为学科教研组开展在线教学研讨奠定了基础，可以从分析数据背后教师教学观念，教学行为与促进教学品质提升的内在关联的视角，观课、说课、评课。

全程录课＋在线教研，帮助学校打破了边界的限制，还原了线下的教学研讨课，为在线的学科教研组建设提供了新思路，有助于学科教学质量的过程性诊断，提升在线教学品质。

2. 通过在线巡课，专业诊断教学品质

区教研室、学校行政部门采用联合与不定期巡课的方式，对教学品质进行专业诊断，助力课堂质量再提升。教研员对单元整体视域下单课教学设计的品质进行把控，关注教师在线教学的设计力、规划力、执行力；校行政领导从教师平台使用的流畅性、课堂教学的规范性、技术赋能教学的融合性、课堂氛围的和谐程度给予过程性诊断；学科分管则聚焦课堂教学目标的达成情况、重难点的突破情况、师生课堂交互的有效性、课堂评价反馈的有效性、课堂练习设计的合理性、校本化学科教研主题的落实程度等进行专业诊断。

区教研员、校行政领导巡课诊断各有侧重，但目标均指向优化在线教学，以课程素养培育为指向，不断追求高质量在线课堂。

3. 进行数据解读，让素养提升显性可视

智能化教学场景为教师动态了解学情、分析学情提供了抓手，教师可以通过数据发现问题，设计适合每个孩子的教学策略，开展分层教学和个别指导，提升教与学的效果。例如，为课堂分组讨论中的"沉默"学生提供会话支架，开展课堂分层练习；从课堂教学工具的使用成效入手，关联教学品质，梳理出表达类、思辨类等不同课堂练习适用的平台工具，起到提质增效的作用。

对教师平台的使用率、各年级使用平台教具与课件的数量、全体教师平

台使用程度、各学科课堂教学工具等进行数据采集、数据清洗、数据分析，用数据解读课堂，显性可视地提升教师的信息素养。

二、提升教师信息素养，撬动学校教育高质量发展

形成了在线教师研训的模式

学校从理论的角度确立了以教师信息素养与信息技术应用能力为统领目标，借助教师专业学习社群理论建构培训生态，融合项目化学习理论建构培训内容，创新设计了在线教学期间教师的培训模式并总结梳理出具体的实践路径。

新一轮在线教学期间教师校本研训模式

1. 核心目标——提升教师信息素养与信息技术应用能力

未来，学校教育应从教学生读书为主向读'网'为主转变，从传授硬知识为主向师生共同建构软知识为主转变。新一轮在线教学期间，学校以教师信息素养与信息技术应用能力的发展为目标，突破研训内容短视化的局限，从整体上统领培训内容的设计、实施与运行。培训内容涉及教师的信息意识、计算思维、数字化学习与创新、社会责任四个维度。

2. 培训生态的打造——形成专业学习社群

从提升教师信息素养与信息技术应用能力的角度来说，教师专业学习社群（Professional Learning Community，简称 PLC）基于"共同体"理念，教师可以通过平等、共享的对话方式，基于共同的经历与目标进行合作与交流，从不同学科、不同学段的同伴教师中获取学习资源，激发社群中每一位教师的学习潜能。

本轮在线教师研训中，专业学习社群灵活地组合成"学科型""跨学科型""跨界型"三种样态，与项目化学习的样态相吻合。

3. 培训内容的建构——创设项目化学习方式路径

本轮在线教师研训过程中，学校借助项目化学习（Project Based Learning，简称 PBL）理念，有效地改善参训教师主体地位缺失、培训内容与工作实践断层割裂等问题，充分激发参训教师的学习热情和参训深度，提升教师边实战边参训的学习力。

具体研训模式的设计思路是：以教师信息素养和信息技术应用能力发展为研训宗旨，分别围绕素养和能力提升，形成对应的培训模块，设置项目化学习主题，并通过学科型、跨学科型、跨界型的专业学习社群，以学习共同体的方式，完成项目化学习任务。

4. 提升了教师信息素养与信息技术应用能力

（1）主动拥抱技术，赋能在线教育教学

据 ClassIn 平台数据分析所得，平台使用两周以来，教师使用率达 95.2%，课堂中教具使用率与使用初期相比上涨了 255.6%，互动教具使用率上涨了 36.8%。

数据表明，教师的教学观念有所转变，基本上实现了从被动接受到主动拥抱的改变，明确地将"双核"素养的培育视为数字化转型背景下教师专业素养提升的有力保障，确保了在线教学的平稳有序。平台教具使用率的提升，表明教师在适应平台后，已经开始探索个性化的平台使用路径，因材施教。从下页图可以看出，在线教学中，教师对课件使用、板书和文档的使用相对稳定，教具使用（展示教具、互动教具等）明显提升。分组讨论、举手抢答等大量互动类的教具，可以帮助教师生成互动的教学场景，实现真正的互动式教学，学生在与教师的频繁交互中，保证了学习的专注、提升了学习的效能。

上海市长宁区天山第一小学

学校基本情况

教师数	学生数	行政班	教师平均年龄	教师使用率
104	1295	32	43	95.2%

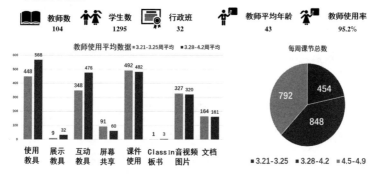

教师使用 ClassIn 平台开展在线教学的整体情况

（2）巧用平台技术，点燃课堂互动活力

从数据反馈来看，教师在使用常规课件的同时，会频繁使用互动工具来辅助课堂教学的推进，通过创设丰富多样的教学环节来更好地集中学生的注意力，让学生更充分地感受在线教学的趣味性，激发学习兴趣，提高教学效果，达成高质量教学。

全体教师使用程度统计

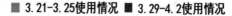

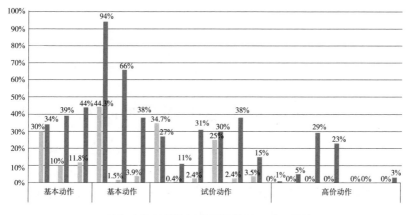

教师在线教学期间使用课件及互动工具情况

"添翼云课堂"中教师对平台互动工具的使用率有显著提升，尤其表现在对答题器、小黑板、分组讨论、视频墙等高阶课堂教学工具的使用上，数据呈现翻倍增长的态势。

以分组讨论工具为例，与教师单一的讲授式教学方法相比，课堂小组教学更能活跃学生的思维、吸引学生的注意力。在线随机分组讨论是对合作学习更加细化的探索，能充分发挥学生的主体能动性，体现了学生的主体地位。尤其对实际问题解决策略的制定、跨学科综合能力的培养等高阶思维的培养，教师基于学情的定向分组，为在线课堂的因材施教、分层教学提供了可能。

在线教学中，教师平台的使用率、平台互动工具的使用情况等数据，展现的不仅是本轮在线教学的品质提升，还让教师信息素养和信息技术应用能力的提升程度显性、可视。教师素养和能力的提升与平台工具的使用是呈正相关的，也就是说，随着教师素养和能力的不断提升，对平台和数字化工具的使用率、使用成效将逐步提升，最终也将反哺于在线教学的质量提升。

在线教学是对教师信息素养的一次"大考"，是对近年来教育信息化发展成果的一次集中展示，也是对教育信息化教师队伍水平的一次实战检验。学校主动抓住机遇，迎接挑战，秉持信息技术与教育深度融合发展的理念，以教育信息化为抓手，全面推进教育现代化，从高质量教学的愿景出发，对在线教学进行顶层设计，明确"平台打造"及"教师研训"为提升质量的两大抓手，有效驱动教师信息素养的提升，构建起高质量教学的"添翼云课堂"。

——上海市长宁区天山第一小学　林灵

第三节　聚焦数字化运用的教师研究共同体

数字能够有效赋能教师培养，促进教师专业发展，同时数字素养也是长宁"走向卓越"教师培育的重要内容。鼓励教师深度参与教育数字化转型，有激发活力、提升素养、促进合作等多种益处。

一、指向应用的区域教师数字化研究共同体

根据全区教师专业发展的大数据分析，全面贯彻落实国家教育政策，长宁综合规划卓越教师发展的行动路径。着重从三方面入手，促进卓越教师队伍发展壮大，为每位老师提供良好的发展环境。

一是强高峰，形成一批在全市影响力强的高端教师队伍。数据显示，长宁教师队伍发展状态良好，但名优教师在全市的影响力仍有待提升。培养师德高尚、品格优良，具有厚实专业素养、先进教育理念的教师，让他们在教育教学和教育管理创新中发挥模范带头作用，总结自身教育教学经验并形成教育教学思想体系，有助于全面提升教师的学术素养，提升长宁教师在全市的影响力。

成立卓越教师培育发展中心，由区内特级、正高级教师领衔。建立卓越教师培育学员库，主要由区学科带头人、市领军人才计划与双名工程学员中的优秀者构成，在自愿报名和学校推荐的基础上进行专家评审，对照特级、正高级教师培育标准，分期实施卓越教师培育技术。汇聚高端培育力量，建立"三师"带教培养机制：专业导师带教，邀请市级权威性强、影响力大的专家作为专业导师带教；行政领导带教，由区教育局分管领导按照分管领域分别带教，带领学员开阔视野，提高站位，提升理论指导实践的思维转化能力；学校领导带教，所在学校校长作为实践导师带教，结合区情校情引领学员职业生涯成长，为学员提供指导与支撑。

二是筑梯队，建立完善的教师专业发展阶梯。数据分析显示，长宁各梯队教师专业素养优良，但骨干教师队伍比较分散，区域积聚力有待加强。通过区域教师梯队建设，培养一支师德高尚、品格优良、具有较强育德能力、具备扎实学科理论知识的教师队伍，在教育教学实践中解决具体问题，积极突破、勇于创新，在教育教学改革中发挥示范、引领作用，成为区级教育教学改革引领者。

抓好"学科带头人"队伍建设。结合区域教育综合改革方案，使学科带头人项目负责制成为区域教育综合改革的重要推进途径。突出教师素养提升，进行"走向卓越"教师素养评比，通过教师教学素养、科研素养、育德素养、信息素养四大素养评比活动，促进教师专业发展。探索"三维驱动"培育机制，促进长宁骨干教师更好地卓越发展：任务驱动，聚焦数字化转型主题，引领教师在实践探索中持续发展；项目驱动，承担区域教育综改项目，全面激发教育综改研究活力；团队驱动，带动教学能手和教坛新秀成长，实现区域教师梯队发展。

三是固高原，抓好教师发展的课程建设和校本研修。教师专业发展数据显示，高质量的教育依赖高品质的教师队伍，高素质教师成长的基础是高效的校本研修机制和高质量的教师培训课程。长宁教师巩固高品质发展的高原，需要以高质量的教师专业发展课程为基础，以形式丰富的校本研修为依托，培养师德高尚、品格优良，具有扎实学科素养的教师。要促进区域教师自觉反思教育教学实践，提升教育科学研究能力，在完成高质量教育教学实践的同时，实现自身专业发展。

数字赋能教师专业发展，构建层级完善的教师卓越发展梯队是实现区域教师发展规划的支柱和载体。卓越教师培育发展中心和学科带头人项目负责制是长宁教师梯队建设的核心，也是卓越教师高峰培养的重要路径。

（一）构建数字基座空间，支持教师项目负责制

全面分析长宁教师发展数据，依托教育数字基座，构建项目负责制专用数字空间。开发项目负责制数字化管理场景，支持卓越教师培育发展中心和学科带头人项目负责制的有效运行，形成区域教师梯队发展的良好生态。

一是设立卓越教师培育发展中心。区域设立卓越教师培育发展中心，并成立文科中心和理科中心，承担区域教育质量的监测、评价和教师卓越发展等工作，负责各校培育发展工作室活动的组织与领导。各学科、各学校在区域发展中心领导下，分别设立卓越教师培育发展室，组成研修团队，促进教师专业发展。卓越教师培育发展室以区域组织、学校挂牌的方式运行，发展

室领衔人是特级、正高级教师，学员由学科带头人、市领军人才计划与"双名"工程学员中的优秀者构成，在自愿报名的基础上实施双向选择，分期实施，学科分布均衡，学段兼顾合理。

二是实行学科带头人项目负责制。学科带头人项目负责制工作由区教育局领导，实行区教育系统学科带头人工作管理研发中心、学科组、项目组三级工作管理体系。由区学科带头人工作管理研发中心负责整体工作，实行统筹管理；学科组由若干同一学科或同类学科的项目组组成，学科组组长负责工作要求的传达与落实，实行过程管理；项目组根据不同项目类型由学科带头人与教坛新秀、教育教学能手、"种子计划"学员组建团队，项目领衔人负责实践研修的实施与推进。

（二）数据分析，明确梯队发展定位

教师专业发展大数据分析表明，课题研究能力是教师专业发展的短板，却是教师卓越发展的关键。特别是在骨干型教师向研究型教师发展过程中，项目研究是更有效的推动力。区域卓越教师培育以项目研究为载体，确定研究型教师培养的路径。特级、正高级、学科带头人领衔，教坛新秀、教学能手等骨干青年教师为项目组成员，组建研究团队，以项目推进的方式，促进教师专业发展。

区域教师发展数据研究发现，教师专业发展一般要经历新手教师—经验型教师—研究型教师—专家型教师的发展阶段。卓越教师培育项目负责制切中教师专业发展的关键阶段，以"项目"聚焦教育改革的关键问题，以团队协作融合各层级教师，把教师成长从外力促进转换为以研究问题为引导的内驱式成长，为区域内中青年骨干教师成长搭设发展平台。教师发展突破原有的经验，需要创造性思维和开拓意识，卓越教师发展把握学科发展方向，组织和带动学科梯队发展，依托"项目"，研究教育教学改革中的热点难点问题，促进教师突破职业瓶颈，向研究型、专家型教师转变。

（三）模型建构，确立项目主题分类研修

基于区域教育发展现状，分析骨干教师专业发展路径，回应教育改革热点难点、教育教学问题，设计教师专业发展模型，设置四类研修项目，分层分类推进教师在项目研修中发展。

一是教育教学骨干培养型项目。由特级、正高级、优秀学科带头人领衔，对教坛新秀、教学能手、"种子计划"学员等着力于课堂教育教学指导，通过课例研究，使其教育教学能力显著提高，着力于研究项目指导，促进其完成项目研究及项目成果转化，成为在区域中发挥示范引领作用的骨干力量。

二是教研组织建设型项目。以学校教研组和校本研修为研究对象，以加强教研组建设和提升校本研修品质为工作目标。特级、正高级教师和学科带头人领衔，2—3个具有发展意愿的学校教研组参与。寻找教研组增长点，以结对带教、校际互动、学区化集团化联动等形式，提炼教研组经验亮点，建设特色教研组。

三是师训课程开发型项目。以教师教育课程开发为主要任务，由特级、正高级或优秀学科带头人领衔，运用学科带头人的实践经验、教育智慧和研修成果，开发1—3门区域教师教育精品课程或校本研修课程，申报上海市教师教育共享课程。

四是教改问题研究型项目。以解决教育综合改革实践中的重难点问题为主要任务，由特级、正高级教师或优秀学科带头人领衔，5—15位教育教学能手组成团队，创造性地解决教育改革实践中的重难点问题，助推区域教育深化改革。

（四）数字化管理，规范项目实施流程

根据项目负责制推进需要，通过全过程数字化管理，促进项目实施流程规范化。区域出台《项目负责制工作数字化管理实施意见》，统筹组建项目组；项目领衔人进行项目方案设计与立项准备；专家进行立项评审，项目组根据评审意见，对项目方案进行优化、细化，形成"项目任务书"。项目实施主要分

为前期研修、中期评估、后期研修和总结评价四个部分。前期研修中,以学习和实践为主;在中期评估后的研修中,以提炼、深化实践内容,提升科研能力为主;以中期评估为抓手,进行项目间交流与展示,发挥异质团队优势,依托项目团队成员在不同学校、不同学段扩大项目成果的辐射范围。

实现数据驱动下的研训一体过程培养。项目领衔人全面负责项目研修工作,做好计划制订、项目启动、制度管理、活动安排、中期评估、总结展示等环节的工作,创新研修模式,形成项目活动特色。项目组开展合作带教或交叉带教,让学员之间进行互助合作,对区域教研活动进行有效补充和拓展,形成研训一体的有效培养,推动区域教师卓越成长。以项目研究带动研修机制的完善,明确项目研修的"六环节"流程:项目立项—项目团队组建—前期研修—中期评估—后期研修—总结评价。通过项目立项、研修计划拟定、前期学习、后期展示等方式,使项目研究有序展开。

二、课题引领下的学校教师数字化研究共同体

在区域教师研修共同体的整体建构下,各校教师基于学科实践,开展了各具特色的教育数字化转型研究,形成了丰硕的研究成果。以第六轮学科带头人项目负责制研究为例,很多教师的研究都在教育数字化转型的背景下展开。下面以上海市三女中秦岭老师的学科带头人项目《基于全媒体环境下的师生信息素养提升探究》为例,说明长宁教师在信息技术应用与学科教学深度融合中的研究成果。

案例6-3 基于计算思维的中学信息技术项目设计与实践

【问题提出】

教育部颁布的《普通高中信息技术课程标准(2017年版2020年修订)》凝练了高中信息技术学科核心素养,由信息意识、计算思维、数字化学习与创

新、信息社会责任四个方面组成，提出"通过丰富多样的任务情境，鼓励学生在数字化环境中学习与实践；课程倡导基于项目的学习方式，将知识建构、技能培养与思维发展融入运用数字化工具解决问题和完成任务的过程中"。

随着数字化工具渗透到人们工作、学习、生活的方方面面，大家不仅要会使用技术工具，更要理解技术背后所蕴含的思想方法和科学原理。新课程标准更加注重培养学生运用计算机科学领域的思想方法解决真实情境中问题的能力。计算思维有助于信息技术课程中学科思维研究的推进，有利于学生在信息技术课程中获得终身有用的知识和技能。因此，在信息技术教学实践中以项目为载体发展学生计算思维颇具研究意义。

【实施过程】

一、制订研究方案

查阅有关计算思维、项目化学习的文献资料，进行归纳总结，确立研究的理论基础，完成对相关概念的界定。梳理研究思路，制订研究方案，确定项目实施步骤。

二、设计项目化学习方案

提炼项目化学习的五个环节：项目分析、方案设计、制作作品、作品优化、项目评价。围绕五个环节开展项目化学习方案设计，包括项目名称、项目简述、项目目标、项目实施要点等。项目实施要点针对项目化学习的每个环节，描述了知识与技能、过程与方法、计算思维能力点以及评价观测点。

三、编写项目化学习手册

编写项目化学习手册编写，内容涵盖项目化学习的五个环节。项目化学习手册中的导言、阶段目标让学生明确任务、制作作品的要求和所要达到的标准；知识链接、拓展学习资料为学生提供学习资源；问题链设置、范例、学习指引为学生提供学习支架；阶段评价表则引导学生及时开展评价与反思。

四、设计计算思维课例

参考谢忠新博士提出的计算思维五要素——抽象、分解、模式识别、算法和评估，借鉴上海市立德树人人文社科重大研究基地项目"面向高中信息科技教师的能力微认证研究及试点实践"系列研究成果中的计算思维能力标准——有效抽象问题、合理分解问题、清晰形式化表达、有效实现及使用常见算法等，将其作为理论依据设计计算思维课例和微认证课程。

五、基于计算思维的项目化学习的教学实践

立足课堂教学，围绕项目化学习方案的项目实施要点分阶段开展教学实践研究，及时进行分析和总结，不断完善、优化项目化学习方案和学习手册，形成教学实践案例和教学资源。综合运用计算思维评价方法，结合计算思维能力点从内容维度、等级维度、等级标准等方面设计评价量表，在项目化学习的各个阶段对学生的计算思维进行评价。

六、项目总结和提炼

对研究过程进行总结和反思，汇总研究资料和成果，及时对教师的教学实践经验进行提炼，总结信息技术学科中以项目为载体发展学生计算思维的策略与方法。

【研究成果】

项目组成员分别围绕"开源硬件""人工智能""Swift 编程"三个单元，完成"自动感应门的设计与实现""避障机器人""刷脸借书"三个项目的项目化学习方案设计、项目化学习手册编写，开展计算思维课例和微认证课程设计，将计算思维能力点落实到项目化学习的各个阶段，通过教学设计和实践，探索基于计算思维的项目化学习的实施方法和途径。

一、项目化学习方案和学习手册

项目化学习方案明确了项目目标，针对项目化学习的每个环节描述了知识与技能、过程与方法、计算思维能力点以及评价观测点，为教师开展项目活动提供了文本方案。项目化学习手册是学生在项目活动中使用的文本材料，为学生的项目化学习提供了过程管理、学习资源和支架，引导学生开展评价与反思。项目化学习方案和学习手册有利于项目化学习组织、指导和评价工作的开展。以"自动感应门的设计与实现"项目的分析阶段为例，学生基于自动感应门的项目需求，尝试从"输入—处理—输出"信息系统基本结构入手，分析自动感应门所要实现的功能，并对感应机制，数据的获取、处理、反馈等方面进行合理分解，列出若干个待解决的相对简单的问题。这一阶段主要落实有效抽象问题、合理分解问题的计算思维能力点。教师从学生能否使用表格或思维导图工具开始，将功能分析、问题分解以及问题梳理等相关内容——呈现出来进行评价观测。

二、计算思维课例和微认证课程

根据计算思维的要素以及计算思维能力标准，项目组成员设计了计算思维课例和微认证课程并录制了教师示范视频，对如何在教学中引导学生有效抽象问题、合理分解问题、有效实现及使用算法功能、合理迭代优化算法等计算思维能力点进行了探索和实践。

三、教学实践案例

项目组立足课堂教学，围绕项目研究主题，有计划、有目标地开展教学研讨活动。通过导师和学员共同磨课、说课、开课、评课，相互学习、共同研究。项目组成员开设市级展示课和区级研讨课。形成教学实践案例，包括教学设计、课件、微视频及拓展学习资料、课堂实录视频。教学中以项目为载体，聚焦项目化学习某一环节，落实计算思维能力点。为学生设计范例、图表、微视频等学习支架，提供学习资料包和项目化学习手册等学习资源与工具，引导学生思考问题，帮助学生结合生活实际，在动手实践中进行自主探究，在不断解决问题的过程中达成项目化学习目标，促进学生计算思维的发展。通过评价量表帮助学生看到自己在学习过程中的优势与不足，促进自我反思。

【成效反思】

一、项目成效

（一）形成基于计算思维的项目化学习实施方法和途径

立足学生计算思维的培养，教学中以项目为载体，围绕项目化学习的五个环节，根据项目化学习方案，在各个环节落实相关计算思维能力点，设计学生的表现性任务，形成基于计算思维的项目化学习实施框架。为学生的项目化学习设计范例、图表、微视频等学习支架，提供学习资料包和项目化学习手册等学习资源与工具，帮助学生结合生活实际在动手实践中进行自主探究，在不断解决问题的过程中达成项目化学习目标，促进学生计算思维的发展。

（二）促进教师专业水平和专业智慧的提升

项目组围绕专业理论、专业知识和专业能力提升，采取理论与实践、学习与研究相结合的方式，引领学员在"学习—思考—实践—反思"的教育行动中提升，促进教师共同成长。开展计算思维与项目化学习的线上线下融合式主题研讨、各类专题学习，在教育实践中不断提升项目组教师的专业水平和专业智慧。项目组教师积极参加论文评选、教学评比、课题研究，并在市、区级评选中获奖。项目组教师开设的市级展示课、区级研讨课均获得专家和同行的一致好评。

（三）项目研究成果发挥了辐射和示范作用

项目组参加了 2020 学年长宁区学科带头人第六轮项目负责制中期展示活动，邵伟琳老师代表项目组在 2020 年、2021 年上海市信息技术学科攻关计划基地研讨活动中开设微讲座，分享项目研究团队的实践经验和研究体会。陈文闻老师、邵伟琳老师参加上海市立德树人人文社科重大研究基地项目"面向高中信息科技教师的能力微认证研究及试点实践"中"有效验证、运行和调试算法"计算思维微认证系列课程的设计和录制。项目成果在市、区级范围内发挥了辐射和示范作用。

二、项目反思

学生计算思维的培养不能一蹴而就，而是一个循序渐进、不断发展的过程，需要持续动态地收集学生的表现性数据。同时，由于计算思维的评价是个复杂系统，需要多元评价方法协同支持，项目组今后将借鉴国内外计算思维的评估工具和方法，进一步在信息技术学科中开展计算思维评价和实践。

项目组对课堂实施效果、计算思维评价结果等方面进行分析和总结，不断完善项目化学习手册，不断丰富与项目化学习手册相配套的数字化学习资源。目前基于计算思维的项目化学习的研究和实践主要在项目组成员所在学校开展，实践范围有限，今后将努力推广到更多学校，扩大研究范围，进一步分析研究。

——上海市第三女子中学　邵伟琳 / 上海市延安中学　陈建

出 版 人　郑豪杰
责任编辑　闫 景　何 薇
版式设计　京久科创　郝晓红
责任校对　贾静芳
责任印制　叶小峰

图书在版编目（CIP）数据

独辟蹊径：区域整体教育数字化转型的实践与思考 /
熊秋菊著. —北京：教育科学出版社，2024.4
　ISBN 978-7-5191-3844-8

　Ⅰ. ①独… 　Ⅱ. ①熊… 　Ⅲ. ①数字技术—应用—教育
—研究 　Ⅳ. ①G43

中国国家版本馆CIP数据核字（2024）第052489号

独辟蹊径：区域整体教育数字化转型的实践与思考
DUPI XIJING：QUYU ZHENGTI JIAOYU SHUZIHUA ZHUANXING DE SHIJIAN YU SIKAO

出 版 发 行	教育科学出版社			
社　　　址	北京·朝阳区安慧北里安园甲9号	邮　　编	100101	
总编室电话	010-64981290	编辑部电话	010-64989593	
出版部电话	010-64989487	市场部电话	010-64989009	
传　　　真	010-64891796	网　　址	http://www.esph.com.cn	
经　　　销	各地新华书店			
制　　　作	北京京久科创文化有限公司			
印　　　刷	唐山玺诚印务有限公司			
开　　　本	720毫米×1020毫米　1/16	版　　次	2024年4月第1版	
印　　　张	18	印　　次	2024年4月第1次印刷	
字　　　数	260千	定　　价	60.00元	